JN191973

働き方改革
関連法対応！

労基法等、最新労働法の改正と実務対応

布施 直春［著］

経営書院

は　じ　め　に

　働き方改革関連法の成立により、労働基準法等の８つの法律の改正が行われました。

　企業の経営者や管理監督者、さらには企業にアドバイスを行う専門家は、これらの法改正に対応して、周知、改善指導を行い、法令を遵守していかなければなりません。

　企業その他の関係者が法令改正の内容について十分に理解、準備し、対応する時間は限られています。

　そこで、本書では、実務者むけに２つの工夫をしています。

　そのひとつは、法改正に基づき、各企業が作成し、労基署等の担当行政機関に届け出なければならない就業規則、労使協定、労使委員会決議、労使委員会運営規程等の例を試案という形で掲載したことです。

　これらの改正就業規則等の試案は、今後、関係省令、告示、通達等の内容が確定した時点でチェックしたうえで、お使いください。

　もうひとつは、改正された法規定の解説だけでなく、改正法に関連する現在の各種法規制の全体像についても記述したことです。

　例えば、「第１部　平成30年改正労働基準法等の実務」では、第１章で同改正法の内容について解説し、第２・３章では、法改正後の労働時間・休日・割増賃金、年次有給休暇に関する法規定全般について解説しています。

　これらの工夫が読者諸氏の改正諸法の理解と実務対応に役立てば幸いです。

　平成30年７月

元長野、沖縄労働基準局長

瑞宝小綬賞受賞（平成28年11月３日）

布施　直春

目 次

第1部　平成30年改正労働基準法等の実務

第1章　平成30年改正労働基準法等の改正内容 ····················· 3

第1節　働き方改革関連法（労基法等8法の改正）の全体
像 ·· 3

1　働き方改革関連法と改正労基法の全体像 ················· 3

2　改正後の労基法の労働時間・割増賃金制度の全体像
と平成30年法改正事項の位置付けは ······················· 7

第2節　時間外・休日労働の罰則付き上限規制の導入（労
基法）·· 10

1　時間外・休日労働の罰則付き上限規制の内容 ············ 10

2　施行期日 ·· 13

3　事業・業務による施行日等の特例 ························· 13

4　いわゆる「過労死ライン」との関係 ····················· 14

5　企業の対応時の留意点 ·· 15

第3節　高度プロフェッショナル制度（特定高度専門業務・
成果型労働制）の創設（労基法）····························· 16

1　高度プロフェッショナル制度創設のねらいは ··········· 16

2　高度プロフェッショナル制度の実施要件は ·············· 18

3　労使委員会の決議とは ·· 19

4　高度プロフェッショナル制度導入のための労使委員
会決議事項は ··· 19

5　労基署への届出・報告義務は ······························· 23

6　割増賃金の支払義務などの法規定の適用除外とは ······· 23

7　高度プロフェッショナル制度創設に伴う安衛法の改
正は ·· 25

i

目次

⑧　高度プロフェッショナル制度実施のための就業規則

のモデル規定例は ……………………………………… 26

⑨　高度プロフェッショナル制度実施のための労使委員

会決議・運営規程とそのモデル例は ………………… 26

⑩　高度プロフェッショナル制度についての国会審議に

おける論点 …………………………………………… 32

第4節　フレックスタイム制の見直し（労基法）…………… 33

①　現行法のフレックスタイム制は ……………………… 33

②　フレックスタイム制についての労基法改正の内容は …… 45

③　清算期間を「3カ月」にするフレックスタイム制の

就業規則・労使協定例は …………………………… 49

第5節　中小企業に対する割増賃金率の引上げ（労基法）…… 55

①　現行法では中小企業に対する割増賃金率引上げの適

用を猶予 ……………………………………………… 55

②　平成30年改正労基法は適用猶予を廃止 ……………… 56

第6節　年5日の年次有給休暇の確実な取得（労基法）……… 57

①　改正労基法の「使用者の年休時季指定義務」創設の

ねらいは ……………………………………………… 57

②　現行労基法の年休に関する規定内容は ……………… 57

③　平成30年改正労基法の「使用者の年休時季指定義務」

とは …………………………………………………… 59

④　平成30年改正労基法に対応する就業規則の規定例は …… 59

第7節　労働安全衛生法の改正 ……………………………… 61

①　改正のあらまし ……………………………………… 61

②　医師による面接指導制度の改正 …………………… 61

③　産業医・産業保健機能の強化 ……………………… 62

第8節　労働時間等設定改善法の改正 ……………………… 64

①　事業主の勤務間インターバル制度導入の努力義務 …… 64

② 労働時間等設定改善企業委員会決議により労使協定
　　　　に代える方法の導入 ……………………………………… 65
　　　③ 現行労基法等における労使協定の締結・届出・保管
　　　　義務、効力 ………………………………………………… 68
　第9節　パートタイム労働法・労働契約法・労働者派遣法
　　　　の改正内容 ………………………………………………… 73
　　　① 正規雇用労働者と非正規雇用労働者との間の不合理
　　　　な待遇差を解消するための法規定の整備 ……………… 73
　　　② 事業主に対する労働者の待遇に関する説明の義務化 … 78
　　　③ 行政（都道府県労働局等）による裁判外紛争解決手
　　　　続の整備等 ………………………………………………… 78
　　　④ 裁判外紛争解決手続（個別労働紛争解決システム）… 78
　第10節　雇用対策法の改正 ……………………………………… 81
第2章　平成30年（2018年）労基法改正後の労働時間・休日・
　　　　割増賃金に関する規定 …………………………………… 83
　第1節　労働時間・休憩時間・休日についての法規制 ……… 83
　　　① 法定労働時間 …………………………………………… 83
　　　② 拘束時間・労働時間・手待時間の違い ……………… 86
　　　③ 労働時間の通算、端数の取扱い ……………………… 90
　　　④ 労働時間の特例制度 …………………………………… 92
　　　⑤ 休憩時間 ………………………………………………… 95
　　　⑥ 休　日 …………………………………………………… 99
　　　⑦ 休日の振替えと代休付与との違い ………………… 102
　第2節　時間外・休日・深夜労働についての法規制 ……… 105
　　　① 時間外労働 …………………………………………… 105
　　　② 休日労働・深夜労働 ………………………………… 109
　　　③ 時間外・休日労働協定（三六協定） ……………… 111
　　　④ 時間外労働の原則的な限度時間 …………………… 116

iii

目次

⑤	時間外労働の特別条項	117
⑥	管理監督者等の法定労働時間等の適用除外	118
⑦	名ばかり管理職の禁止	125
⑧	年少者の就業制限	125
⑨	育児・介護従事者についての時間外労働・深夜労働の制限	127
⑩	有害業務についての時間外・休日労働の制限	129
⑪	時間外・休日労働命令の根拠・命令拒否者に対する懲戒処分	130
⑫	使用者の実労働時間の把握・管理義務、把握方法	131
⑬	時間外・休日労働の命令・報告、黙示の命令、残業禁止命令	136

第3節　使用者の割増賃金の支払義務 ………………………… 139

①	割増賃金の支払義務	139
②	平成22年改正労基法の改正ポイント（平成22年4月1日施行）	141
③	割増賃金の計算方法	144
④	残業手当の定額払いは認められるか	147
⑤	サービス残業の禁止	149

第3章　現行労基法の年次有給休暇に関する規定（労基法）…… 151

①	労働者の年次有給休暇の取得要件・日数	151
②	年休付与時の注意点	155
③	年休の計画的付与（計画年休）	159

第2部　平成27年改正労働者派遣法の実務

第1章　平成27年の派遣法の改正内容等 ………………………… 165

①	平成27年改正労働者派遣法の目的	165
②	平成27年改正労働者派遣法の改正内容	166

目次

③ 平成27年改正後の労働者派遣法の体系 ⋯⋯⋯⋯⋯⋯⋯ 168

④ 平成27年改正労働者派遣法の改正事項 ⋯⋯⋯⋯⋯⋯⋯ 170

⑤ 労働契約申込みみなし制度 ⋯⋯⋯⋯⋯⋯⋯⋯⋯⋯⋯⋯ 192

⑥ 問い合わせ行政機関 ⋯⋯⋯⋯⋯⋯⋯⋯⋯⋯⋯⋯⋯⋯ 196

第2章 従来からの労働者派遣法 ⋯⋯⋯⋯⋯⋯⋯⋯⋯⋯⋯⋯⋯ 199

① 従来からの労働者派遣法のしくみ ⋯⋯⋯⋯⋯⋯⋯⋯⋯ 199

② 派遣元事業主と派遣先事業主の労働法上の義務と責

任 ⋯⋯⋯⋯⋯⋯⋯⋯⋯⋯⋯⋯⋯⋯⋯⋯⋯⋯⋯⋯⋯⋯ 209

③ 平成24年改正派遣法①労働者派遣法の改正内容 ⋯⋯⋯ 212

④ 平成24年改正派遣法②派遣元事業主に義務づけられ

たこと ⋯⋯⋯⋯⋯⋯⋯⋯⋯⋯⋯⋯⋯⋯⋯⋯⋯⋯⋯⋯⋯ 213

⑥ 請負・委託事業と労働者派遣事業との違い ⋯⋯⋯⋯⋯ 216

⑦ 特定労働者派遣事業（届出制）から適法な業務処理

請負事業への切り換え方法 ⋯⋯⋯⋯⋯⋯⋯⋯⋯⋯⋯⋯ 221

第3部　女性活躍推進法の実務

第1章 女性活躍推進法 ⋯⋯⋯⋯⋯⋯⋯⋯⋯⋯⋯⋯⋯⋯⋯⋯⋯ 225

① 女性活躍推進法の目的、規定内容、施行期日、有効

期間 ⋯⋯⋯⋯⋯⋯⋯⋯⋯⋯⋯⋯⋯⋯⋯⋯⋯⋯⋯⋯⋯⋯ 225

② 女性活躍推進法の基本的な枠組みは ⋯⋯⋯⋯⋯⋯⋯⋯ 226

③ 女性活躍推進法と類似する次世代育成支援対策推進

法とその一般事業主行動計画の作成義務 ⋯⋯⋯⋯⋯⋯ 227

④ 女性活躍推進法における国の事業主行動計画策定・

指針の策定 ⋯⋯⋯⋯⋯⋯⋯⋯⋯⋯⋯⋯⋯⋯⋯⋯⋯⋯⋯ 229

⑤ 企業の行動計画策定から認定までの流れ ⋯⋯⋯⋯⋯⋯ 231

⑥ 企業の一般事業主行動計画の作成例 ⋯⋯⋯⋯⋯⋯⋯⋯ 233

⑦ 企業の一般事業主行動計画の作り方 ⋯⋯⋯⋯⋯⋯⋯⋯ 235

⑧ 一般事業主行動計画の労働者への周知 ⋯⋯⋯⋯⋯⋯⋯ 239

v

目次

   ⑨ 一般事業主行動計画の公表 ……………………………… 240

   ⑩ 一般事業主行動計画の届出 ……………………………… 240

   ⑪ 基準に適合する一般事業主の厚労大臣認定等 ……… 242

   ⑫ 企業の女性の職業選択に資する情報の公表義務 ……… 250

   ⑬ 事業主に対する罰則はあるか？ ………………………… 251

   ⑭ 女性の職業生活における活躍を推進するための支援

      措置 …………………………………………………………… 252

第2章 国の企業に対する女性活躍推進に関する助成金 ……… 257

   ① 事業所内保育施設・運営等支援助成金 ……………… 257

   ② 中小企業両立支援助成金（代替要員確保コース）……… 260

   ③ 中小企業両立支援助成金（育休復帰支援プランコー

      ス）………………………………………………………… 262

   ④ 中小企業両立支援助成金（期間雇用者継続就業支援

      コース）…………………………………………………… 265

第3章 現在の女性の職業生活に関する法規定（労働基準法

      の母性保護規定、育児・介護休業法、男女雇用機会均

      等法等）…………………………………………………… 269

 第1節 女性労働者に関する法規定の全体像 ……………… 269

 第2節 母性保護の措置（産前産後休業、育児時間等）……… 271

 第3節 育児・介護休業等の支援制度 ……………………… 274

   ① 育児支援制度の種類と各制度の対象労働者、利用可

      能期間 …………………………………………………… 274

   ② 育児休業、子の看護休暇、短時間勤務 ……………… 276

   ③ 介護休業、介護休暇等 ………………………………… 281

   ④ 育児・介護休業法の改正内容（平成22年6月30日施

      行）……………………………………………………… 283

 第4節 男女差別の禁止 ………………………………………… 286

   ① 男女差別の禁止 ………………………………………… 286

目次

第5節　セクハラの防止措置 …………………………………… 289

　　① 事業主のセクハラ防止措置義務 ………………………… 289

　　② セクハラ行為の判断基準 ………………………………… 292

　　③ セクハラのこんな取扱いはどうなる？ ……………… 294

　　④ セクハラ加害者に対する法的責任追及 ……………… 295

　　⑤ セクハラ被害者の会社に対する法的責任追及は …… 298

第6節　パワハラの防止措置 …………………………………… 301

　　① パワハラとは ……………………………………………… 301

第7節　マタニティハラスメント（マタハラ）の禁止 ……… 310

第4部　青少年雇用促進法等の実務

第1章　青少年雇用促進法等（勤労青少年福祉法等の一部を
　　　　改正する法律）……………………………………………… 319

第1節　青少年雇用促進法等の概要 …………………………… 319

第2節　青少年雇用促進法等の具体的内容の解説 …………… 323

第2章　現在の職業紹介、募集・採用、労働契約に関する法
　　　　規定（職業安定法、労働基準法、労働契約法等）……… 331

　　① 職業紹介 …………………………………………………… 331

　　② 従業員の募集・採用 ……………………………………… 335

　　③ 労働契約 …………………………………………………… 356

vii

本書で使用している主な略語

働き方改革関連法………働き方改革を推進するための関係法律の整備に
　　　　　　　　　　　関する法律

労基法…………………労働基準法

労働時間等設定改善法…労働時間等の設定の改善に関する特別措置法

最賃法…………………最低賃金法

育介法…………………育児休業、介護休業等育児又は家族介護を行う
　　　　　　　　　　　労働者の福祉に関する法律（通称　育児・介護
　　　　　　　　　　　休業法）

均等法…………………雇用の分野における男女の均等な機会及び待遇
　　　　　　　　　　　の確保に関する法律（通称　男女雇用機会均等
　　　　　　　　　　　法）

パートタイム労働法…短時間労働者の雇用管理の改善等に関する法律

パート・契約社員法…短時間労働者及び有期雇用労働者の雇用管理の
　　　　　　　　　　　改善等に関する法律

派遣法…………………労働者派遣事業の適正な運営の確保及び派遣労
　　　　　　　　　　　働者の保護等に関する法律（通称　労働者派遣
　　　　　　　　　　　法）

安衛法…………………労働安全衛生法

労災保険法……………労働者災害補償保険法

労組法…………………労働組合法

省令……………………厚生労働省令（施行規則等）

告示……………………厚生労働大臣告示

最小判…………………最高裁判所小法廷判決

労基署（長）…………労働基準監督署（長）

職安……………………公共職業安定所（通称　ハローワーク）

年休······················年次有給休暇

フレックス制············フレックスタイム制

変形制····················変形労働時間制

みなし制·················みなし労働時間制

高度プロ制度············高度プロフェッショナル制度

配転·······················配置転換

健保·······················健康保険

第1部

平成30年
改正労働基準法等の実務

―時間・休日外労働について罰則付きの上限規制が設けられた（平成31年（2019年）4月施行、ただし、中小企業は平成32年（2020年）4月施行）。

時間外・休日・深夜労働の割増賃金を支払わなくてもよい「高度プロ社員制度」ができた（平成31年（2019年）4月施行）。

1年間に5日間の年次有給休暇の時季指定が全企業に義務付けられた（同上）。

1カ月60時間を超える場合の時間外労働割増賃金率が、全企業、50％となった（平成35年（2023）年4月から施行）。―

第1章
平成30年改正労働基準法等の改正内容

第1節　働き方改革関連法（労基法等8法の改正）の全体像

① 働き方改革関連法と改正労基法の全体像

　1）働き方改革関連法（労基法等8法の改正）が平成30年（2018年）6月に、通常国会で成立しました。この法律の全体像と改正項目別・年度別の施行日は、**図表1〜3**のとおりです。

　働き方改革関連法は、労働基準法、労働時間等設定改善法、労働安全衛生法、じん肺法、パートタイム労働法、労働契約法、労働者派遣法、及び雇用対策法の8法の改正を一括して行うものです。

　なお、企画業務型裁量労働制の対象業務の拡大（労基法の改正）については、平成30年通常国会に提出された法案から削除されました。

図表1　働き方改革を推進するための関係法律（8法）の整備に関する法律の全体像

> 　働き方改革を総合的に推進するため、長時間労働の是正、多様で柔軟な働き方の実現、雇用形態にかかわらない公正な待遇の確保等のための措置を講ずる。
>
> **Ⅰ　長時間労働の是正、多様で柔軟な働き方の実現等**
> **1．時間外・休日労働の罰則付き上限規制の導入（労働基準法）**
> 　時間外労働の上限について、月45時間、年360時間を原則とし、臨時的な特別な事情がある場合でも年720時間以内、単月100時間（休日労働を含む）未満、複数月（2〜6カ月）平均80時間（休日労働を含む）以内を限度に設定。

第1部　平成30年改正労働基準法等の実務

（※）自動車運転業務、建設事業、医師等について、猶予期間を設けた上で規制と適用等の例外あり。研究開発業務について、医師の面接指導を受けた上で、適用除外。

2．長時間労働抑制策・年次有給休暇取得促進等（労働基準法）

月60時間を超える時間外労働に係る割増賃金率（50％以上）について、中小企業への猶予措置を廃止する。また、使用者は、10日以上の年次有給休暇が付与される労働者に対し、5日について、毎年、時季を指定して与えなければならないこととする。

3．多様で柔軟な働き方の実現（労働基準法）

高度プロフェッショナル制度の創設等を行う。（高度プロフェッショナル制度における健康確保措置を強化：労働安全衛生法）

4．勤務間インターバル制度の普及促進（労働時間等設定改善法）、産業医・産業保健機能の強化（労働安全衛生法等）

事業主は、前日の終業時刻と翌日の始業時刻の間に一定時間の休息の確保に努めなければならないこととする。

事業者から、産業医に対しその業務を適切に行うために必要な情報を提供することとするなど、産業医・産業保健機能の強化を図る。

Ⅱ．雇用形態にかかわらない公正な待遇の確保

1．労働者が待遇差について司法判断を求める際の根拠となる法規定の整備（パートタイム労働法、労働契約法、労働者派遣法）

短時間労働者・有期雇用労働者について、正規雇用労働者との待遇差が不合理か否かは、それぞれの待遇ごとに、当該待遇の性質・目的に照らして適切と認められる事情を考慮して判断されるべき旨を明確化。派遣労働者について、①派遣先の労働者との均等・均衡待遇、②一定の要件※を満たす労使協定による待遇のいずれかを確保することを義務化。また、これらの事項に関するガイドラインの根拠規定を整備。

（※）同種業務の一般の労働者の平均的な賃金と同等以上の賃金であること等

2．労働者に対する待遇に関する事業主の説明義務の強化（パートタイム労働法、労働契約法、労働者派遣法）

短時間労働者・有期雇用労働者・派遣労働者について、正規雇用労働者との待遇差の内容・理由等に関する説明を、事業主に義務化。

Ⅲ．働き方改革の総合的かつ継続的な推進

働き方改革に係る基本的考え方及び施策全体を明らかにする。また、厚生労働大臣は、改革を着実に推進するための「基本方針」（閣議決定）を定めるとともに、関係大臣等に必要な要請を行うことができることとする。（雇用対策法）

●施行期日　Ⅰ：平成31年（2019年）4月1日（ただし、1については中小企業は平成32年（2020年）4月1日、2のうちの中小企業における割増賃金率の見直しは平成35（2023）年4月1日）、Ⅱ：平成32年（2020年）4月1日（中小企業

第1章　平成30年改正労働基準法等の改正内容

> におけるパートタイム労働法・労働契約法の改正規定の適用は平成33年（2021年）4月1日）、Ⅲ：公布日（平成30年（2018年）8月頃）

図表2　改正労基法等の改正項目別・年度別・施行日一覧

施行年月日	施行事項
①平成31年（2019年）4月1日	働き方改革関連法（労基法等8つの法改正）の原則的施行日（次の②〜④を除きこの日から改正法規定が適用される。）
②平成32年（2020年）4月1日	a　時間外・休日労働の罰則付き上限規制（中小企業のみ：労基法） b　パートタイム労働法・労働者派遣法・労働契約法の改正規定（中小企業についての下記法改正を除く。）
③平成33年（2021年）4月1日	パートタイム労働法・労働契約法の改正法規定（中小企業のみ）
④平成35年（2023年）4月1日	割増賃金率の「25％以上」から「50％以上」への引上げ（中小企業のみ：労基法）

図表3　中小企業に該当する範囲

業種	資本金の額または出資の総額	または	常時使用する労働者数
小売業	5,000万円以下	または	50人以下
サービス業	5,000万円以下	または	100人以下
卸売業	1億円以下	または	100人以下
その他	3億円以下	または	300人以下

　2）成立した働き方改革関連法のうちの労基法改正の全体像は、**図表4**のとおりです。

5

第1部　平成30年改正労働基準法等の実務

図表4　働き方改革関連法による労働基準法改正の全体像

　長時間労働を抑制するとともに、労働者が、その健康を確保しつつ、創造的な能力を発揮しながら効率的に働くことができる環境を整備するため、労働時間制度の見直しを行う等所要の改正を行う。

Ⅰ　長時間労働抑制策・年次有給休暇取得促進策等

(1) **時間外・休日労働の罰則付き上限規制**
　・週40時間を超えて労働可能となる時間外労働時間の限度を、原則として、月45時間、かつ、年360時間とする、特例として、単月100時間（休日労働を含む。）未満、複数月（2〜6ヵ月）平均で80時間（同）以内、かつ、年720時間以内とする。これらの法違反には罰則を課す。

(2) **中小企業における月60時間超の時間外労働に対する割増賃金の見直し**
　・月60時間を超える時間外労働に係る割増賃金率（50％以上）について、中小企業への猶予措置を廃止する。（平成35年（2023年）4月1日から施行）

(3) **5日の年次有給休暇の確実な取得**
　・使用者は、10日以上の年次有給休暇が付与される労働者に対し、5日について、毎年、時季を指定して与えなければならないこととする（労働者の時季指定や計画的付与により取得された年次有給休暇の日数分については指定の必要はない）。

Ⅱ　多様で柔軟な働き方の実現

(1) **フレックスタイム制の見直し**
　・フレックスタイム制の「清算期間」の上限を「1ヵ月」から「3ヵ月」に延長する。

(2) **高度プロフェッショナル制度（特定高度専門業務・成果型労働制）の創設**
　・職務の範囲が明確で一定の年収（少なくとも1,075万円以上）を有する労働者が、高度の専門的知識を必要とする等の業務に従事する場合に、健康・福祉確保措置等を講じること、本人の同意や労使委員会の決議等を要件として、労働時間、休日割増賃金等の規定を適用除外とする。
　・また、制度の対象者について、在社時間等が一定時間を超える場合には、事業主は、その者に必ず医師による面接指導を受けさせなければならないこととする。（※労働安全衛生法の改正）

施行期日：平成31（2019年）年4月1日（ただし、Ⅰの(1)については、中小企業は平成32（2020年）4月1日。またⅠの(2)については平成35年（2023年）4月1日）

6

第1章　平成30年改正労働基準法等の改正内容

② 改正後の労基法の労働時間・割増賃金制度の全体像と平成30年法改正事項の位置付けは

これらについては、**図表5**のとおりです。

図表5　改正後の労基法の労働時間・割増賃金制度の全体像と平成30年法改正の内容

（アンダーラインの部分が平成30年法改正の内容）

	制度・措置名	適用範囲、要件	規制内容
Ⅰ原則	1日あたりの法定労働時間：8時間 1週あたりの法定労働時間：40時間（特例措置対象事業場：44時間）		
Ⅱ変形労働時間制、フレックスタイム制による特例	1．1カ月変形制	①労使協定、就業規則、書面のいずれかが必要 ②請求のあった妊産婦、（妊娠中・出産後1年以内の女性）、年少者（満18歳未満の者）は除く	1カ月以内の変形期間（対象期間）を平均し、週40時間（特例事業場は44時間）を超えない範囲 ※1日、1週あたりの所定労働時間の上限なし
	2．1年変形制	①就業規則と労使協定が必要 ②一般職の地方公務員、請求のあった妊産婦、年少者は除く	①1年以内の変形期間を平均し、週40時間以内 ②1日10時間、週52時間が限度
	3．1週間変形制	①労使協定が必要 ②労働者数29人までの小売業、旅館、料理店、飲食店 ③請求のあった妊産婦、年少者は除く	週40時間、1日10時間が限度
	4．フレックスタイム制	一般職の地方公務員、年少者は除く	清算期間の上限を「1カ月」から「3カ月」に延長
	1．みなし労働時間制	(1)　専門業務型裁量労働制 (2)　企画業務型裁量労働制 (3)　事業場外労働	実労働時間の算定に、「みなし労働時間」を適用できる

7

第1部　平成30年改正労働基準法等の実務

Ⅲ業種・業務による特例	2．労基法の労働時間等の規定の適用除外	(1)　次の各者が対象。年少者は除く ①管理監督者、機密事務取扱者 ②監視・継続的労働従事者で労基署長の許可を受けた者 ③農業、畜産・蚕産・水産業に従事する者	労働時間、休憩、休日、割増賃金に関する規定は適用除外。 深夜労働割増は適用される
		(2)　高度プロフェッショナル制度。次の要件を満たす者が対象 ①年収1075万円以上 ②金融商品の開発・販売・分析の業務、コンサルタント業務従事者	労働時間、深夜労働、休憩、休日、割増賃金の規定はすべて適用除外（深夜労働割増も適用除外）
Ⅳ年齢による特例	1．原則	15歳の学年末までの者	就業禁止
		年少者（満18歳未満の者）	変形労働時間制、フレックスタイム制不可
	2．1日の労働時間の延長	年少者	週40時間を超えない範囲で、1週間のうち1日を4時間以内に短縮した場合、他の日を10時間まで延長可
	3．7時間労働制	就学児童（満13歳以上）で、労基署長の許可を受けた場合	労働時間と修学時間を通算して週40時間、1日7時間まで
Ⅴ時間外・休日労働の罰則付き上限規制（三六協定に特別条項を設けた場合）		1．1カ月間に100時間（休日労働を含む。）未満 2．2～6カ月間の平均で月80時間（休日労働を含む。）以内 3．1年間で720時間（1カ月平均60時間）以内 4．特別条項の適用は、年間のうち6カ月間まで	

第1章　平成30年改正労働基準法等の改正内容

Ⅵ 割増賃金の支払義務	1．時間外労働：25％以上の割増賃金 （1日8時間、週40時間超） ただし、1カ月60時間超の場合は、中小企業を除き50％以上の割増賃金 <u>（平成35年（2023年）4.1からは、中小企業も50％以上の割増賃金支払義務あり）</u>
	2．休日労働：35％以上の割増賃金 （法定休日（1週間に1日）の労働）
	3．深夜労働：25％以上の割増賃金 （午後10時〜翌日午前5時の間の労働）

第1部　平成30年改正労働基準法等の実務

第2節　時間外・休日労働の罰則付き上限規制の導入（労基法）—36協定に特別条項を設けた場合も年間720時間が上限

ポイントは

① 時間外労働の上限について、月45時間、年360時間を原則とし、臨時的な特別の事情がある場合でも年720時間以内、単月100時間（休日労働を含む）未満、複数月（2〜6ヵ月）平均80時間以内（同）を限度とする。

② 同改正規定の施行期日は平成31年（2019年）4月1日としている。なお、中小企業については、平成32年（2020年）4月1日施行としている。

1　時間外・休日労働の罰則付き上限規制の内容

　図表6〜8により、旧法と改正法とを比較しながら説明します。

1）法定労働時間（労働時間の限度）は、原則として、1日8時間、1週40時間です。これらは改正されていません。

2）時間外・休日労働に関する労使協定（いわゆる36協定）を結んだ場合の原則的な時間外労働の上限は、月45時間、かつ、年間360時間です（**図表8**）。これらの点は、改正されていません。

3）現行法では、臨時的な特別な事情がある場合には、あらかじめ、36協定に「特別条項」を設けておけば、無制限に時間外労働を行わせることが認められていました。

4）改正法では、36協定に「特別条項」を設けても、

　a　1カ月に100時間（休日労働を含む）未満

　　1カ月間に100時間ぴったり働らかせると、労基法違反になり

10

ます。

　b　複数月（２カ月〜６カ月）の平均で80時間（休日労働を含む）
　　以内

　　　80時間ぴったりでも適法です。

　c　年間で720時間以内

　d　特別条項の適用は年間の半分を上回らないよう、６カ月を上限
　　とすること。

が限度となりました。

５）上記４）に違反した使用者には、６カ月以下の懲役または30万円
　　以下等の罰金が科されます。

６）なお、坑内労働その他省令で定める健康上特に有害な業務につい
　　ての時間外労働の限度は、現行法と同じく、１日２時間また、休日
　　労働は１日10時間までです（以上改正労基法36条）。

図表６　平成30年（2018年）労働基準法－時間外・休日労働の罰則付き規制－改
　　　　正法（31年（2019年）４月施行）

項　　目	Ⅱ　　旧法の時間外労働の規制内容		Ⅲ　　改正法の時間外・休日労働の規制内容
①法定労働時間	１日８時間、週40時間	労基法の規定 これ以上働かせるためには労使協定（36協定）が必要	現行法と同内容
②時間外労働の原則的な上限時間（36協定を結んだ場合）	月45時間、年間360時間	厚生労働省が告示で示した１カ月の上限（目安）	
③時間外労働の特例（36協定に「特別条項」を設けた場合）	延長時間の上限なし（青天井）	36協定で「特別条項」を結べば可能	a　１カ月では100時間（休日労働を含む。）未満 b　２〜６カ月では月平均80時間（休日労働を含む。）以内 c　１年間で720時間以内 d　特別条項の適用は１年間に６カ月まで

11

第1部　平成30年改正労働基準法等の実務

7）改正法施行後の「36協定の特別条項」の文例は、次のとおりです。

「36協定の特別条項」の文例

> 　　納期が集中し生産が間に合わない場合は、労使の協議を経て、1年間のうち2～6カ月間について、1カ月平均で80時間（休日労働時間を含む。）まで、かつ、6カ月間のうち特定の1カ月間について100時間（休日労働時間を含む。）未満まで、これを延長することができる。これに伴い、1年間の総時間外労働時間は、720時間まで延長することができる。

8）上記1）～7）についての労基法違反には、6カ月以下の懲役又は30万円以下の罰金等の罰則が科されます。
　また、上記1）～6）の要件を満たさない36協定は無効となり、労基法32条等違反に該当し、罰則の対象となります。

図表7　時間外・休日労働の罰則付き上限規制の導入

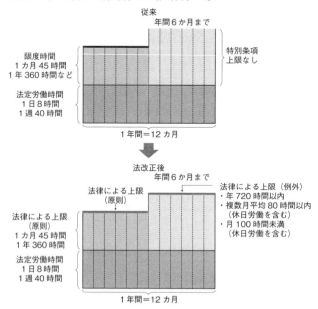

（資料出所）労働調査会発行「労働基準広報」2018年5月21日号9頁、図表7も同じ。

第1章　平成30年改正労働基準法等の改正内容

図表8　改正労基法における原則的な時間外労働の限度時間

一定期間	一般労働者の限度時間	1年変形労働時間制の限度時間 （対象期間が3カ月超の場合）
1週間	15時間	14時間
2週間	27	25
4週間	43	40
1カ月	45	42
2カ月	81	75
3カ月	120	110
1年間	360	320

② 施行期日

　上記①の労基法改正（時間外・休日労働の罰則付き上限規則）の施行日は、平成31年（2019年）4月1日です。ただし、中小企業（**図表3**）については、1年遅らせて、平成32年（2020年）4月1日です。

③ 事業・業種による施行日等の特例

　現行法（告示による限度基準）で特例が設けられている事業・業務その他については、法改正後、**図表9**のような取扱いとなります。

第１部　平成30年改正労働基準法等の実務

図表９　改正労基法における時間外・休日労働規制の特例

自動車運転の業務	改正法施行５年後（平成36年：2024年）に、時間外・休日労働の上限規制を適用。上限時間は、年960時間とし、将来的に一般則の適用について引き続き検討する旨を附則に規定。
建設事業	改正法施行５年後（平成36年：2024年）に、一般則を適用。（ただし、災害時における復旧・復興の事業については、１カ月100時間未満・複数月80時間以内の要件は適用しない。この点についても、将来的に一般則の適用について検討する旨を附則に規定）「建設事業」には、現場で働いている建設作業労働者だけでなく、建設会社で働いている営業、総務等すべての労働者が含まれる。
医師	改正法施行５年後（平成36年：2024年）に、時間外・休日労働の上限規制を適用。具体的な上限時間等は省令で定めることとし、医療界の参加による検討の場において、規制の具体的あり方、労働時間の短縮策等について検討し、結論を得る。医師以外の検査技師、看護士等は適用除外にならない。
鹿児島県及び沖縄県における砂糖製造業	改正法施行５年間は、１カ月100時間未満・複数月80時間以内の要件は適用しない。（改正法施行５年後（注）に、一般則を適用）
新技術・新商品等の研究開発業務	医師の面接指導（※）、代替休暇の付与等の健康確保措置を設けた上で、時間外・休日労働の上限規制は適用しない。※時間外労働が一定時間を超える場合には、事業主は、その者に必ず医師による面接指導を受けさせなければならないこととする。（労働安全衛生法の改正）

④　いわゆる「過労死ライン」との関係

使用者が労働者を改正法のうち**図表４**の③のⅢ欄のａ、ｂの時間を越えて労働させた場合には、いわゆる過労死ライン（労働災害（業務上疾病）の認定基準）に抵触するケースが生じることになります。

第1章　平成30年改正労働基準法等の改正内容

5　企業の対応時の留意点

　1）新たに設けられた時間外・休日労働時間の罰則付き上限規制の内容は、現行法の厚生労働大臣告示である「時間外労働の限度基準」の内容を改正労基法の規定に格上げし、法違反に対して罰則を科すものです。あくまでも月45時間、年間360時間が上限規制の原則であって、安易な上限値までの36協定締結を回避する努力が求められます。各企業では、時間外・休日労働を原則の範囲内におさめる体制づくりが必要となります。

　2）また、現行法の限度基準を基礎とする上限時間には法定休日の労働時間を含みませんが、上記1の4）のa、bの要件は、過重労働による健康障害のリスク軽減を図る労働時間の目安（いわゆる労災の過労死認定基準）によるもので法定休日の労働時間も含まれ、「時間外労働時間」の捉え方に違いがあります。そうなると、実務上、時間外と休日の労働時間の把握・管理が複雑になり、注意が必要です。

　なお、労基法で定められている労働時間・休憩時間・休日に関する規制の全体像については、第2章第1節（83頁以降）を参照してください。

第1部　平成30年改正労働基準法等の実務

第3節　高度プロフェッショナル制度（特定高度専門業務・成果型労働制）の創設（労基法）

ポイントは

① 職務の範囲が明確で一定の年収要件（少なくとも1,075万円以上）を満たす労働者が、高度な専門的知識を必要とする等の業務に従事す場合に、健康確保措置等を講じること、本人の同意や労使委員会の委員の5分の4以上の多数の決議などを要件として、労基法の労働時間、休日、割増賃金等の規定が全面的に適用除外となります（改正労基法第41条の2、**図表10**）。

改正労基法の施行日（平成31（2019年）年4月1日）からこの制度の対象となるのは、次の業務です（労基法の改正）。

　a　金融商品の開発業務、ディーリング（売買）の業務、アナリスト（投資の調査分析）の業務

　b　コンサルタント（相談）の業務等

② この制度の対象労働者について、時間外労働時間が1カ月当たり100時間を超える場合には、事業者は、その労働者に対して、必ず医師による面接指導を実施しなければならないこととなりました（安衛法の改正）。（①、②は、平成31年（2019年）4月1日施行）

1 高度プロフェッショナル制度創設のねらいは

平成27年3月に、労働政策審議会から厚生労働大臣に提出され法案要綱の基となった建議（以下「建議」と略す。）では、次のように述べています。

第1章　平成30年改正労働基準法等の改正内容

図表10　労働基準法改正による「高度プロフェッショナル制度」の創設

1．対象業務

● 「高度の専門的知識等を必要とする」とともに「従事した時間と従事して得た成果との関連性が通常高くないと認められる」という性質の範囲内で、具体的には省令で規定

➤ 金融商品の開発業務、金融商品のディーリング業務、アナリストの業務（企業・市場等の高度な分析業務）、コンサルタントの業務（事業・業務の企画運営に関する高度な考案又は助言の業務）、研究開発業務等を想定

2．対象労働者

● 書面等による合意に基づき職務の範囲が明確に定められている労働者
● 「1年間に支払われると見込まれる賃金の額が、『平均給与額』の3倍を相当程度上回る」水準として、省令で規定される額（1075万円を参考に検討）以上である労働者

➤ 「本制度の対象となることによって賃金が減らないこととする」旨を法定指針に明記

3．対象労働者に対する健康確保措置等

● 使用者は、客観的な方法等により在社時間等の時間である「健康管理時間」を把握
● 対象労働者に対し、年間104日以上、かつ、4週4日以上の休日確保措置を講じること
● 対象労働者に対し、①インターバル措置（終業時刻から始業時刻までの間に一定時間以上を確保する措置）等、②1ヵ月または3ヵ月の健康管理時間の上限措置、③原則として1年1回以上の継続した2週間の休日を与えること、④健康管理時間が一定時間を超えた場合に健康診断を実施すること、のいずれかを講じるとともに、健康管理時間の状況に応じて省令で定める事項のうちから労使で定めた措置を実施

4．制度導入手続

● 職務記述書等に署名等する形で職務の内容及び制度適用についての本人の同意を得る。この同意は後日撤回することができる
● 導入する事業場の労使委員会で、対象業務・対象労働者をはじめとした上記の各事項等を決議

5．法的効果

● 時間外・休日労働協定の締結や時間外・休日・深夜の割増賃金の支払義務等の規定を適用除外とする

第1部　平成30年改正労働基準法等の実務

　時間ではなく成果で評価される働き方を希望する労働者のニーズに応え、その意欲や能力を十分に発揮できるようにするため、一定の年収要件を満たし、職務の範囲が明確で高度な職業能力を有する労働者を対象として、長時間労働を防止するための措置を講じつつ、労基法に定める時間外・休日労働協定の締結や時間外・休日・深夜の割増賃金の支払義務等の適用を除外した労働時間制度の新たな選択肢として、特定高度専門業務・成果型労働制（高度プロフェッショナル制度）を設けることが適当である。

② 高度プロフェッショナル制度の実施要件は

　高度プロフェッショナル制度というのは、
① 　その事業場の労使委員会で、委員の5分の4以上の多数で、
② 　法定の健康確保措置の実施などの事項について決議し、かつ、
③ 　使用者がその決議を所轄の労基署に届け出て、
④ 　対象労働者の同意を得たうえで、
⑤ 　対象業務に就かせた場合は、
⑥ 　法定の健康確保措置等として実施した内容を労基署に届け出た場合には、
⑦ 　労基法で定められている労働時間・休日・割増賃金等の規定が適用除外される、
という制度です。

　労使委員会とは労働者と使用者で構成され、労働条件に関する事項を調査審議し、事業主に意見を述べることを目的とする委員会のことです。

　この制度の対象労働者の雇用形態は、無期雇用（正社員等）でも、有期雇用（契約社員等）でもさしつかえありません。有期雇用の場合、1回の労働契約期間は最長5年まで認められています。

18

第1章　平成30年改正労働基準法等の改正内容

③　労使委員会の決議とは

　労使委員会の決議を制度の実施要件にするという方法は、すでに「企画業務型裁量労働制」で用いられているものです。

　労使委員会は、この制度を導入し、実施する事業場ごとに設けなければなりません。この労使委員会を構成する委員の半数は、対象事業場の労働者代表に指名された者であることが必要です。この決議は出席した委員の5分の4以上の合意で有効に成立します（30頁図表18労使委員会運営規程例を参照）。

④　高度プロフェッショナル制度導入のための労使委員会決議事項は

　高度プロフェッショナル制度を導入する場合に、導入事業場が、事前に、労使委員会で決議しなければならない事項は、**図表11**のとおりです。

第1部　平成30年改正労働基準法等の実務

**図表11　高度プロフェッショナル制度導入にあたり労使委員会で決議しなければ
　　　　ならない事項**

① 　制度対象となる業務の範囲
② 　制度対象となる労働者の範囲
③ 　制度対象労働者の健康管理時間を使用者が把握することと、その把握方法
④ 　制度の対象労働者に1年間を通じて104日以上、かつ、4週間を通じて4日
　　以上の休日を与えること
⑤ 　次の健康確保措置のうちのいずれかの措置を講じること
　a 　始業から24時間経過までの間に、省令で定める時間以上の継続した休息
　　　時間の確保を行い、かつ、1カ月の深夜業の回数を省令で定める回数以内
　　　とすること
　b 　健康管理時間を1カ月または3カ月についてそれぞれ省令で定める時間
　　　を超えない範囲とすること
　c 　1年に1回以上の継続した2週間（労働者が請求した場合においては、
　　　1年に2回以上の継続した1週間）（使用者がその期間において、年次有給
　　　休暇を与えたときは、その有給休暇を与えた日を除く。）について、休日を
　　　与えること。
　d 　健康管理時間の状況その他の事項が労働者の健康の保持を考慮して省令
　　　で定める要件に該当する労働者に健康診断（省令で定める項目を含むもの
　　　に限る。）を実施すること。
⑤ 　健康管理時間の状況に応じた健康・福祉確保措置の実施
⑥ 　苦情処理措置の実施
⑦ 　制度対象労働者が同意しなかった場合における不利益取扱いの禁止
⑧ 　制度対象労働者の同意の撤回に関する手続
⑨ 　その他省令（労基法施行規則等）で定める事項

(1)　高度プロ制度の対象となる業務は

　高度プロ制度の対象となる業務については、改正労基法では、高度
の専門的知識等を必要とし、業務の性質上成果と時間の関連性が薄い
と認められるものとして、省令で定める業務となっています。

　具体的な業務内容は改正労基法成立後に省令で定められますが、建
議では、**図表12**の業務が該当するとされています。

第1章　平成30年改正労働基準法等の改正内容

図表12　高度プロフェッショナル制度の対象業務

① 金融商品の開発業務、ディーリング（売買）の業務、アナリスト（投資の調査分析）の業務
② コンサルタント（相談）の業務など

(2)　高度プロ制度の対象となる労働者は

——年収要件は平均年収の３倍程度を上回る水準に——

　改正労基法では、この制度の対象となる労働者について、対象業務に従事する**図表13**の２点に該当する労働者としています。

図表13　高度プロ制度の対象となる労働者の要件

①その労働者と使用者との間で、書面などの方法によって、職務範囲が明確に定められていること
②その労働者に確実に支払われることが見込まれる年収が、労働者の平均給与額の３倍を相当程度上回る水準として省令で定める金額以上であること

　図表13の②の「年収要件」は厚生労働省発表の毎月勤労統計調査における毎月決まって支給する給与の額の平均を基準に、省令で定められることとなっています。毎月勤労統計調査における、平成29年１年間の平均年収は約314万円で、この金額を３倍すると約942万円となります。

　また、改正労基法のもととなった建議では、労基法第14条に基づく告示の内容である1,075万円を参考に規定することが適当とされていることから、年収要件は1,000万円前後になると予想されます。

(3)　今後の対象労働者の拡大は容易

　この制度の対象となる業務と労働者の年収要件は、いずれも前記(1)、(2)のように省令で定めることとされています。

　この省令は厚生労働省のみで改正できるため、対象労働者の範囲の拡大はきわめて容易にできることとなります。

21

第1部　平成30年改正労働基準法等の実務

(4)　健康管理時間の把握義務とは

　高度プロフェッショナル制度においては、労基法の労働時間・割増賃金に関する規定が適用除外になるため、割増賃金を算定する基礎となる「実労働時間」を把握する必要はなくなります。

　しかし、過重労働を防ぐ観点から、使用者に次の「健康管理時間」の把握義務が課されています。

> 　健康管理時間（制度対象労働者が事業場内にいた時間と事業場外で労働した時間）

　この「健康管理時間の把握」を実施しない場合は、高度プロフェッショナル制度の適用がなくなるとされています。

　この健康管理時間の把握方法は省令で定めることとされていますが、建議では、「原則タイムカードなどの客観的な方法により把握し、事業場外の労働に限り自己申告を認めることが適当である」とされています。

　また、改正労基法では、健康管理時間のうちの「事業場内にいた時間」は、労使委員会の決議により「休憩時間などの労働時間以外の時間を除くこと」とした場合は、労働時間以外の時間を除いた時間にすることができるとされています。

(5)　健康確保措置の実施義務とは

　改正労基法では、制度の対象となる労働者に対して**図表11**の⑤のａからｄまでの措置のうち、いずれかの措置を実施することを労使委員会で決議し、その措置を講じることを義務付けています。

　健康確保措置の実施についても健康管理時間の把握と同様に、使用者が実際に措置を講じていない場合は制度が適用されません。「健康管理時間の把握」と「健康確保措置の実施」は、制度適用のための要件となっています。

　図表11の⑤のａ、ｂの省令で定めることとなっている「休息時間」

第1章　平成30年改正労働基準法等の改正内容

や「深夜業の回数」、「1カ月または3カ月の労働時間の上限」については、建議においても「改めて審議会で検討の上、省令で規定する」とされていて、現在具体的な数値は示されていません。

(6)　健康管理時間に応じた健康確保措置の実施とは

　「把握した健康管理時間に応じた健康確保措置の実施」についても、労使委員会の決議事項とされています。

　改正労基法では、「年次有給休暇を除く有給休暇の付与」や「健康診断の実施」が健康確保措置として掲げられています。具体的な内容は、改正労基法成立後に省令で定められることとなっています。

(6)　その他の決議事項等は

　改正労基法では労使委員会における「その他の決議事項」として、「苦情処理措置の実施」、「同意しなかった労働者に対する不利益取扱いの禁止」、「その他省令で定める事項」が掲げられています。

⑤　労基署への届出・報告義務は

　この制度を実施する事業場は、前記④の労使委員会決議の労基署長への届出に加え、健康・福祉確保措置の実施状況と健康管理時間に応じた健康確保措置の実施状況を労基署に報告することが義務付けられています。実施状況の報告方法は、改正労基法成立後に省令で定められることになっています。建議においては、6カ月後の報告とその後の実施状況に関する書類の保存を義務付けることが適当とされています。

⑥　割増賃金の支払義務などの法規定の適用除外とは

(1)　高度プロフェッショナル制度で適用除外になる労基法の規定は

　高度プロフェッショナル制度の適用対象従業員については、労基法第4章の法定労働時間、休憩時間、法定休日、割増賃金の規定が適用されなくなります。具体的に適用除外になる規定とその効果は、**図表**

23

第1部　平成30年改正労働基準法等の実務

14のとおりです。

図表14　高度プロフェッショナル制度により適用除外される労基法の規定と効果

1　適用除外される労基法の規定	2　適用除外に伴う効果
①　労働時間の1日8時間、1週40時間の限度（32条）	1日、1週に何時間働かせても労基法違反にならない。
②　休憩時間の付与義務（34条）	休憩時間を与えなくてよい。
③　休日を1週間に1日与える義務（35条）	休日を与えなくてよい。
④　労基署長への「時間外・休日労働協定の届出義務」（36条）	時間外・休日労働協定を届出しなくてよい。
⑤　時間外・休日・深夜労働の割増賃金の支払義務（37条）	時間外・休日・深夜労働を行わせても割増賃金を支払う必要がない。

　なお、年次有給休暇の付与義務規定（労基法第39条）は適用除外となっていないので、他の労働者と同様に与える必要があります。

(2)　管理監督者等と高度プロ社員との適用除外規定の範囲の違いは

　両者の違いは、**図表15**のとおりです。

　従来からの労基法で、第41条に規定する管理監督者、機密事務取扱者について、**図表15**のうち深夜労働の割増賃金以外の規定は適用除外となっています。

　しかし、高度プロ対象社員の場合は、深夜労働割増賃金支払義務の規定についても適用除外になっています。

図表15　高度プロ社員と管理監督者等との割増賃金等の適用除外の範囲の違い

(注)　○印は労基法の労働時間等の規定が適用除外となり、割増賃金支払いが不要となるもの。

対象者	時間外労働割増賃金	休日労働割増賃金	深夜労働割増賃金
①　高度プロフェッショナル制度適用社員	○	○	○
②　管理監督者等	○	○	×

第1章　平成30年改正労働基準法等の改正内容

7　高度プロフェッショナル制度創設に伴う安衛法の改正は

(1)　事業者は、高度プロフェッショナル制度の対象労働者であって、その健康管理時間が省令で定める時間を超えるものに対し、省令で定めるところにより、医師による面接指導を行わなければなりません。

　健康管理時間について、1週間当たり40時間を超えた時間が1カ月当たり100時間を超えた労働者について面接指導を実施しなければならないことを省令で定めることとしています。

(2)　(1)の労働者は、(1)の医師による面接指導を受けなければなりません。

(3)　事業者は、(1)の医師による面接指導の結果の記録、その面接指導の結果に基づく必要な措置についての医師の意見の聴取、及びその必要があると認める場合の職務内容の変更、特別有給休暇（年次有給休暇を除く。）の付与、健康管理時間が短縮されるための配慮等の措置を講じなければなりません。

(4)　(1)、(3)に違反した事業者に対し、所要の罰則を科すことその他所要の規定の整備が行われました。

(5)　安衛法では、平成30年法改正により新設された高度プロフェッショナル制度対象者の医師による面接指導制度とは別に、従来から、次の面接指導制度が設けられています。

　その面接指導制度では、時間外労働が1カ月間に100時間を超えた場合に、事業者は労働者の申出により医師の面接指導を行い、その結果を記録し医師への意見聴取を行い、必要と認められる措置を講じなければならないとされています。

　今回（平成30年）の安衛法改正により、安衛法に定める上記(5)の2つの面接指導制度に関し、全ての労働者を対象として、労働時間の把握について、客観的な方法その他適切な方法によらなければならない

25

第1部　平成30年改正労働基準法等の実務

ものとすることが定められました。

8　高度プロフェッショナル制度実施のための就業規則のモデル規定例は

　自社の事業場で高度プロフェッショナル制度を実施する場合には、その事業場に適用される現行の就業規則の中に**図表16**の規定を設け、改訂後の就業規則を所轄の労基署に届け出て、従業員に周知しなければなりません。

図表16　高度プロフェッショナル制度実施のための就業規則例

（高度プロフェッショナル制度の適用）
第○○条　次の業務に従事する社員については、労働基準法第41条の2に定める高度プロフェッショナル制度を適用する。
　①　金融商品の開発業務、ディーリングの業務、及びアナリストの業務
　②　コンサルタントの業務
2　本制度の適用される社員については、本就業規則の第○○条から第○○条までの労働時間、休憩時間、休日及び時間外労働・休日労働・深夜労働の割増賃金等の規定は適用しない。ただし、労働基準法等で、本制度の実施要件等として使用者等に義務づけられている措置は講じる。
3　本制度を実施する場合には、労働基準法第41条の2の規定による労使委員会を設置し、制度内容は、同委員会の5分の4以上の多数による決議により定めるものとする。
4　本制度の適用される社員の賃金その他の労働条件、健康確保措置、勤務評価の方法その他については、別に「高度プロフェッショナル社員取扱規程」により定める。

9　高度プロフェッショナル制度実施のための労使委員会決議・運営規程とそのモデル例は

(1)　労使委員会の決議が必要な事項は

　高度プロフェッショナル制度を実施する事業場で労使委員会を設け、**図表17**の項目に関して、決議し、労基署長に届け出れば、高度プロフェッショナル制度が適用され、対象労働者について時間外・休日・深夜労働の割増賃金の支払義務等の規定が適用除外となります。

第1章　平成30年改正労働基準法等の改正内容

労使委員会を構成する委員の半数は対象事業場の労働者の過半数代表者に指名された者であることが必要で、決議は出席した委員の5分の4以上の合意で有効です。決議事項は、法定様式に記載して、使用者が労基署長に届け出ます。

　図表17に示す文例は、高度プロフェッショナル制度の導入に関する労使委員会の決議のモデル例です。また、労使委員会の運営規程例は、**図表18**のとおりです。

(2)　労使委員会議事録の作成、保存、周知義務は

　さらに、労使委員会の議事録を作成、保存し、労働者に周知することも高度プロフェッショナル制度導入の要件となっています。労使委員会で決議が行われた場合、その日から起算して6カ月以内に1回、「特定高度専門業務・成果型労働制に関する報告（法定様式）」を労基署長に届け出なければなりません。

図表17　労使委員会決議例（試案）—高度プロフェッショナル制度の導入時

高度プロフェッショナル制度導入に関する労使委員会決議

○○株式会社本社事業場労使委員会は、高度プロフェッショナル制度の実施について、次のとおり決議する。

（対象職務）

第1条　高度プロフェッショナル制度を適用する社員の職務の範囲は、次のとおりとする。

　①　金融商品の開発、ディーリング及びアナリストの職務

　②　コンサルタントの職務

（対象社員）

第2条　高度プロフェッショナル制度を適用する社員は、前条で定める職務に常態として従事する者のうち、入社して7年目以上で、職務の等級が主事6級以上で、かつ、前年の年収が1,075万円以上である者とする（正社員就業規則第○条で定める管理監督者を除く。）

（対象社員の事前の同意）

第3条　会社は、社員にこの制度を適用する場合には、事前に、本人の書面による同意を得なければならないものとする。この同意を得るにあたっては、会社は本決議の内容、同意した場合に適用される評価制度及び賃金制度の内容、同意しなかった場合の配置及び処遇について対象社員に説明するものとする。

27

第 1 部　平成30年改正労働基準法等の実務

2　本制度の適用されている社員が、書面により適用対象から外れることを申し出たときは、会社はこれを認めなければならない

（不同意者の取扱い）

第 4 条　前条第 1 項の場合に、同意しなかった者に対して、同意しなかったことを理由として、処遇等で、本人に不利益な取り扱いをしてはならないものとする。

2　前条第 2 項の場合についても、本条第 1 項と同様とする。

（就業規則の労働時間等に関する規定の適用除外）

第 5 条　第 2 条に定める者のうち、第 3 条に基づき同意を得た者（以下「高度プロ社員」という。）については、正社員就業規則第○○条から第○○条までに定める労働時間、休憩時間、休日、深夜労働、割増賃金等に関する規定は適用しない。ただし、本制度を実施する使用者等に対して労働基準法等で義務づけられている措置等は実施する。

（成果型勤務制度の実施）

第 6 条　会社は、高度プロ社員については、実労働時間ではなく、成果により評価し、賃金を支払う制度を実施する。

（健康管理時間の把握）

第 7 条　会社は、次の方法により健康管理時間（次の①と②の合計時間）を把握する。

　①　事業場内にいた時間（休憩時間など労働していない時間は除く。）：タイムカードで把握する。

　②　事業場外で労働した時間：対象社員の自己申告により把握する。

（健康確保措置の実施）

第 8 条　会社は、高度プロ社員の健康の確保のため、次の措置を講じる。

　①　4 週間を通じて 4 日以上で、かつ、1 年間を通じ104日以上の休日を確保すること。

　②　前期①以外に労働基準法、労働安全衛生法等に定める措置

（健康管理時間の状況に応じた健康確保措置の実施）

第 9 条　会社は、高度プロ社員であって、その健康管理時間が 1 週間当たり40時間を超える時間が 1 カ月当たり100時間を超える者については、医師による面接指導を行うものとする。

2　前項の高度プロ社員は、同項の面接指導を受けなければならない。

3　会社は、第 1 項の面接指導の結果を記録し、面接指導の結果に基づく必要な措置についての医師からの意見聴取を行うとともに、必要な職務内容の変更、特別有給休暇（年次有給休暇を除く。）の付与、健康管理時間の短縮等の措置を講じるものとする。

（本制度の適用の中止）

第10条　前条の措置の結果、高度プロ社員に本制度を適用することがふさわしくないと認められた場合または高度プロ社員が本制度の適用の中止を申し出た場合には、会社は、その社員に本制度を適用しないものとする。

第1章　平成30年改正労働基準法等の改正内容

（高度プロ社員の苦情の処理）
第11条　高度プロ社員から会社に対して苦情等があった場合には、会社は次の手続きに従い、対応するものとする。
　　①　会社は、本制度相談室を次のとおり開設する。
　　　イ　場所　　　　　　総務部
　　　ロ　開設日時　　　　毎週金曜日12：00～13：00と17：00～19：00
　　　ハ　相談員　　　　　○○○○
　　②　取り扱う苦情等の範囲は、次のとおりとする。
　　　イ　本制度の運用に関する全般の事項
　　　ロ　高度プロ社員に適用している評価制度、これに対応する賃金制度等の処遇制度全般
　　③　会社は、相談者の秘密を厳守し、プライバシーの保護を図る

（本決議の変更）
第12条　決議をした時点では予見することができない事情の変化が生じ、委員の半数以上から労使委員会の開催の申出があった場合は、この決議の有効期間の途中であっても、決議した内容を変更する等のための労使委員会を開催するものとする。

（勤務状況等の記録の保存）
第13条　会社は、高度プロ社員の勤務状況、高度プロ社員の健康保持のために講じた措置、高度プロ社員からの苦情について講じた措置、本制度を適用することについて高度プロ社員から得た同意に関する社員ごとの記録を、決議の有効期間の始期から有効期間満了後3年間を経過するときまで保存することとする。

（評価制度・賃金制度の労使委員会への開示）
第14条　会社は、高度プロ社員に適用される評価制度、及びこれに対応する賃金制度を変更する場合には、対象社員に対して、事前にその内容について説明するものとする。

（定期報告の労使委員会への情報開示）
第15条　会社は、労使委員会において、高度プロ社員の勤務状況、高度プロ社員の健康と福祉確保のために講じた措置、高度プロ社員からの苦情について講じた措置、労働基準監督署長に報告した内容等の情報を開示するものとする。

（決議の有効期間）
第16条　本決議の有効期間は、○○年○月○日から○○年○月○日までの3年間とする。

　　　　　　　　　　　　　　　　　○○○○年○月○日
　　　　　　　　　　　　　　　　　○○株式会社本社事業場労使委員会
　　　　　　　　　　　　　　　　　委員　○○○○　㊞　○○○○　㊞

29

第1部　平成30年改正労働基準法等の実務

	○○○○	印	○○○○	印
	○○○○	印	○○○○	印
	○○○○	印	○○○○	印
	○○○○	印	○○○○	印

（注）　**図表17**の労使委員会決議の記載内容は、著者が、関係する省令、指針、通達等が公表される前に想定に基づいて作成したものです。

　　　　したがって、自社の事業場で高度プロフェッショナル制度を導入する際には、これらの省令等が公表されたのちに内容を確認し、**図表17**の記載内容を補正したうえで使用してください。**図表16・18**も同じ。

図表18　労使委員会運営規程例（試案）

> ○○株式会社本社事業場労使委員会運営規程
> 第1条　本委員会は、○○株式会社本社事業場労使委員会（以下「労使委員会」と略す。）と称する。
> 第2条　労使委員会は、○○株式会社本社事業場に置くものとする。
> 第3条　労使委員会で審議する事項は、以下のとおりである。
> 　一　企画業務型裁量労働制に関すること
> 　二　1年単位の変形労働時間制に関すること
> 　三　高度プロフェッショナル制度に関すること
> 　四　その他賃金、労働時間等労働条件に関すること
> 第4条　労使委員会の委員は、次の10名の者により構成する。
> 　一　会社が指名する者　　5名
> 　二　○○株式会社労働組合（または従業員の過半数代表者。以下同じ。）によって指名された者（この者の任期は2年間）　　5名
> ②　会社が指名した委員が欠けた場合には、会社は速やかに委員を補充しなければならない。
> ③　労働組合（または従業員の過半数代表者）の指名を受けた委員が欠けた場合には、労働組合は速やかに委員を補充すべく所定の手続を実施しなければならない。
> ④　前二項に基づき選任された委員は、欠けた委員の残りの任期を引き継ぐこととする。
> 第5条　労使委員会の開催は、次のとおりとする。
> 　一　毎年3月、6月、9月、12月（以下「定例労使委員会」という。）
> 　二　労使委員会の委員の半数以上からの開催の要請があったとき
> 第6条　労使委員会は、委員の8名以上、かつ、労働組合の指名を受けた者の4名以上の出席がなければ成立しない。
> 第7条　労使委員会の議事の進行に当たり議長を置くものとし、議長は次の者とする。

第1章　平成30年改正労働基準法等の改正内容

　一　3月、6月の定例労使委員会では、会社が指名した者

　二　9月、12月の定例労使委員会では、労働組合の指名を受けた者の代表者

　三　第5条第2号の場合には、出席した委員に互選された者

第8条　労使委員会の議事は、出席委員の過半数の賛否で決定し、可否同数のときは議長が裁定する。ただし、第3条第1号から第3号までの議案にかかる決議については、出席した委員の5分の4以上の多数による決議で決定する。

第9条　前条の決議は、書面により行い、出席委員全員の記名、押印を行うものとする。

第10条　労使委員会の議事については、人事部担当者が議事録を作成し、労使委員会に出席した委員2名（うち労働組合の指名を受けた者1名）が署名、押印するものとする。

②　前項の議事録は、人事部で委員会開催後（決議の有効期間満了後）3年間保存するものとする。また、議事録の作成の都度、速やかに、その内容を社内LANの「掲示板」に掲示することにより、社員に周知するものとする。

第11条　会社は、12月の定例労使委員会において、次の情報を開示しなければならない。

　一　対象社員の勤務状況、対象社員に対する健康確保措置、苦情処理等の実施状況

　二　労働基準監督署長に提出した報告書の内容

②　会社は、委員の要請により、対象社員に適用する評価制度、及び賃金制度の具体的内容を開示しなければならない。

（評価制度・賃金制度の労使委員会への開示）

第12条　会社は、企画業務型裁量労働従事者及び高度プロフェッショナル制度の適用社員に適用される評価制度、これに対応する賃金制度を変更する場合、事前にその内容について説明するものとする。

（定期報告の労使委員会への情報開示）

第13条　会社は、労使委員会において、企画業務型裁量労働制の適用社員及び高度プロフェッショナル制度の適用社員の勤務状況、これらの従事者の健康と福祉確保のために講じた措置、これらの従事者からの苦情について講じた措置、労働基準監督署長に報告した内容等の情報を開示するものとする。

附　則

施行期日　この規程は、○○年○○月○○日から施行する。

第1部　平成30年改正労働基準法等の実務

10　高度プロフェッショナル制度についての国会審議における論点

　主な論点は、**図表19**のとおりです。

　なお、この制度の適用については、書面による本人の同意が必要ですが、適用の撤回については法規定がありません。この点について与党は野党の要望を取り入れ、本人が望めばこの制度の適用を撤回できるようにするとしています。その後、この点について法案の修正が行われました。

図表19　高度プロフェッショナル制度を巡る主な国会における論点（30.5.16　衆議院厚生労働委員会）

法案の内容	野党の指摘	政府側（厚生労働大臣など）の答弁
労基法の労働時間規制を適用除外。残業代や深夜・休日の割増賃金が一切支払われなくなる	残業に相当する時間が月200時間を超えたら違法か？	直ちに違法ということではない
	過労死した場合、長時間労働を行った企業を行政指導できるか	労働時間の上限がないので行政指導できない
対象業務は「高度な専門的知識を必要とする」業種を想定	勤務時間など仕事の裁量は労働者側に認められているか？	省令で定める
年収1075万円以上の社員が対象	将来的に要件となる年収額を引き下げるのではないか？	要件となる年収額を引き下げることは全く考えていない

32

第1章　平成30年改正労働基準法等の改正内容

第4節　フレックスタイム制の見直し（労基法）—清算期間の上限の「1カ月」から「3カ月」への延長等—

ポイントは

① 　フレックスタイム制の「清算期間（1回ごとの対象期間）」の上限が「1カ月間」から「3カ月間」に延長されました。
② 　上記①にあわせて、1カ月当たりの労働時間が過重にならないよう、1週平均50時間を超える労働時間については、その月における割増賃金（25％以上）の支払い対象にされました。
③ 　清算期間が1カ月間を超える場合には、「フレックスタイム制に関する労使協定」を、事前に、労基署に届け出ることが使用者に義務づけられました。
④ 　労基法に、清算期間が1カ月間を超える場合の途中退職者、途中採用者等に関する賃金清算規定が設けられました。
（以上、平成31年（2019年）4月1日施行）

1　現行法のフレックスタイム制は

(1)　フレックスタイム制とは

　フレックスタイム制とは、労基法にもとづき、1回の清算期間（最長1カ月間）の所定労働時間の総枠内で、それぞれの労働者が日々の出勤と退社の時刻、1日の労働時間の長さを自主的に決めることができる制度です（現行法32条の3）。

　例えば、会社がその1カ月間に働く時間を、184時間（1日8時間×月間所定労働日数23日）と決めます。会社がそれにもとづき、**図表20**に示すように、「コアタイム」と「フレキシブルタイム」を決める

33

第1部　平成30年改正労働基準法等の実務

のです。これらの枠内で、各出勤日について、何時に出社し、何時に退社するか、1日何時間働くかは、それぞれの労働者の自由です。

　このようにフレックスタイム制は、各労働者が自分の業務の繁閑、自己都合等に合せて、日々の出退勤の時刻、労働時間の長さを決めることができる制度です。

　この制度のもとでは、例えば、今日は頭脳が冴えているから一気に企画書をまとめようと、午前8時出勤、午後7時退社、1日10時間勤務で働いてもよいし、また、ある日は、市役所に立ち寄る必要があるので、午前11時出勤、午後6時退社で6時間勤務にすることも可能です。

図表20　フレックスタイム制における1日の時間設定例

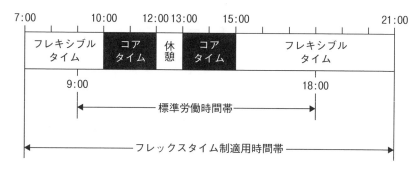

> **Memo　コアタイムとフレキシブルタイム**
>
> 　コアタイムとは、原則として、全労働者が労働日に職場にいなくてはならない時間帯のことです。他方、フレキシブルタイムは、各労働者が労働日に職場にいてもいなくてもよい時間帯のことです。その間、いつ出社しても、いつ退社してもかまいません。

(2)　フレックスタイム制度に適する部門は

　事業場のどの部門、どの業務に、フレックスタイム制を適用できる

第1章　平成30年改正労働基準法等の改正内容

か否かについて、労基法ではとくに制限を設けていません。年少者（18歳未満の者）には適用できないことが定められているのみです。

　フレックスタイム制が実施されている事業場の例をみると、各メンバーがある程度他の労働者とは独立して仕事を行える部門や職種、また仕事の処理に各個人の創意工夫、独創性、自主判断がある程度求められ、労働の量よりも質、成果が期待される部門・職種に適しているといえます。例えば、次のような部門です。

①研究開発

②設計、デザイン

③事務（総務、経理、人事等、生産現場の勤務体制と直結していない事務の業務）

④企画、広報宣伝、調査、分析、報告書の作成

⑤営業販売（店頭販売は除く）

⑥コンピュータのシステム開発・分析・ソフトウェア作成部門

Memo　**フレックスタイム制に適さない部門**

　フレックスタイム制には部署の全員がそろわないフレキシブルタイムがあります。このため、生産現場の流れ作業のように、そのラインの全員がそろわないと業務遂行に支障をきたす仕事には適しません。また、電話の取り次ぎや受付、秘書、店頭販売等、絶えず待機しなければならない仕事や、決められたスケジュールに従って規則正しく巡視する必要がある警備や守衛といった仕事にも向きません。

---

(3)　フレックスタイム制の作り方は

イ　就業規則の定め方は

　フレックスタイム制を導入する場合には、就業規則に「一定の従業員について、始業・終業の時刻をその従業員の決定に委ねること」を

第1部　平成30年改正労働基準法等の実務

定め、変更後の就業規則を労基署に届け出る必要があります。

ロ　労使協定の定め方は

　さらに、事業場ごとに労使協定で次の①から⑥までのことを決めなければなりません（労基法32条の3）。清算期間（1回ごとの対象期間）が1カ月以内のフレックスタイム制の導入については、労基署への届出は不要です。

①　適用労働者の範囲

　フレックスタイム制で労働させる者を決めます。

②　清算期間

　フレックスタイム制は、各労働者が「一定の期間」（例えば1カ月間）に一定時間勤務することを条件に、日々の出退社の時刻、1日の労働時間の長さを自由に決めさせるものです。

　清算期間とは、この「一定期間（1回ごとの対象期間）」のことをいいます。その間の契約時間（清算期間における総労働時間）と実労働時間との過不足の清算をする対象期間のことです。

　清算した結果、実労働時間が契約時間に達しなかったときは、ⓐ次の清算期間（翌月）に不足時間分多く働いてもらうか、またはⓑ今回賃金カットする形で処理します。逆に、契約時間を超過して働いているときは、今回その時間分について時間外労働の割増賃金を支払う形で処理します。

③　清算期間における総労働時間（契約時間）

　契約時間は、清算期間を平均し、1週間あたりの労働時間が、その事業場の週法定労働時間（40時間または44時間）を上回らない長さにします。清算期間が1カ月の場合、契約時間の上限は次の算式で求められます。

第1章　平成30年改正労働基準法等の改正内容

契約時間の上限（法定労働時間の総枠）＝
1週の法定労働時間（40時間または44時間）×（1カ月の暦日数÷7日）

1週の法定労働時間40時間の事業場における契約時間の上限は、**図表21**に示すとおりです。

図表21　1か月間の契約時間の上限

1カ月の暦日数	1週の法定労働時間40時間の事業場
31日の月	$40時間 \times \dfrac{31日}{7日} = 177.1時間$
30日の月	$40時間 \times \dfrac{30日}{7日} = 171.4時間$
29日の月	$40時間 \times \dfrac{29日}{7日} = 165.7時間$
28日の月	$40時間 \times \dfrac{28日}{7日} = 160時間$

④　1日の標準労働時間

1日の標準労働時間は、法定労働時間（8時間）の範囲内で、8時間とか7時間30分と決めます。これは、労働者が年次有給休暇を取得した場合や、出張、事業場外労働等により、会社が実労働時間を把握できない場合の労働時間の算定に用いるために、あらかじめ、決めておくものです。

⑤　コアタイム

コア・タイムは、全労働者が労働日に職場にいなければならない時間帯のことです。労基法上は、必要がなければ、定めなくてもかまいません。

⑥　フレキシブルタイム

37

第1部　平成30年改正労働基準法等の実務

フレックスタイムは、各労働者が、労働日に自分の判断で職場にいてもいなくてもよい時間帯のことです。

(4) フレックスタイム制での欠勤、休憩時間、深夜労働の取扱いは

イ　欠勤・遅刻等の取扱いは

フレックスタイム制では、次のように取り扱います。

遅刻……コアタイムに遅れて出勤したとき

欠勤……コアタイムにまったく勤務しなかったとき

フレックスタイム制では、コアタイム中は全労働者が勤務していることが求められます。コアタイムに所属部署に出勤していない者がいると、会議、業務連絡、社外との対応などに支障が生じます。このため、遅刻や早退、私用外出、欠勤の場合には次のように対応し、このような弊害を極力なくすようにします。

①事前に会社に届け出ていた1日の勤務予定時間帯について遅刻、早退、私用外出、欠勤をするときは、その時間数と理由の届出を義務づける。

②①のうちコアタイムに食い込んだ時間分は不就業とみなし、基本給をカットする。

③①の延べ時間、回数に応じて、ボーナスの査定を低くする。

ロ　休憩時間の取扱いは

フレックスタイム制のもとでも、休憩時間を各社員がまったく任意の時間帯にとる形にすることは、労基法上認められません。原則として、「休憩時間の一斉付与」に関する労基法34条2項の規定どおりにする必要があります。

ハ　深夜労働の扱いは

深夜労働（午後10時～翌日午前5時までの間の労働）については、①請求のあった妊産婦、請求のあった育児・家族介護従事者、年少者（18歳未満の者）の就業の禁止、および②勤務者に対する25％以上の割増賃金の支払義務があります。これらのことを守れば、たとえコア

第 1 章　平成30年改正労働基準法等の改正内容

タイムやフレキシブルタイムを深夜労働の時間帯に設定しても、労基法上の問題はありません。

(5)　フレックスタイム制で時間外労働となる時間は

イ　時間外労働となる時間は

　フレックスタイム制のもとでは、時間外労働時間数は次の時間の合計時間になります。

　　①フレックスタイム制の適用時間帯以外の時間に勤務した時間数

　　　（**図表20**に示す例の場合では、午前７時前または午後９時後の実労働時間数）

　　②清算期間（１回ごとの対象期間）における実労働時間のうち、その**図表23**の間の契約時間の上限（法定労働時間の総枠）を超えた時間数（①を除く）

ロ　時間外・休日労働協定は

　フレックスタイム制では、各労働者が自分で日々の出社、退社の時刻を決めるため、その労働者の見込みちがい、計算ちがいで実労働時間が**図表23**の契約時間の上限（法定労働時間の総枠）を超えることも起こりえます。このようなケースを想定して、事前に「時間外・休日労働協定（いわゆる36協定）を結んで労基署長に届け出ておく必要があります。

　この場合、１日について法定労働時間を超えて延長できる時間を協定する必要はなく、清算期間（最長３カ月間）を通算して時間外労働をできる時間数を定めれば足ります。

ハ　実労働時間が契約時間を超えた場合、不足した場合の処理は

　実労働時間が**図表22**の契約時間を超えた場合は、超えた時間分について別途賃金を支払います。超過時間分を翌月に繰り越しさせて、翌月、その時間分だけ少なく働いてもらうという対応は労基法上認められていません。同法24条に定める「賃金の全額払いの原則」に反するからです。

39

第1部　平成30年改正労働基準法等の実務

　例えば、**図表22**の例の場合であれば、40時間分（A＋B）を支払う必要があります。Aの部分（32.9時間分）については、法定（25％以上増し）の時間外労働割増賃金を支払わなければなりません。Bの部分（7.1時間分）については、前記のような法的義務はありません。就業規則などで所定労働時間を超えた実労働時間分の1時間当たり賃金支払いについて定められているところによります。

図表22　フレックスタイム制での時間外労働割増賃金の取扱い例（清算期間が1カ月、暦日数が31日の月の場合）

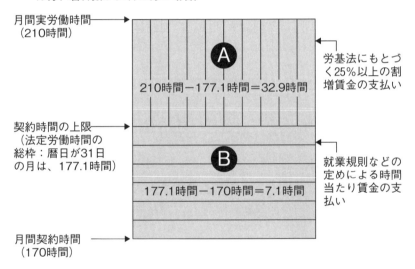

　逆に、実労働時間が契約時間よりも不足した場合には、次のいずれの対応をしてもかまいません（**図表23**）。
　ⓐ不足時間分を翌月に繰り越して、翌月その分多く勤務してもらう。
　ⓑ不足時間分全部について賃金カット（減額払い）を行う。
　ⓒ一定時間の不足時間分までは翌月への繰越を認めるが、それを超える不足時間については賃金カット（減額払い）を行う。
　ある程度温情をもった対応をすることも必要でしょう。ただ、毎月

のように多くの不足時間を生じさせる者がいた場合、きちんとした対応をしないと職場の服務規律が保てないこともあります。その観点からは©の対応が適切と考えられます。

図表23　実労働時間が契約時間未満であれば賃金カットも可能

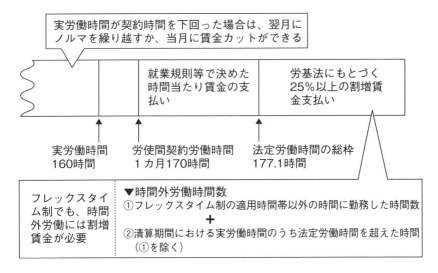

(6) 清算期間を「1カ月」とするフレックスタイム制の就業規則・労使協定例は

イ　清算期間1カ月のフレックスタイム制の就業規則例は

　清算期間1カ月のフレックスタイム制を導入する場合の就業規則（本則）のモデル例は**図表24**のとおりです。なお、**図表20**に示したフレックスタイム制のモデル例は、**図表24**の規定内容による時間配分を図示したものです。

第1部　平成30年改正労働基準法等の実務

図表24　フレックスタイム制に関する就業規則のモデル規定例（清算期間1カ月の場合）

第○○節　フレックスタイム制

（対象従業員）

第1条　本制度の対象従業員は、次の者とする。

　一　総務部および業務部所属の職務等級○級職以上の者

　二　当研究所の研究員として勤務する者であって、勤続1年を超える者

（制度の対象日、対象時間）

第2条　本制度の対象とする日および時間帯は、本就業規則に定められた出勤日の午前7時から午後9時までとする。

（1日の標準労働時間）

第3条　1日の標準労働時間は、午前9時から午後6時まで（正午から午後1時までは休憩時間）、実働8時間とする。

②　年次有給休暇および特別有給休暇を取得したとき、ならびに出張した場合は、前項の標準労働時間の勤務をしたものとみなして取り扱う。

（コアタイム）

第4条　コアタイムは、午前10時から午後3時まで（ただし、正午から午後1時までは休憩時間）とする。

②　コアタイムには、従業員が必ず勤務し、在席しなければならない。

（フレキシブルタイム）

第5条　フレキシブルタイムは、次のとおりとする。

　　　始業時間帯＝午前7時から午前10時まで

　　　終業時間帯＝午後3時から午後9時まで

②　フレキシブルタイム中の始業および終業の時刻は、各従業員の決定に委ねる。

（遅刻、早退、欠勤）

第6条　本制度の対象従業員について、遅刻、早退および欠勤とは、それぞれ次の場合をいう。

　　　遅刻＝コアタイムの開始時刻に遅れて出社したとき

　　　早退＝コアタイムの終了時刻より早く退社したとき

　　　欠勤＝コアタイムに勤務し、在籍しなかったとき

②　前項のいずれかに該当する者は、事前または事後に、上司に届け出なければならない。

（清算期間）

第7条　清算期間は、暦月によるものとし、毎月の1日から末日までとする。

（清算期間における契約時間）

第8条　清算期間における契約時間（所定労働時間の総枠）は、1日あたり8時間に各月の所定労働日数を乗じた時間とする。

第1章　平成30年改正労働基準法等の改正内容

（実労働時間の記録）

第9条　従業員は、自己の始業時刻、終業時刻および1日の実労働時間を記録しておき、これらの記録を会社が指定する日に、会社に提出しなければならない。

②　1日の実労働時間の記録の単位は、15分とする。

（時間外労働の取扱い）

第10条　従業員が次のいずれかの勤務をしたときは、賃金規則の定めるところにより時間外労働割増賃金を支給する。

一　第2条に定める本制度の対象時間帯以外の時間帯に勤務したとき

二　前号の時間を除き、清算期間中の実労働時間が契約時間を超過したとき

②　従業員が時間外労働を行なう必要があるときには、事前に所属長に届け出て、その許可を得なければならない。

（休日労働の取扱い）

第11条　従業員が本制度の対象日以外の日に勤務したときは、賃金規則の定めるところにより休日労働割増賃金を支払う。

②　前条第2項の規定は、休日労働について準用する。

（不足時間の取扱い）

第12条　清算期間中の実労働時間が契約時間に不足したときは、不足時間は次の清算期間に繰り越すものとする。

②　前項にかかわらず、不足時間が20時間を超えるときは、超える時間数に応じた賃金額を基本給から控除する。

（制度の解除）

第13条　会社は、緊急事態の発生などにより、事業遂行上やむを得ないと認めるときは、あらかじめ期間を指定して、本制度の適用対象である部署の全部または一部についてその適用を解除することがある。

附則

施行期日　本就業規則第○章○○節の規定は、○○年○月○日から施行する。

ロ　清算期間1カ月のフレックスタイム制の労使協定例は

　清算期間1カ月のフレックスタイム制の導入のために取り決める労使協定のモデル例は**図表25**のとおりです。このモデル例で定めているフレックスタイム制の1日の時間配分も**図表20**によっています。

　なお、清算期間1カ月のフレックスタイム制に関する労使協定は、従業員の過半数代表者と締結し、その事務場に保管しておけばよく、労基署長に届け出る必要はありません。

43

第1部　平成30年改正労働基準法等の実務

図表25　フレックスタイム制に関する労使協定のモデル例（清算期間1カ月の場合）

　　　　　　　○○株式会社フレックスタイム制に関する労使協定
○○株式会社（以下「会社」という。）と○○労働組合は、労働基準法第32条の3の規定にもとづき、フレックスタイム制度について、次のとおり協定する。
（制度の適用従業員）
第1条　本制度を適用する従業員は、次の者とする。
　一　総務部および業務部に所属する職務等級○級職以上の者
　二　当社研究所に研究員として勤務する者であって、勤続1年を超える者
（本制度の対象日、対象時間）
第2条　本制度を適用する日および時間帯は、勤務を要する日の午前7時から午後9時までとする。
（1日の標準労働時間）
第3条　1日の標準労働時間は、8時間とする。
（コアタイム）
第4条　コアタイム（原則として従業員全員が労働しなければならない時間帯をいう。）は、午前10時から午後3時までとする。
②　休憩時間は、正午から午後1時までとする。
（フレキシブルタイム）
第5条　フレキシブルタイム（各従業員の判断により出退勤し、労働できる時間帯をいう。）は、次のとおりとする。
　　始業時間帯＝午前7時から午前10時まで
　　終業時間帯＝午後3時から午後9時まで
（清算期間）
第6条　清算期間は、暦月によるものとし、毎月1日から末日までとする。
（労働時間の総枠）
第7条　清算期間における契約時間（所定労働時間の総枠）は、1日あたり8時間に各月の所定労働日数を乗じた時間（8時間×月間所定労働日数）とする。
（過不足時間等の取扱い）
第8条　会社は、次の各号の場合には、時間外労働手当を支給する。
　一　従業員がフレックスタイム制度の対象外の時間に勤務したとき
　二　従業員の清算期間中の実労働時間が、前号の時間を除き、第7条に定める契約時間を超過したとき
②　従業員がフレックスタイム制度の対象外の日に勤務したときは、会社は休日労働手当を支給する。
③　従業員の清算期間中の実労働時間が、第7条に定める契約時間に不足したときは、その不足時間を次の清算期間に繰り越すものとする。
　　ただし、不足時間が20時間を超過したときは、超過した時間分の賃金につ

第1章　平成30年改正労働基準法等の改正内容

いて基本給から控除を行なう。

（本制度の解除）

第9条　会社は、緊急事態の発生などにより事業遂行上やむを得ないと認める
　　ときは、あらかじめ労働組合に諮ったうえで、一定期間、本制度の適用対象
　　である部署の全部または一部について、その解除を行なうことができる。

（協定の有効期間）

第10条　本協定の有効期間は、○○年○月○日から1年間とする。ただし、
　　有効期間満了日の1カ月前までに、会社または労働組合（または従業員の過
　　半数代表者）のいずれからも申出がないときは、さらに1年間有効期間を延
　　長するものとし、それ以降についても同様の取扱いとする。

○○年○月○○日

○○○○株式会社

代表取締役　　○○○○　　㊞

○○○○労働組合

執行委員長　　○○○○　　㊞

② フレックスタイム制についての労基法改正の内容は

(1)　建議の提案内容は

　　建議では、フレックスタイム制の改正について**図表26**のように提案しています。

図表26　建議のポイント（フレックスタイム制の見直し）

① 　フレックスタイム制により一層柔軟でメリハリをつけた働き方が可能となるよう、清算期間（1回の対象期間）の上限を、現行の1カ月から3カ月に延長することが適当である。

② 　清算期間が1カ月を超え3カ月以内の場合、対象労働者の過重労働防止等の観点から、清算期間内の1カ月ごとに1週平均50時間（完全週休2日制の場合で1日当たり2時間相当の時間外労働の水準）を超えた労働時間については、その月における割増賃金（25％以上）の支払い対象とすることが適当である。

③ 　制度の適正な実施を担保する観点から、清算期間が1カ月を超え3カ月以内の場合に限り、フレックスタイム制に係る労使協定の（労基署への）届出を要することとすることが適当である。

第1部　平成30年改正労働基準法等の実務

⑵　フレックスタイム制についての労基法の改正内容は

フレックスタイム制についての法改正の内容は、**図表27**のとおりです。

図表27　フレックスタイム制についての労基法改正の内容

① 　清算期間の上限が、現行法の「１カ月間」から「３カ月間」に延長された。
② 　清算期間が１カ月を超える場合には、フレックスタイム制に係る労使協定の行政官庁（労基署）への届出が義務づけられた。
③ 　清算期間が１カ月を超える場合、清算期間の開始から区分した１カ月ごとの１週平均の労働時間が50時間を超えた労働時間については、その月における割増賃金（25％以上）の支払い対象とされた。
④ 　清算期間が１カ月を超える場合の中途退職者及び中途採用者などについての賃金清算規定が設けられた。
⑤ 　現行法での完全週休２日制の場合の不都合の解消が図られた。

以下、それぞれの改正項目について説明します。

イ　清算期間の上限の「１カ月」から「３カ月」への延長と労使協定の労基署への届出

現行法で「１カ月間」を上限としている清算期間について、改正法では上限が「３カ月間」まで延長されました。

そのうえで、清算期間を１カ月超３カ月以内の期間とする場合においては、旧法では使用者に義務のなかった、労使協定の行政官庁（労基署）への届出が義務づけられました。

ロ　１週平均50時間を超えた場合の割増賃金支払義務

⑴　改正内容

清算期間を１カ月超とする場合における時間外労働の取扱いについては、次のようになりました。

清算期間の開始から１カ月ごとの期間に区分したとき、それぞれの月の１週間の平均実労働時間が50時間を超える場合は、その月に超えた時間分の割増賃金（25％以上）を支払わなければならないとされました。

第1章　平成30年改正労働基準法等の改正内容

　さらに、清算期間の終了時には、**図表24**で求めたフレックス
タイム制における契約時間の上限（法定労働時間の総枠）を超え
た分の割増賃金を支払うこととなりました。

(ロ)　１週平均50時間超の割増賃金の必要性の計算例

　改正法に基づいて清算期間を「３カ月」とした場合について、
図表28で説明します。

　例えば、2019年７月１日から９月30日までの３カ月間を清算期
間（暦日数92日）とする場合に、対象労働者が７月（暦日数31
日）に180時間、８月（同31日）に185時間、９月（同30日）に
150時間の労働をした場合についてみます。

　この場合、７月と８月の実労働時間を従来の制度に照らすと、
７月（実労働時間180時間・法定労働時間の総枠177.1時間）、８
月（同185時間・同177.1時間）と、契約労働時間の上限（法定労
働時間の総枠）を超えることになります。しかし改正法では、７
月～９月の３カ月間合計の実労働時間は515時間となり、法定労
働時間の総枠（清算期間92日：525.9時間）の範囲内となってい
ます。

　また、清算期間内の１カ月ごとの１週平均の労働時間は50時間
以内のため、**図表27**の③の項目に該当することもなく、あくま
で法定労働時間の総枠での計算上ではありますが、割増賃金の支
払いは必要ないことになります。

47

第1部　平成30年改正労働基準法等の実務

図表28　清算期間を「3カ月」とする場合の割増賃金（25%以上）の必要性の計算例

1　年月	2　月間暦日数	3　月間法定労働時間の総枠	4　月間実労働時間	5　月間の1週平均実労働時間
2019年7月	31日	177.1時間	180時間	40.6時間
8月	31	177.1	185	41.8
9月	30	171.4	150	35.0
合　　計	92	525.6	515	——

1カ月ごとの1週平均実労働時間数

$$=その月の実労働時間数÷\frac{その月の暦日数}{7}$$

ハ　中途退職者等について1年変形制と同様の清算規定を設ける（改正労基法第32条の3の2）

　前記**図表27**の④の「中途退職者、中途採用者等の清算規定」は、清算期間が1カ月を超える場合の中途退職者及び中途採用者などについて、旧法第32条の4の2（1年単位の変形労働時間制の対象労働者であって中途退職した者及び中途採用された者についての賃金清算の規定）と同様の規定が適用されることになりました。

　したがって、前述ロのケースで、ある労働者が7月、8月にフレックスタイム制の下で働き、9月から、フレックスタイム制が適用されない他の部署へ配置換えとなった場合には、7月と8月の法定労働時間の総枠を超える実労働時間分について、割増賃金を支払うことが必要になりました。

ニ　完全週休2日制の場合の不都合の解消（改正労基法第32条の3第3項）

　フレックスタイム制における契約労働時間の上限（法定労働時間の総枠）は**図表21**の計算式で求めることとされています。例えば、週の法定労働時間が40時間の事業場が1カ月を清算期間としたとき、31

第1章　平成30年改正労働基準法等の改正内容

日の月は177.1時間が、30日の月は171.4時間が、それぞれフレックスタイム制における法定労働時間の総枠となります。そして、清算期間終了後に上記の法定労働時間の総枠を超えた分が時間外労働としてカウントされることとなっています。

　しかし、従来は、上記の計算方法でフレックスタイム制における法定労働時間の総枠を算出すると、完全週休2日制で1日8時間労働させた場合であっても、暦によっては時間外労働が生じてしまう不都合がありました。例えば、平成27年6月のように、30日の月に22日の平日（土・日曜日を除いた日）がある場合、フレックスタイム制における法定労働時間の総枠は171.4時間ですが、22日間、1日8時間労働をすると176時間となり、フレックスタイム制における法定労働時間の総枠を超えてしまいました。

　現行法では、このような不都合について、通達で、①完全週休2日制で、②清算期間の29日めを起算日とする1週間の労働時間の合計が40時間を超えない、③清算期間における労働日ごとの労働時間がおおむね一定である場合に限り、特別な取り扱いを認めていました（昭63・1・1　基発1号）。

　改正法では、上記のような不都合を解消するため、完全週休2日制の事業場で労使協定によって、労働時間の限度を清算期間における労働日数に8時間を乗じた時間とすることを定めた場合は、その時間がフレックスタイム制における法定労働時間の総枠となると規定されました。

③　清算期間を「3カ月」にするフレックスタイム制の就業規則・労使協定例は

(1)　清算期間を「3カ月」にするフレックスタイム制の就業規則例は

　清算期間を3カ月にするフレックスタイム制を導入して就業規則の本則を変更する場合のモデル例は**図表29**のとおりです。

49

第1部 平成30年改正労働基準法等の実務

　なお、**図表20**に示したフレックスタイム制の時間例は、**図表29**の規定内容による時間配分を図示したものです。

　また、**図表29**の規定のうちアンダーラインがついている部分は、旧法での清算期間「１カ月」の制度を、改正法による「３カ月」の制度に変更する場合の改正部分です。

図表29　フレックスタイム制に関する就業規則の規定例（試案）（清算期間３カ月の場合）

> 　　　　　　第○○節　フレックスタイム制
> （対象従業員）
> 第１条　本制度の対象従業員は、次の者とする。
> 　一　総務部および業務部所属の○級以上の者
> 　二　当研究所の研究員として勤務する者であって、勤続１年以上の者
> （制度の対象日、対象時間）
> 第２条　本制度の対象とする日および時間帯は、本就業規則に定められた出勤日の午前７時から午後９時までとする。
> （１日の標準労働時間）
> 第３条　１日の標準労働時間は、午前９時から午後６時まで（正午から午後１時までは休憩時間）、実働８時間とする。
> ②　年次有給休暇または特別休暇を取得したとき、および出張したときは、前項の標準労働時間勤務したものとみなして取り扱う。
> （コアタイム）
> 第４条　コアタイムは、午前10時から午後３時まで（ただし、正午から午後１時までは休憩時間）とする。
> ②　コアタイムには、従業員が必ず勤務するものとする。
> （フレキシブルタイム）
> 第５条　フレキシブルタイムは、次のとおりとする。
> 　始業時間帯＝午前７時から午前10時まで
> 　終業時間帯＝午後３時から午後９時まで
> ②　フレキシブルタイム中の始業および終業の時刻は、各従業員の決定に委ねる。
> （遅刻、早退、欠勤）
> 第６条　本制度の対象従業員について、遅刻、早退および欠勤とは、それぞれ次の場合をいう。
> 　遅刻＝コアタイムの開始時刻に遅れて出社したとき
> 　早退＝コアタイムの終了時刻より早く退社したとき
> 　欠勤＝コアタイムに勤務しなかったとき

50

② 前項のいずれかに該当する者は、事前または事後に、上司に届け出なければならない。
（清算期間）
第7条　1回当たりの清算期間は、毎年、次表のとおりとする。

| 1月1日～3月末日 |
| 4月1日～6月末日 |
| 7月1日～9月末日 |
| 10月1日～12月末日 |

（清算期間における契約時間）
第8条　清算期間における契約時間（所定労働時間の総枠）は、1日あたり8時間にその清算期間（3カ月間）の所定労働日数を乗じた時間とする。
（実労働時間の記録）
第9条　従業員は、自己の始業時刻、終業時刻および1日の実労働時間を記録しておき、これらの記録を会社が指定する日に、会社に提出しなければならない。
② 1日の実労働時間の記録の単位は、15分とする。
（時間外労働の取扱い）
第10条　従業員が次のいずれかの勤務をしたときは、賃金規則の定めるところにより時間外労働手当を支給する。
　一　第2条に定める本制度の対象時間帯以外の時間帯に勤務した場合
　二　清算期間の開始から1カ月ごとの期間に区分したとき、それぞれの月の1週間の平均労働時間が50時間を超えた場合（前一号の時間を除く。）
　三　清算期間中の実労働時間が契約時間を超過した場合（一号、二号の時間を除く。）
② 従業員が時間外労働を行なう必要があるときには、事前に、所属長に届け出て、その許可を得なければならない。
（休日労働の取扱い）
第11条　従業員が本制度の対象日以外の日に勤務したときは、賃金規則の定めるところにより休日労働手当を支払う。
② 前条第2項の規定は、休日労働について準用する。
（中途退職者等の取扱い）
第12条　退職、人事異動、新規採用等により、1回の清算期間（3カ月）のうちの一部の月についてフレックスタイム制が適用された者については、制度適用月の契約時間の上限を超えた労働について時間外労働手当を支払う。

第1部　平成30年改正労働基準法等の実務

（不足時間の取扱い）

第13条　清算期間中の実労働時間が契約時間に不足したときは、不足時間は次の清算期間に繰り越すものとする。

②　前項にかかわらず、不足時間が20時間を超えるときは、超える時間数に応じた賃金額を基本給から控除する。

（制度の解除）

第14条　会社は、緊急事態の発生などにより、事業遂行上やむを得ないと認めるときは、あらかじめ期間を指定して、本制度の適用対象である部署の全部または一部についてその適用を解除することがある。

附則

　施行期日　本就業規則第○章○○節の規定は、○○年○月○日から施行する。

⑵　清算期間を「３カ月」とするフレックスタイム制の労使協定例は

　清算期間を「３カ月」とするフレックスタイム制の導入のために取り決める労使協定のモデル例は**図表30**のとおりです。このモデル例で定めているフレックスタイム制の１日の時間配分も**図表20**によっています。

　なお、**図表30**の協定文のうちアンダーラインの付してある部分は、旧法の清算期間１カ月間の制度を改正法に基づき３カ月間の制度に改める場合に変更が必要になる箇所です。

　おって、清算期間が１カ月を超えるフレックスタイム制に関する労使協定は、使用者が労基署に届け出る必要があります。

図表30　フレックスタイム制についての労使協定例（試案）（清算期間３カ月の場合）

　　　　　　○○株式会社フレックスタイム制に関する労使協定

　○○株式会社（以下「会社」という。）と○○労働組合は、労働基準法第32条の３の規定にもとづき、フレックスタイム制度について、次のとおり協定する。

（制度の適用従業員）

第１条　本制度を適用する従業員は、次の者とする。

　一　総務部および業務部に所属する○級以上の者

　二　当社研究所に研究員として勤務する者であって、勤続１年以上の者

第1章　平成30年改正労働基準法等の改正内容

（本制度の対象日、対象時間）

第2条　本制度を適用する日および時間帯は、勤務を要する日の午前7時から午後9時までとする。

（1日の標準労働時間）

第3条　1日の標準労働時間は、8時間とする。

（コアタイム）

第4条　コアタイム（原則として従業員全員が労働しなければならない時間帯をいう。）は、午前10時から午後3時までとする。

②　休憩時間は、正午から午後1時までとする。

（フレキシブルタイム）

第5条　フレキシブルタイム（各従業員の判断により出退勤し、労働できる時間帯をいう。）は、次のとおりとする。

　　始業時間帯＝午前7時から午前10時まで

　　終業時間帯＝午後3時から午後9時まで

（清算期間）

第6条　1回当たりの清算期間は、毎年、次表のとおりとする。

| 1月1日〜3月末日 |
| 4月1日〜6月末日 |
| 7月1日〜9月末日 |
| 10月1日〜12月末日 |

第7条　清算期間における契約時間（所定労働時間の総枠）は、1日あたり8時間にその清算期間（3カ月間）の所定労働日数を乗じた時間（8時間×3カ月間所定労働日数）とする。

（過不足時間等の取扱い）

第8条　会社は、次の各号の場合には、時間外労働手当を支給する。

　一　従業員がフレックスタイム制度の対象外の時間に勤務した場合

　二　清算期間の開始から1カ月ごとの期間に区分したとき、それぞれの月の1週間の平均労働時間が50時間を超えた場合

　三　従業員の清算期間中の実労働時間が、一号及び前号の時間を除き、第7条に定める契約時間を超過した場合

②　従業員がフレックスタイム制度の対象外の日に勤務したときは、会社は休日労働手当を支給する。

③　従業員の清算期間中の実労働時間が、第7条に定める契約時間に不足したときは、その不足時間を次の清算期間に繰り越すものとする。

　　ただし、不足時間が20時間を超過したときは、超過した時間分の賃金について基本給から控除を行なう。

（中途退職者等の取扱い）

第1部　平成30年改正労働基準法等の実務

> 第9条　退職、人事異動、新規採用等により、1回の清算期間（3カ月）のうちの一部の月についてフレックスタイム制が適用された者については、制度適用月の契約時間の上限を超えた労働について時間外労働手当を支払う。
>
> （本制度の解除）
>
> 第10条　会社は、緊急事態の発生などにより事業遂行上やむを得ないと認めるときは、あらかじめ労働組合に諮ったうえで、一定期間、本制度の適用対象である部署の全部または一部について、その解除を行なうことができる。
>
> （協定の有効期間）
>
> 第11条　本協定の有効期間は、○○年○月○日から1年間とする。ただし、有効期間満了日の1カ月前までに、会社または労働組合のいずれからも申出がないときは、さらに1年間有効期間を延長するものとし、それ以降についても同様の取扱いとする。
>
> ○○年○○月○○日
>
> 　　　　　　　　　　　　　　　　　　○○○○株式会社
> 　　　　　　　　　　　　　　　　　　　代表取締役　○○○○　㊞
> 　　　　　　　　　　　　　　　　　　○○○○労働組合
> 　　　　　　　　　　　　　　　　　　　執行委員長　○○○○　㊞

第1章　平成30年改正労働基準法等の改正内容

第5節　中小企業に対する割増賃金率の引上げ（労基法）

ポイントは

　平成35（2023年）年4月1日からは、中小企業を含む全企業に対して、1カ月60時間を超える時間外労働については、50％以上の割増賃金率が適用されることになりました。

① 現行法では中小企業に対する割増賃金率引上げの適用を猶予

　平成22年4月1日に施行された改正労基法により、1カ月間に60時間を超える時間外労働については、法定の割増賃金率が「5割以上」に引き上げられています（37条1項）。

　ただし、この時間外労働の割増賃金率の引上げについては、**図表31**の中小企業については、当分の間、適用が猶予されていました。（現行法138条）

図表31　月60時間超の時間外労働に対する50％以上の割増賃金率の適用が平成35年（2023年）3月末まで猶予されている中小企業

資本金の額または出資の総額が			常時使用する労働者が	
小売業	5,000万円以下	または	小売業	50人以下
サービス業	5,000万円以下		サービス業	100人以下
卸売業	1億円以下		卸売業	100人以下
その他	3億円以下		その他	300人以下

55

第1部　平成30年改正労働基準法等の実務

② 平成30年改正労基法は適用猶予を廃止

　平成30年改正法では、中小企業への月60時間を超える時間外労働に対する「50％以上」の割増賃金率の適用を猶予している現行労基法第138条の規定を廃止しました。ただし、この規定についての改正法の施行日は、中小事業主への影響を加味して、平成35年（2023年）4月1日としています。

　なお、労基法で定められている時間外・休日・深夜労働の割増賃金の全体像については、第2章第3節（139頁以降）を参照してください。

第1章　平成30年改正労働基準法等の改正内容

第6節　年5日の年次有給休暇の確実な取得（労基法）―使用者の労働者に対する年休の時季指定の義務付け―

―ポイントは―

1年間に10日以上の年次有給休暇（以下「年休」と略す。前年からの繰越分を除く。）を取得できる労働者については、使用者は、毎年、そのうち5日の年休について時季を指定して取得させなければならないことになりました（平成31年（2019年）4月1日施行）。

① 改正労基法の「使用者の年休時季指定義務」創設のねらいは

平成22年6月に閣議決定された「新成長戦略」では、年休の取得率を2020年までに70％にすることが政府目標とされています。

しかし、平成26年現在の取得率は48.8％で、平成12年以降は50％を切る水準で推移しています（平成26年「就労条件総合調査」）。また、正社員の約16％が年休を1年間に1日も取得していないという調査結果も示されています。

このような状況にあることから、年休の取得をすすめるため、使用者に、従業員に対して年休取得の時季を指定して与えることを義務づけることとしたものです。

② 現行労基法の年休に関する規定内容は

年休は、雇入れから6カ月経過後に、その6カ月間の全労働日の8

57

第1部　平成30年改正労働基準法等の実務

割以上出勤した労働者に対して10日間与えなければなりません。さらに、6カ月経過後からは1年ごとに、**図表32**の日数を与えなければならないとされています（労基法第39条第1項）。

　この年休は、「労働者の請求する時季に与えなければならない」とされており、使用者には「請求された時季に年休を与えることが事業の正常な運営を妨げる場合」における時季変更権が認められています（労基法第39条第5項）。

図表32　年次有給休暇の付与日数

週所定労働時間	所定労働日数		継続勤務した期間に応ずる年休の付与日数						
	週で定める場合	週以外で定める場合	6カ月	1年6カ月	2年6カ月	3年6カ月	4年6カ月	5年6カ月	6年6カ月以上
1　週30時間以上			10	11	12	14	16	18	20
2　週30時間未満	週5日以上	年間217日以上	10	11	12	14	16	18	20
	週4日	年間169〜216日	7	8	9	10	12	13	15
	週3日	年間121日〜168日	5	6	6	8	9	10	11
	週2日	年間73日〜120日	3	4	4	5	6	6	7
	週1日	年間48日〜72日	1	2	2	2	3	3	3

年休の付与日数は20日が上限。継続勤務期間6年6カ月以降は継続勤務年数によらず20日のまま

第1章　平成30年改正労働基準法等の改正内容

③　平成30年改正労基法の「使用者の年休時季指定義務」とは

　平成30年改正労基法では、１日も取得していない従業員などの年休の取得率を向上させるため、10日以上の年休が付与（前年からの繰り越し分を除く）されている労働者に対し、そのうちの５日間については使用者が時季を定めて与えなければならないこととしました。

　ただし、労働者の時季指定や計画的付与制度によって年休を与えた場合は、その日数が使用者が時季を指定しなければならない５日間から除かれることとなります。例えば、５日間の年休のうち、計画的付与制度によって２日間の年休を与えた場合は、残りの３日間が使用者に時季指定により与える義務のある年休日数となります。

　また、平成30年改正法では使用者が上記の規定に基づき年休を与える場合は、あらかじめ、労働者に対して年休の取得時季に関する意見を聴取し、聴取した意見を尊重するように努めることを省令に定めることとしています。

　さらに、各労働者の取得状況を把握するため、使用者に「年休の管理簿」を作成することを義務付けることを、省令で定めることとしています。

④　平成30年改正労基法に対応する就業規則の規定例は

　使用者の年休時季指定権の規定を盛り込んだ就業規則の規定例は、**図表33**のとおりです。

　労基法で、従来から定められている労働者の年休の時季指定、年休の計画的付与制度その他年休制度の詳細については、後記第３章（151頁）を参照してください。

59

第1部　平成30年改正労働基準法等の実務

図表33　就業規則の年次有給休暇に関する規定例

（年次有給休暇）
第○○条　１年間（採用当初は６カ月間）の所定労働日数の８割以上出勤した
　従業員に対しては、次の１年間において、勤続年数に応じ、別表（**図表32**の
　とおり）に掲げる日数の年次有給休暇（以下「年休」という。）を付与する。
２　年休は、労使協定の定めるところにより１日又は１時間単位で取得するこ
　とができる。ただし、１時間単位で取得することができるのは、１年間につ
　いて５日分までとする。

> ┌─ **コメント** ─┐
>
> 労基法の改正［平成22年４月１日施行］により、「時間単位年休」につ
> いて上述のように取り扱うことができます。

３　年休を取得しようとする従業員は、所定の手続きにより、会社に事前に請
　求するものとする。ただし、従業員の指定する日に年休をとらせることが事
　業の正常な運営に支障があると認められるときは、会社は指定した日を変更
　することがある。
４　前項の規定にかかわらず、会社が労働組合（または従業員の過半数代表
　者）との労使協定により年休を計画的に付与することとした場合においては、
　その協定の定めるところにより同年休を付与するものとする。
５　従業員は、その保有する年休のうち前項の労使協定に係る部分については、
　その協定の定めるところにより取得しなければならない。

> ┌─ **コメント** ─┐
>
> ４項及び５項は、年休の計画的付与制度を実施する場合の規定です。

６　その１年間に取得することが認められている年休の全部又は一部を取得し
　なかった場合は、その残日数をその翌年１年間に限り繰り越して取得するこ
　とができる。
７　会社は、その１年間の年休の付与日数（前年からの繰越し日数を除く。）が
　10日以上である従業員に対し、その年休のうち５日については、１年以内の
　期間に時季を定めることにより与えるものとする。
　　ただし、５日のうち、従業員の時季指定、または計画的付与制度により年
　休を与える場合には、その与える日数分については、会社は年休取得の時季
　を定めることにより与えることを要しないものとする。

> ┌─ **コメント** ─┐
>
> 前期第７項は、平成30年改正労基法（2019年４月１日施行）に基づき
> 追加して定めた規定です。

第1章　平成30年改正労働基準法等の改正内容

第7節　労働安全衛生法の改正

ポイントは

① 医師による面接指導制度の改正

② 産業医・産業保健機能の強化

（施行期日　平成31年（2019年）4月1日）

1 改正のあらまし

　医師による面接指導制度が改正され、事業者に対して、①「高度プロフェッショナル制度」の対象者及び「新技術・新商品等の研究開発の業務」について面接指導が義務づけられるとともに、②すべての労働者を対象とした労働時間の把握が義務づけられました。

2 医師による面接指導制度の改正

2 「高度プロフェッショナル制度」の対象者及び「新技術・新商品等の研究開発の業務」への面接指導の義務づけ

⑴ 時間外労働が月100時間を超えた場合が面接指導の対象に

1）安衛法の改正により、上記の労働者について、労働時間（高度プロフェッショナル制度の対象労働者の場合は健康管理時間（原則として、労働者が事業場内に所在していた時間と事業場外で業務に従事した時間の合計））が省令で定める時間を超えた場合には、医師による面接指導を実施することを事業者に義務づけています。

2）省令で定める時間については、平成29年9月の法案要綱において、「1週間当たり40時間を超えた場合のその超えた時間が1月当たり100時間を超えた労働者」とする旨定めることが示されていま

61

第1部　平成30年改正労働基準法等の実務

す。

3）事業者は、医師による面接指導の結果に基づいて**図表34**の措置を講じなければならないこととなりました。

(2)　違反した事業者には罰則が

現行法の面接指導制度では、面接指導は労働者の申し出によって実施することとされていました。しかし、前記2つの対象労働者については、労働時間（健康管理時間）が省令で定める時間数を超えた場合には、一律に面接指導を行うことが事業者の義務となりました。

また、この対象労働者への面接指導については、違反した事業者には所要の罰則が科されます。

(3)　すべての労働者を対象とした労働時間の把握義務の義務づけ

法改正により、裁量労働制適用者や管理監督者などを含めたすべての労働者を対象とした労働時間の把握義務を事業者に義務づけるとしています。具体的な方法は省令で定めるとされています。

図表34　事業者が医師による面接指導に基づいて行わなければならない措置

①　医師による面接指導の結果の記録
②　①の面接指導の結果に基づく必要な措置についての医師の意見の聴取
③　その必要があると認める場合の次の措置の実施
a　職務内容の変更
b　特別有給休暇（年次有給休暇の付与を除く。）の付与
c　労働時間の短縮（健康管理時間の短縮のための配慮等の措置）

③　産業医・産業保健機能の強化 —産業医の勧告内容を衛生委員会に報告—

安衛法の改正により、産業医・産業保健機能の強化として、

①事業者は、産業医の勧告を受けたときは、その勧告の内容を衛生委員会または安全衛生委員会に報告しなければならないものとすること、

②事業者は、産業医に対し、労働者の労働時間に関する情報その他

の産業医が労働者の健康管理等を適切に行うために必要な情報を提供しなければならないものとすることなどが定められました。

第1部　平成30年改正労働基準法等の実務

第8節　労働時間等設定改善法の改正

ポイントは

　労働時間等設定改善法について、次の①〜③の改正が行われました。

① 　勤務間インターバル制度の導入を事業主の努力義務とすること、

② 　企業単位で設置される「労働時間等設定改善企業委員会」の決議に法律上の特例（年次有給休暇の計画的付与等3つの事項の実施について労使協定の締結と同じ効力）を設けること、

③ 　一定の衛生委員会等を「労働時間等設定改善委員会」とみなす規定（現行法第7条第2項）を廃止すること

（施行期日　平成31年（2019年）4月1日）

1　事業主の勤務間インターバル制度導入の努力義務

　勤務間インターバル制度導入の努力義務については、法第2条（事業主等の責務）に、「健康及び福祉を確保するために必要な終業から始業までの時間を講ずるように努めなければならないこと」が追加規定されました。

第1章　平成30年改正労働基準法等の改正内容

② 労働時間等設定改善企業委員会決議により労使協定に代える方法の導入

ポイントは

　企業単位での労働時間等の設定・改善に関する労使の取組を促進するため、1つの企業全体を通じて設置する労働時間等設定改善企業委員会の決議（書）をもって、次の事項に関する労使協定（書）に代えることができることとなりました（労働時間等の設定の改善に関する特別措置法の改正、平成31年（2019年）4月1日施行）。

　①　年次有給休暇の計画的な付与
　②　同休暇の時間単位での付与
　③　1カ月60時間を超える時間外労働の割増賃金率引上げ分（25％）の代替休暇の付与

1　現行の労働時間等設定改善法の主な規定内容
　―時間外・休日労働協定、就業規則の本社一括届出―

　同法の規定により、1つの企業の個々の事業場で締結または作成した時間外・休日労働に関する労使協定（いわゆる三六協定）及び就業規則を、その企業の本社が一括して、本社所在地を管轄する労基署長に届け出ることが認められています。また、電子申請することもできます。

　1つの企業の各事業場で締結した三六協定について本社一括届出をするには、その企業に労働組合（意見聴取先）が組織されていることが必要です。

　また、1企業の各事業場で作成した就業規則について本社一括届出するためには、その企業の本社と全事業場の就業規則の変更前と変更

65

第1部　平成30年改正労働基準法等の実務

後の規定内容がすべて同一内容でなければなりません。

就業規則を労基署窓口で一括届出をする場合には、次の①〜③の書類が必要です。

①本社の就業規則届出書、意見書及び就業規則本体　各2部（正本及び控え）

②一括届出の対象事業場一覧表　2部（正本、就業規則配送作業室提出用）

③一括届出の対象事業場の意見書（正本　事業場ごとに1部必要です。）

④一括届出の対象事業場の就業規則本体（正本　事業場を管轄する監督署ごとに一部必要です。）

以上のことについて詳しくは、その企業の本社所在地を管轄する労基署に問い合わせてください。

2　平成30年労働時間等設定改善法の改正内容は

(1)　定義規定の変更

「労働時間等の設定」の定義規定に、「深夜業の回数」及び「終業から始業までの時間」が追加されました。

この改正により、これらの事項について自主的に規制を設けている企業の内容の改善が容易になることが期待されます。

(2)　企業委員会決議により労使協定に替えることができる

1企業の全部の事業場を通じて一つの委員会であって、**図表35**の要件に適合するもの（以下「労働時間等設定改善企業委員会」という。）に調査審議させ、事業主に対して意見を述べさせることを定めた場合であって、労働時間等設定改善企業委員会でその委員の五分の四以上の多数による議決により、年次有給休暇の計画的付与制度、時間単位付与制度及び1カ月60時間を超える時間外労働の賃金引上げ分（25％）の代替休暇の付与制度に関する事項について決議が行われたときは、その決議はこれらの事項に関する労使協定

第1章　平成30年改正労働基準法等の改正内容

（69頁**図表36**の⑬～⑮の労使協定）と同様の効果を有するものとされました。

図表35　労働時間等設定改善企業委員会決議の要件

①　１企業の全部の事業場を通じて一つの委員会の委員の半数については、その全部の事業場を通じて、労働者の過半数で組織する労働組合がある場合においてはその労働組合、労働者の過半数で組織する労働組合がない場合においては労働者の過半数を代表する者の推薦に基づき指名されていること。
②　１企業の全部の事業場を通じて一つの委員会の議事について、省令で定めるところにより、議事録が作成され、かつ、保存されていること。
③　①及び②に掲げるもののほか、省令で定める要件を満たしていること。

この企業委員会決議について届出が必要か否かについては、今後、省令で定められることになります。

3　労働時間等設定改善法改正のメリットは

労基法では、年次有給休暇の計画的付与など上記３種の労使協定は、企業単位ではなく、企業内の事業場ごとに使用者と従業員の過半数代表者とで締結し、その事業場に保管しなければならないことになっています。

前記２の法改正により、その企業の全事業場のこれら３種の労使協定を１企業としてまとめて決議し、労使協定に代えることができるようになりました。

67

第1部　平成30年改正労働基準法等の実務

③　現行労基法等における労使協定の締結・届出・保管義務、効力

ポイントは

　労使協定（書）とは、使用者が、

① 　その事業場の労働者の過半数で組織する労働組合がある場合においては、その労働組合、

② 　①の労働組合がない場合においては、その事業場の労働者の過半数を代表する者（①と②をあわせて「労働者の過半数代表者」という。）

と、書面により**図表36**のいずれかの法定事項について協定を締結すること（または締結した文書のこと）をいいます。

(1)　その実施に労使協定の必要な事項は

　労使協定とは、労基法等で定める事項のいずれかについて、使用者と労働者の過半数代表者等とが協議して決め、締結内容を書面にした約束事のことです。

　労基法、育介法及び高年法で労使協定の締結が義務づけられている事項をまとめて示すと、**図表36**のとおりです。この17項目のうち、その事業場で必要な事項について労使で協議し、協定するわけです。

　図表36のうち、担当行政機関（労基署等）に届け出て受理されることが必要な労使協定は○印を付してあるものです。

　労基法で協定締結が義務づけられているもの（①〜⑮）のうち、届出が義務づけられていない協定書（×印）については、その事業場に保管しておき、労働基準監督官の臨検監督（強制立入調査）の際には呈示できるようにしておかなければなりません。

68

第1章　平成30年改正労働基準法等の改正内容

図表36　その実施に労使協定が必要な事項

労使協定が必要な事項	労基署等への届出義務	根拠法
① 貯蓄金の管理	○	労基法
② 賃金からの一部控除	×	
③ 専門業務型裁量労働制	○	
④ 事業場外労働に関するみなし労働時間制	○	
⑤ 交替休憩	×	
⑥ 時間外・休日労働	○	
⑦ 1カ月単位の変形労働時間制	○	
⑧ 1年単位の変形労働時間制	○	
⑨ 1週間単位の変形労働時間制	○	
⑩ フレックスタイム制	○（※）	
⑪ フレックスタイム制の下での時間外・休日労働	○	
⑫ 年次有給休暇中の賃金支払い（標準報酬日額）	×	
⑬ 年次有給休暇の計画的な付与	×	
⑭ 年次有給休暇の時間単位での付与	×	
⑮ 1カ月60時間を超える時間外労働の割増賃金率引上げ分（25％）の代替休暇の付与	×	
⑯ 育児・介護休業、子の看護休暇、介護休暇等の適用除外者	×	育介法
⑰ 65歳までの雇用継続制度	×	高年法

注：○印は届出必要、×は届出不要。
※：清算期間が1カ月超の場合。

(2)　労使協定の締結単位

　労使協定は、事業場ごとに結ばなくてはなりません。数事業場を有する企業の場合は、それぞれの事業場ごとに協定を結ぶことが必要です。

(3)　使用者側の締結当事者

　数事業場を有する企業の場合は、社長（代表取締役）自らが各事業場ごとに結ばれる協定の当事者となることも、また、各事業場の長

69

第1部　平成30年改正労働基準法等の実務

（支店長、工場長等）に締結させることも可能です。

(4) 「労働者の過半数で組織する労働組合」「労働者の過半数を代表する者」とは

　これらについては、68頁「ポイントは」を参照のこと。

(5) 労使協定の周知義務

　使用者は、締結した労使協定を次のいずれかの方法により、従業員に周知させなければなりません（労基法106条）。

　①　常時各作業場の見やすい場所に掲示し、または備え付ける。

　②　労使協定書を従業員に交付する。

　⑤　ディスクに記録し、従業員がいつでも自由に見られるよう各事業場にパソコンを配置するほか

(6) 労使協定の締結・届出・周知・保管の手順は

　労使協定の締結・届出・周知の手順は、**図表37**の①～⑤のとおりです。就業規則の作成・届出・周知と同じ行為と異なる行為とがありますので、混同しないように注意してください。

図表37　労使協定の締結・届出・周知・保管の手順

①　会社が労使協定案を作成
②　会社と従業員の過半数代表者とで協議し、両者で署名、押印して締結 　労使協定は、事業場ごとに結ぶ。複数の事業場をもつ会社は、それぞれの事業場ごとに協定を結ぶことが必要。 　イ　会社側 　　社長自ら各事業場ごとの締結当事者になっても、支店長や工場長など、各事業場の長がなってもよい。 　ロ　従業員の過半数代表者 　　その事業場の全従業員の過半数を代表する者。
③　労基署長に届出・受理 　法律で届出が義務づけられている場合のみ行う。
④　その事業場の従業員に周知する
⑤　事業場に保管 　労基法にもとづく労使協定の場合には、労基署の臨検監督（強制立入調査）等の際に求められたら呈示する。呈示しないと法違反となる。

70

第1章　平成30年改正労働基準法等の改正内容

(7)　労使協定の刑事免責的効力（法違反にならずにすむ）とは

　労使協定の締結による刑事免責的効力というのは、本来、その事項を実施することは法違反であるのに、労使協定を結ぶことによりその行為が例外として適法と認められるということです。従業員の過半数代表者がそのことの実施について同意しているのだから、例外として、特別に適法と認めようということです。

　例えば、使用者（会社）が労働者に法定労働時間（1日8時間、1週40時間）を超えて働かせたり、法定休日（1週間に1日の休日）に出勤させるには、事前に、労使間で「時間外・休日労働に関する労使協定（いわゆる三六協定）」を結び、労基署長に届け出ることが必要です。労使協定なしに法定労働時間の労働後に時間外労働を行わせると、使用者は6カ月以下の懲役または30万円以下の罰金が科せられます。

　ところが、事前に、労使間で「時間外・休日労働に関する労使協定」を結び、これを労基署長に届け出ていれば、使用者は、法定時間外労働違反で罰せられることはありません（労基法36条）。労使協定には法定義務違反の責めや刑罰を免れることができる効果があり、これを「刑事免責的効力」といいます。

(8)　労使協定には、法規範としての効力はない

　しかし、労使協定には、就業規則や労働協約（使用者と労働組合とが結ぶ契約文書）のように労働契約に勝る法規範としての効力（使用者と労働者を拘束する強制力）はありません。このため、たとえ上記のいわゆる「三六協定」が結ばれていても、これにより使用者が労働者に時間外労働を行うように命令した場合に、個々の労働者が法定時間外労働に従事する法律上の義務は生じません。

　これを生じさせるためには、労使協定とは別に、就業規則か労働契約書に根拠となる規定を設けておかなければなりません。

71

第1部　平成30年改正労働基準法等の実務

⑼　労使協定と就業規則の違いは

　両者には共通点も多いので混同しがちです。**図表38**のように異なっ
ていることに注意してください。

図表38　労使協定と就業規則の違い

項目	労使協定	就業規則
①作成・届出義務	従業員数に関係なく、図表36の事項の実施に必要	常時使用する従業員10人以上の事業場すべて
②　作成者	会社が原案をつくるが、「従業員の過半数代表者」と協定を結んで成立	会社が一方的に作成
③　「従業員の過半数代表者」の意見反映	従業員の過半数代表者が同意しなければ、協定を結べない	使用者は意見を聴くだけでよく、その意見を就業規則の内容に反映しなくても法違反にはならない
④　労働契約（使用者と個々の労働者が結ぶ契約）との優劣関係	労使協定の規定内容は、個々の労働契約内容に影響を与えない	就業規則の規定内容は、個々の労働契約の規定内容にまさる。就業規則と異なる契約は、特約を除いて就業規則の内容が優先する（労契法12条）

72

第1章　平成30年改正労働基準法等の改正内容

第9節　パートタイム労働法・労働契約法・労働者派遣法の改正内容
―雇用形態にかかわらない公正な待遇の確保のために

―ポ―イ―ン―ト―は―

　働き方改革関連法では、雇用形態にかかわらない公正な待遇の確保のために、次の３点についてパートタイム労働法、労働契約法、および労働者派遣法の改正が行われました（施行期日　平成32年（2020年）４月１日（中小企業についてのパートタイム労働法と労働契約法の適用は平成33年（2021年）４月１日））（**図表39、40**）。

(1)　正規雇用労働者（正社員等：フルタイムの無期契約労働者）と非正規雇用労働者（パート、契約社員、派遣労働者等）との間の不合理な待遇差を解消するための法規定の整備

(2)　非正規労働者に対する待遇に関する事業主の説明の義務化

(3)　上記(1)(2)についての行政（都道府県労働局等）による裁判外紛争解決手続の整備等

☐　正規雇用労働者と非正規雇用労働者との間の不合理な待遇差を解消するための法規定の整備
―派遣労働者は２つの改善方式の選択制―

１）法改正により、パートタイム労働法（短時間労働者の雇用管理の改善等に関する法律）の名称が「短時間労働者及び有期雇用労働者の雇用管理の改善等に関する法律」（略称：パート契約社員法）に

73

第1部　平成30年改正労働基準法等の実務

改正されました。

2）そのうえで、有期雇用労働者（いわゆる契約社員。以下同じ。）についても、「不合理な待遇の禁止の原則規定」が設けられました。つまり、有期雇用労働者が正規雇用労働者と

①　職務内容（業務内容・責任の程度）および

②　職務内容・配置の変更（人事異動）の範囲（いわゆる人材活用の仕組み）が同一である場合

の差別的取扱いが禁止の対象になりました。

3）改正パート・契約社員法第8条の規定内容は次のとおりです。

（不合理な待遇の禁止）

第8条　<u>事業主は、その雇用する短時間・有期雇用労働者の基本給、賞与その他の待遇のそれぞれについて、当該待遇に対応する通常の労働者の待遇との間において、当該短時間・有期雇用労働者及び通常の労働者の業務の内容及び当該業務に伴う責任の程度</u>（以下「職務の内容」という。）、当該職務の内容及び配置の変更の範囲その他の事情のうち、<u>当該待遇の性質及び当該待遇を行う目的に照らして適切と認められるもの</u>を考慮して、不合理と認められる相違を設けてはならない。

（注）　アンダーラインのあるのは平成30年に改正された部分

4）パート・有期雇用労働者と正規雇用労働者との間について、

①　職務内容（業務内容・責任の程度）

②　職務内容・配置の変更（人事異動）の範囲

③　その他の事情

を考慮して不合理な待遇差の禁止について規定が設けられました。つまり、待遇差が不合理か否かは、基本給、賞与その他の待遇のそれぞれについてそれらの待遇の目的の照らして適切と認められる事情を考慮して判断されるべき旨が明確化されました（パート・契約社員法第8条）。

74

第1章　平成30年改正労働基準法等の改正内容

5）改正パート・契約社員法施行後は、基本的に個別判断方式による
　ことを明確化

　注目される改正点は、何を対象として不合理な待遇を禁止するかに
ついては、「基本給、賞与その他の待遇のそれぞれについて」と規定
され、基本給や賞与だけではなくその他の待遇の「それぞれ」を一つ
ひとつ合理性を判断することが必要となりました。また、「その他の
事情のうち、当該待遇の性質及び当該待遇を行う目的に照らして適切
と認められるものを考慮」することが明らかになったことです。

6）企業の留意点

　―個別案件ごとに丁寧に判断していく―

　このように、各企業としては、一つひとつの待遇について、その待
遇がどういう性質のものか、また、どういう目的のものかを個別に判
断しなければならなくなるということです。

　例えば、一定数以上出勤したことに対する報償として支給される精
皆勤手当については、その対象となっている無期雇用フルタイム労働
者（いわゆる正社員。以下同じ。）と同一の業務に従事する有期雇用
またはパートタイム労働者には、同一の支給をしなければならなくな
ります。それは、シフト勤務などにおいて指定された勤務日に無欠勤
又は少ない欠勤で勤務することで業務の円滑な遂行に寄与することの
報償として支給される精皆勤手当の性質・目的に照らして、同じ業務
で勤務日の指定を受け無欠勤または少欠勤で勤務した労働者には、無
期雇用フルタイム労働者か短時間・有期雇用労働者かを問わず、同一
の支給をすることが求められるからということになります。

（注）　上記5）、6）の記載内容は、労働調査会発行「労働基準広報」
　　　2018.6.1号「弁護士＆元監督官がズバリ解決！」28～29頁による

7）さらに、有期雇用労働者が正規雇用労働者と

①　職務内容（業務内容・責任の程度）および

②　職務内容・配置の変更（人事異動）の範囲（いわゆる人材活用の

75

第1部 平成30年改正労働基準法等の実務

仕組み）が同一である場合
の差別的取扱いが禁止の対象となりました。（改正パート・契約社員
法第9条）

8）例えば、次のように就業規則または労働契約書に定められていれ
　ばパートと正社員とでは人事異動になる対象地域の範囲が異なるの
　で両者の待遇に相違があっても合理性があるということになります。
　パート：人事異動の範囲は、現在勤務している支店内のみとする。
　正社員：人事異動の範囲は、東京都区内の本店及びすべての支店と
　　　　　する。

9）上記1）〜8）の法規定の整備により不要となった「労働契約法
　第20条（不合理な差別の禁止）規定」が削除されました。

10）さらに、派遣労働者については、**図表41**の2つの方式の選択制
　により、派遣労働者の待遇が確保されることになりました。

図表39　公正な待遇の確保施策の対象者

法改正前		法改正後
○パートタイム（短時間）労働者	→	○パートタイム（短時間）労働者 ○期間雇用者（いわゆる契約社員） ○派遣労働者

第1章　平成30年改正労働基準法等の改正内容

図表40　パートタイム労働法・労働契約法・労働者派遣法の改正

> 「働き方改革実行計画」に基づき、以下に示す法改正を行うことにより、企業内における正規雇用労働者と非正規雇用労働者の間の不合理な待遇差の実効ある是正を図る。

１．不合理な待遇差を解消するための規定の整備

○　短時間・有期雇用労働者に関する正規雇用労働者との不合理な待遇の禁止に関し、個々の待遇ごとに、当該待遇の性質・目的に照らして適切と認められる事情を考慮して判断されるべき旨を明確化。
（有期雇用労働者を法の対象に含めることに伴い、題名を改正（「短時間労働者及び有期雇用労働者の雇用管理の改善等に関する法律」））

○　有期雇用労働者について、正規雇用労働者と①職務内容、②職務内容・配置の変更範囲が同一である場合の均等待遇の確保を義務化。

○　派遣労働者について、①派遣先の労働者との均等・均衡待遇、②一定の要件（同種業務の一般の労働者の平均的な賃金と同等以上の賃金であること等）を満たす労使協定による待遇のいずれかを確保することを義務化。

○　また、これらの事項に関するガイドラインの根拠規定を整備。

２．労働者に対する待遇に関する説明義務の強化

○　短時間労働者・有期雇用労働者・派遣労働者について、正規雇用労働者との待遇差の内容・理由等に関する説明の義務化。

３．行政による履行確保措置及び裁判外紛争解決手続（行政ADR）の整備

○　１の義務や２の説明義務について、行政による履行確保措置及び行政ADRを整備。

図表41　派遣労働者の待遇確保についての２つの選択方式

A	派遣労働者と派遣先事業場の雇用している労働者との均等・均衡待遇方式（労働者派遣法に派遣労働者と派遣先労働者との待遇差について、短時間労働者・有期雇用労働者と同様の均等待遇規定・均衡待遇規定を創設）
B	一定の要件（同種業務の一般の労働者の平均的な賃金と同等以上の賃金であること等）を満たす労使協定による待遇決定方式

77

第1部　平成30年改正労働基準法等の実務

② 事業主に対する労働者の待遇に関する説明の義務化 ―説明を求めた場合の不利益取扱いは禁止―

1）法改正により、有期雇用労働者についても、事業主による待遇内容等の説明義務（雇入れ時）が創設されました（短時間労働者・派遣労働者についてはすでに現行法で法制化ずみ）。

2）また、短時間労働者・有期雇用労働者・派遣労働者について、事業主に正規雇用労働者との待遇差の内容・理由等の説明義務（労働者が説明を求めた場合）が創設されるとともに、労働者が説明を求めた場合の不利益取扱いが禁止されました。

③ 行政（都道府県労働局等）による裁判外紛争解決手続の整備等

1）法改正により、有期雇用労働者について、改正パートタイム労働法に諸規定を移行・新設することにより、パートタイム労働法の行政による助言・指導・勧告等や都道府県労働局の調停等の対象になりました（図表42）。

2）派遣労働者についても、均等・均衡待遇規定等や事業主の説明義務について、新たに現行パートタイム労働法と同様の都道府県労働局の調停等の対象とすることになりました（図表42）。

④ 裁判外紛争解決手続（個別労働紛争解決システム）

1）会社（使用者）と個々の従業員との間で賃金、労働時間、その他の労働条件、待遇、解雇、男女差別・正規労働者と非正規労働者との間の不合理な待遇差別その他をめぐってトラブルがある場合は、個別労働関係紛争解決システム（図表42の１～３の制度）を利用することをおすすめします。

2）個別労働関係紛争解決システムは、比較的軽微な紛争を早期に解

第1章　平成30年改正労働基準法等の改正内容

決するもので、年間100万件を超える利用があります。

3）利用は無料です。最寄りの労基署か、都道府県労働局雇用環境・
　均等部（室）に問い合わせしてください。

79

第1部　平成30年改正労働基準法等の実務

図表42　個別労働紛争解決システムの流れ

対象となるトラブル
- 正規労働者と非正規労働者との待遇についての不合理な差別取扱い
- 解雇、雇止め、配置転換、出向、昇進、降格労働条件にかかわる差別的取扱い
- セクシュアル・ハラスメント、パワー・ハラスメント（いじめ等）
- 募集・採用に関する差別的取扱い
- 労働条件（不利益変更等）に関する紛争
- 労働契約（継続、競業禁止特約等）に関する紛争

労働組合と事業主の間の紛争（都道府県庁の労働委員会が担当）や、労働者どうしの紛争は取り扱わない。

1　総合労働相談コーナーで相談

全国の都道府県労働局、労働基準監督署に設けられた相談コーナーで、次のことを行う。
- 照会内容に応じた関係法令、判例、紛争解決事例等の情報や資料の提供
- 相談員による相談
- 相談者が希望すれば、都道府県庁の労働委員会、労働相談センター等、他機関への事案の引継ぎ

労働法令違反の事案については、別に労働基準監督署、都道府県労働局需給調整事業課、雇用均等室に通報。改善指導、送検が行われる。

2　都道府県労働局長による助言・指導

民事上のトラブルについて、労使当事者に助言・指導し、解決をはかる。

解決
できなければ…

3　紛争調整委員会によるあっせん、調停

紛争調整委員会は学識経験のある専門家3～12人で構成されている。
A一般の労働条件・解雇等
　⇒委員長が指名した3名の委員が、紛争当事者の話し合いをあっせん、調停して解決をはかる。
B● 正規労働者と非正規労働者との待遇についての不合理な差別取扱い、男女の雇用差別・セクハラ・育児・介護休業・パート労働等
　⇒委員が調停案の作成、調停、受諾勧告をして解決をはかる。

あっせんも調停も、ともに紛争当事者に自主的な解決を促すもので、強制力はない。

（注）アンダーラインのある部分は平成30年法改正により、平成31年（2019年）4月1日から実施

第1章　平成30年改正労働基準法等の改正内容

第10節　雇用対策法の改正

ポ イ ン ト は

法改正により、「働き方改革に関する基本方針」を定める法律と
なった

　法改正により、雇用対策法の題名が「労働施策の総合的な推進並び
に労働者の雇用の安定及び職業生活の充実等に関する法律」に改めら
れました。

　この改正により、同法において「働き方改革」の基本的考え方を明
らかにするとともに、国は、改革を総合的かつ継続的に推進するため
の基本方針（閣議決定）を定めることとするものとされました（施行
期日は、交付日：平成30年（2018年）8月）。

81

第2章
平成30年（2018年）労基法改正後の労働時間・休日・割増賃金に関する規定

第1節 労働時間・休憩時間・休日についての法規制

1 法定労働時間

ポイントは

① 法定労働時間というのは、労基法で定められている実労働時間の限度のことです。

② 法定労働時間は、1週に40時間（特例措置対象事業場：44時間）まで、1日8時間までです。

1 1週間あたりの法定労働時間は

(1) 原則

　法定労働時間とは、労基法で定められている実労働時間の限度のことです。

　現在、週40時間労働制が全面的に実施されています。使用者は、労働者に1週間について40時間を超えて労働させてはなりません（労基法32条1項）。

　この場合「1週間」とは、その事業場において就業規則等で、例え

83

ば「水曜日から火曜日まで」と定めていれば、それがその事業場における1週間です。特に定めがない場合は、日曜日から土曜日までの暦週を意味します。

(2) 特例措置対象事業場の取扱い

図表1に掲げる業種で、常時10人未満の労働者を使用する事業場の法定労働時間は、現在、1週44時間となっています。

この場合、事業場の従業員規模(労働者数)は、企業全体の規模をいうのではなく、工場、支店、営業所等の個々の事業場の規模をいいます。

図表1　小さな会社は1週44時間までOK！

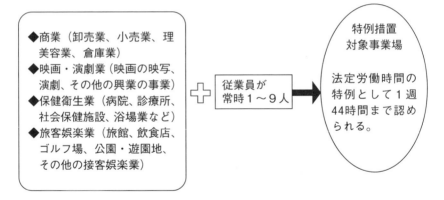

2　1日あたりの法定労働時間は

使用者は、労働者に、休憩時間を除き、1日について8時間を超えて労働させてはなりません(労基法32条2項)。

1日とは、原則として、暦日(午前0時から午後12時まで)のことです。ただし、交替制勤務などで、1勤務が2暦日にわたる場合(例えば、3月1日午後10時から翌朝の3月2日午前6時まで)には、例外的に始業時刻の属する日(3月1日)の1日勤務として取り扱われます。

第2章　平成30年（2018年）労基法改正後の労働時間・休日・割増賃金に関する規定

3　法定労働時間・所定労働時間・契約労働時間・実労働時間の違いは

これら4つの違いは、**図表2、3**のとおりです。

図表2　法定労働時間・所定労働時間・契約労働時間・実労働時間の違い

項目	説明
1　法定労働時間	労基法で、使用者が労働者をその時間を超えて労働させてはならないと定められている実労働時間の限度のことです。1週間あたりの法定労働時間は原則40時間、（特例措置対象事業場は44時間）、1日あたりの法定労働時間は8時間です。
2　所定労働時間	その事業場で、就業規則（または労働契約書・労働条件通知書）で定められている労働時間のことです。例えば、午前9時始業、正午から午後1時まで休憩、午後5時終業となっていれば、その事業場の1日の所定労働時間は7時間です。
3　契約労働日、契約労働時間	そのパートタイマー（短時間労働者）が、会社と契約した労働日、労働時間のことです。例えば、週3日（月～水）、1日4時間（午後1時～午後5時）勤務と契約すれば、これらが、そのパートタイマーのと会社との契約労働日、契約労働時間となります。
4　実労働時間	その労働者が実際に働いた時間（使用者の指揮監督下にあった時間）のことです。前記2の所定労働時間の事業場で午前9時から午後7時まで働けば、実労働時間は9時間です。

85

第1部　平成30年改正労働基準法等の実務

図表3　「労働時間」のいろいろ

| 法定労働時間 | 1日あたり原則8時間。午前9時始業、1時間の休想をとる事業場であれば、午後6時までが法定労働時間。 |

所定労働時間
就業規則や労働条件通知書で定められている、その事業場ごとの労働時間。午前9時始業、1時間の休憩、午後5時終業となっている事業場なら7時間。

実労働時間
従業員が実際に働いた時間（使用者の指揮監督下にあった時間）。午前9時から午後7時まで働き、昼休みを1時間とった場合の実労働時間は9時間。

② 拘束時間・労働時間・手待時間の違い

ポイントは

① 労働時間というのは、労働者が使用者の指揮命令の下に入っている時間のことです。
② 肉体、精神を動かしていなくても、指揮命令の下に入っている時間（手待時間）も労働時間です。

1　拘束時間と労働時間の違いは
(1)　拘束時間とは

　拘束時間とは、通常、就業規則などで定めている始業時刻から終業時刻までの時間をいい、次の3つの合計時間となります（**図表4**）。

第2章 平成30年（2018年）労基法改正後の労働時間・休日・割増賃金に関する規定

　① 労働時間──使用者の指揮監督下にある時間
　② 休憩時間──労働時間の途中で、労働から離れることが保障されている時間
　③ 構内自由時間──勤務事業場構内への入門から労働まで、および労働時間終了から退門までの自由利用時間

(2) 労働時間とは

　労基法でいう「労働時間（実労働時間）」とは、「使用者の指揮監督下にある時間」をいいます。必ずしも現実に精神または肉体を活動させている時間だけに限られません。

　労働時間には、以下の時間が含まれます。
　① 実作業時間───実際に作業を行っている時間
　② 手待時間────使用者の指揮監督の下に置かれ、就労のために待機している時間
　③ 準備・整理時間─その作業に必要不可欠な準備、着替え、業務の引継ぎと作業後の整理清掃等を行う時間

図表4　労働時間

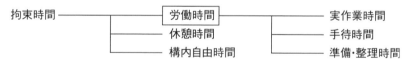

2　労働時間とは

(1) 労働時間の起算点

　実労働時間の起算点は、その労働者がいつの時点から使用者の指揮監督下に入ったか否かで判断されます。例えば、就業規則等において工場構内への入門時刻（午前8時15分）と作業開始時刻（8時30分）の双方が定められているとします。作業開始時刻には間にあっても入門時刻に間にあわないときは、遅刻として取り扱われるような場合に

第1部　平成30年改正労働基準法等の実務

は、入門の時点から使用者の指揮監督下に入っていることとなり、実労働時間の起算点は入門時刻からとなります。

(2)　手待時間

　例えば、運転手が２名トラックに乗り込んで交替で運転にあたる場合、運転しない者が助手席で休憩、仮眠をとっている時間等を「手待（てまち）時間」といいます。この時間も実労働時間に含まれます。実作業はしていません。しかし、この時間中は、いつでも運転を交替できるよう待機しているのであり、労働者が使用者の指揮監督をはなれて自由に利用できるわけではないからです。

(3)　手待時間（＝実労働時間）と休憩時間との違い

　手待時間と休憩時間の違いは、使用者の指揮監督のもとにあるか否かの違いです。労働者の自由利用が保障されているか否かの差ともいえます。

　したがって、例えば、昼食休憩時間中、来客当番をさせられた場合、その時間は実際に来客がなくても実労働時間です。

(4)　これらは労働時間となるか否か？

　イ　作業前準備、着替え、準備体操、業務の引継ぎ、作業後の後始末、清掃等

　　　これらは使用者の明示または黙示の指揮命令下で行われている限りは、労働時間となります。

　ロ　教育、研修、朝礼、打合せなどの出席時間

　　　使用者の行う教育、研修等に参加する時間を労働時間とみるか否かは、実質的にみて出席の強制があるか否かによって判断されます。その研修等に出席しないと、就業規則上の制裁等不利益な取扱いがなされたり、教育・研修と業務との関連性が強く、それに参加しない場合に本人の業務に具体的な支障が生ずるケースは労働時間となります。安衛法に定める安全衛生教育の時間、安全衛生委員会の開催時間は労働時間です。

第2章　平成30年（2018年）労基法改正後の労働時間・休日・割増賃金に関する規定

ハ　健康診断の受診

　一般健康診断の受診時間は労働時間に含まれず、特殊健康診断（特定の有害な業務に従事する労働者について行われる健康診断）の受診時間は労働時間に含まれます。

ニ　作業服の更衣、安全靴の着用

　これらの時間が法令、業務の性質から必要不可欠な場合、あるいは社則、慣習上、義務とされていたり、行わないと何らかの不利益がある場合は、労働時間となります。装着するか否かが労働者の自由で装着しなくても何らさしつかえない場合は、装着時間は労働時間に該当しません。

ホ　通勤・移動時間

　通勤時間は、原則として、労働時間ではありません。一方、勤務時間中のA所からB所への移動時間は、当然、労働時間に含まれます。

ヘ　入浴時間

　原則として、労働時間には含まれません。ただし、坑内作業、土木作業など汚れ作業の場合には、労働時間に含まれます。

ト　接待飲食・ゴルフコンペ等の時間

　これらの時間は、会社上司からの特命によって宴会等の準備を命じられた者、送迎の自動車運転手等のほかは、原則として、労働時間に含まれません。

以上のように、労働時間には、実際に働いているわけではなくても、使用者の指揮監督下に置かれている時間や、業務そのものでなくても、その業務を遂行するために必要な行為をする時間も含まれます。

　使用者の指揮監督下に置かれていないというのは、言い換えれば、労働者が労働から離れることを保障されている場合のことです。

第1部　平成30年改正労働基準法等の実務

③　労働時間の通算、端数の取扱い

ポイントは

　労働時間の計算にあたっては、複数の事業場で働く場合にも通算された時間で労基法の労働時間に関する規定が適用されます（労基法38条）。

　したがって、労働者が1日または1週間のうち、A事業場で働いたあとでB事業場で働くような場合であっても、A社とB社の使用者は、これらを合計した労働時間について、労基法の規定に違反しないように対応しなければなりません。

1　異なる会社も通算される

　労働時間が通算されるのは、1人の労働者が同じ会社のA工場とB工場で働く場合だけではありません。異なる2つの会社で働く場合も通算されます。

2　適用される労基法の規定は

　労働時間の通算は、法定労働時間（32条～32条の5、40条）はもちろんのこと、時間外労働の割増賃金（37条）、時間外労働・休日労働に関する労使協定の締結・届出（36条）、年少者の労働時間（60条）等の法規定を適用するにあたっても行われます。

　したがって、例えば、ある会社のA事業場で6時間働いたあとで、同じ会社のB事業場で3時間働く場合には、時間外労働に関する労使協定の締結、割増賃金の支払いが必要になります。

3　対応義務はどちらの事業場か

　前記2の場合、時間外労働協定を結び、割増賃金を支払わなければならないのは、原則として、後で労働契約を結んだ事業場の使用者です。後で契約した使用者は、契約の締結にあたって、その労働者が他

90

第2章　平成30年（2018年）労基法改正後の労働時間・休日・割増賃金に関する規定

の事業場で労働していることを確認したうえで行うべきだからです。

　ただし、AとBの事業場でそれぞれ4時間ずつ働いている者の場合、A使用者が、この後B事業場で4時間働くことを知りながら、労働時間を延長するときは、A使用者が時間外労働の手続きをしなければなりません。それは、時間外労働をさせることとなった使用者が法違反者となるからです。

4　他社でアルバイトを希望する従業員の取扱いは

　勤務時間外や休日などに他社で働きたいという従業員に対しては、就業規則であらかじめ許可を得るように決めておくとよいでしょう。許可なしに兼職したために、会社の職場秩序を乱したり、会社に対する労務提供に支障があらわれたりした場合には、懲戒処分を行うことも可能です。

　労働者が異なる2つの会社で働く場合に注意したいのは、「労働時間は通算される」ということです。

　つまり、A社で7時間働く従業員が、B社で3時間のアルバイトをする場合には、労働時間は10時間となり、1日8時間の法定労働時間を超えてしまいます。そのため、時間外労働の割増賃金、時間外労働協定の締結・届出等が必要になってきます。

　前記の場合、時間外労働協定を結び、割増賃金を支払わなければならないのは、原則として、あとで労働契約を結んだB社です。

5　時間外労働時間数の端数の切捨ては違法

(1)　労基法の考え方は

　1日単位で、例えば、30分未満の残業時間を切り捨てるなど実労働時間の端数切捨てをすることは、労基法上、認められません。毎日の実労働時間については、1分単位で計算することを前提としています。

　ただし、1カ月単位の実労働時間数の集計で、30分未満の端数は切り捨て、30分以上を1時間に切り上げることは、事務処理簡便化のた

第1部　平成30年改正労働基準法等の実務

めに認められています。

(2)　残業命令のしかたを工夫する

　残業というものは、使用者がその必要があると判断した場合に、使用者が労働者に時間外労働の命令をして行わせるものです。したがって、使用者は、その命令において、残務の状況に応じて「30分残業してほしい」とか「2時間残業してほしい」といったように残業時間を指定して、その時間まで行わせるべきですし、そのようにすれば、分単位で残業時間を計算する必要もなくなります。

④　労働時間の特例制度

ポ-イ-ン-ト-は

　　企業は、労基法に定められている労働時間の特例制度を利用して、適法に柔軟な勤務時間編成にしたり、割増賃金を減らすことができます。

1　原則的な法定労働時間は

　会社は、従業員に休憩時間を除いて、原則、1日8時間、または1週40時間を超えて働かせてはいけないのが決まりです（労基法32条）。

2　弾力的な勤務時間編成も可能

　ただし、**図表5**のようなさまざまな特例が設けられています。

　例えば、その事業場の業務の繁閑に合わせた勤務時間の編成をするには変形制が役立ちます。この制度を導入すれば、1週、1カ月または1年という期間内で、忙しいときは労働時間を法定労働時間（1日8時間、1週40時間）より長く、ヒマなときは短く、弾力的に決めることができます。結果としてトータルの労働時間を短縮し、休日を増やすことにもつながります。

　また、業種・業務によって使える制度などもあります。うまく利用

92

第2章　平成30年（2018年）労基法改正後の労働時間・休日・割増賃金に関する規定

すれば賃金コストの削減が可能です。

図表5　適法な実労働時間の弾力化

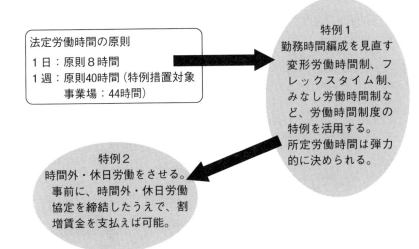

3　労働時間の8つのハードル（労基法等による規制）

　労働者の長時間労働を防止するために、労働時間については、労基法等で、**図表6**のとおり8段階の規制が設けられています。

第1部　平成30年改正労働基準法等の実務

図表6　労働時間の8つのハードル（労基法等の規制：平成31年（2019年）4月1日〜）

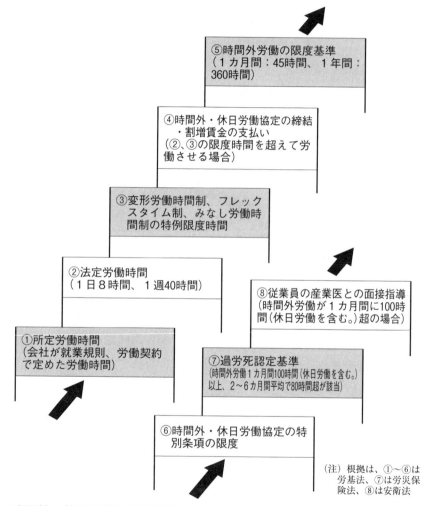

時間外・休日労働の罰則付き上限規制の新設
―平成30年労基法改正：平成31年（2019年）4月1日施行
a　1カ月に100時間（休日労働を含む。）未満
b　2〜6カ月の平均で80時間（休日労働を含む。）以内
c　年間で720時間以内
d　特別条項の適用は、年間6カ月以内

94

第2章　平成30年（2018年）労基法改正後の労働時間・休日・割増賃金に関する規定

5　休憩時間

ポイントは

① 休憩時間は、仕事（使用者の指揮監督のもと）から離れて休むことが保証される時間です。

② 使用者は、労働時間が6時間を超え8時間までの場合においては少なくとも45分、8時間を超える場合においては少なくとも1時間の休憩時間を、労働時間の途中に与えなければなりません（労基法34条1項）。

③ パートタイマーのように1日の実労働時間が6時間までの場合には、休憩時間を与えなくても労基法には違反しません。しかし、実労働時間が6時間を超え、8時間までの場合には45分以上の休憩時間を与えなければなりません。また、変形労働時間制で勤務した場合のように、1日10時間や11時間働いたときも、法律上は1時間の休憩時間で足ります。

1　休憩時間についての労基法のルールは

　労基法34条に定められている休憩時間についてのルールの全体は**図表7**のとおりです。

95

第1部　平成30年改正労働基準法等の実務

図表7　休憩時間についての労基法のルール

1　休憩時間の長さ

労働時間　6時間超〜8時間まで：休憩時間45分以上
　　　　　8時間超　　　　　　　：休憩時間60分以上

2　休憩時間の与え方

　1回にまとめても、数回に分けても可

3　同一事業場一斉付与の原則

　［例外］
　①8業種（運輸交通業、商業、金融・広告業、映画・演劇業、通信業、保健
　　衛生業、接客娯楽業、官公署の事業）
　②労使協定を結んだ場合

4　労働者の自由利用の原則

2　休憩時間を与えなくてもよい者とは

　次の①、②の者には休憩時間を与えなくても労基法違反にはなりません。

①　列車、電車、自動車、船、航空機等に乗務する運転手、操縦士、車掌、荷扱手、給仕等。

　これらの者のうち長距離にわたり継続して乗務する者はすべて休憩時間不要です。

　上記以外の継続乗務については、a）その者の業務の性質上休憩時間を与えることができないと認められる場合で、しかも、b）その勤務中における停車時間、折返しによる待合せ時間等の合計が休憩時間並みにある場合に限って、休憩時間を与えなくてもかまいません。

②　屋内勤務者30人未満の郵便局の郵便、電気通信の業務に従事する者も休憩時間不要です。

3　休憩時間の与え方は

　休憩時間は、1回にまとめて与えても、また、2回なり3回なりに

96

第2章　平成30年（2018年）労基法改正後の労働時間・休日・割増賃金に関する規定

分けて与えてもさしつかえありません。例えば、昼休み40分間、午後３時の休み20分間としてもよいわけです。

「休憩時間」とは、労働の間に労働から離れることを保障されている時間です。したがって、現実に作業はしていなくとも、待機しているという「手待時間」は休憩時間ではなく、労働時間です。

休憩時間の配置については、「労働時間の途中に与えなければならない」と規定されているのみで、何時から何時までの間に与えなければならないとは規定されていません。

4　休憩時間の一斉付与とは

休憩時間は、原則として、事業場ごとに全労働者に一斉に与えなければなりません。

ただし、**図表８**の２つの場合には、交替休憩が認められます（以上、労基法34条２項）。

図表８　交替休憩が認められる２つの場合

①　公衆を直接相手にする次の８業種 　　運輸交通業　　　　通信業 　　商　　業　　　　　保健衛生業 　　金融・広告業　　　接客娯楽業 　　映画・演劇業　　　官公署の事業
②　①以外の業種で、次のイ、ロの事項について労使協定を結べば、その定めにより交替で休憩を与えることができます。労使協定例は、**図表９**のとおりです。この協定は労基署への届出は不要です。 　イ　一斉に休憩時間を与えない労働者の範囲 　ロ　イの労働者に対する休憩時間の与え方

第1部　平成30年改正労働基準法等の実務

図表9　一斉休憩の適用除外に関する労使協定例

一斉休憩の適用除外に関する労使協定書

　○○株式会社と従業員の過半数代表者山本一郎は、休憩時間について、以下のとおり協定する。

記

一　事業場における電話対応業務に従事する従業員については、班別交替で、休憩時間を与えるものとする。

二　各班の休憩時間は、次に定めるとおりとする。

　　第1班　午前11時30分〜午後0時30分

　　第2班　午後0時30分〜午後1時30分

三　出張等のため、その従業員の属する班の時間帯に休憩時間を取得できない場合には、所属長が事前に指定して他の班の休憩時間の時間帯を適用する。

四　本協定は、○○年○月○日から効力を発する。

○○年○月○日

　　　　　　　　　　　　　　　　○○株式会社

　　　　　　　　　　　　　　　　代表取締役　田中秀夫　㊞

　　　　　　　　　　　　　　　　○○株式会社　営業部

　　　　　　　　　　　　　　　　山本一郎　㊞

5　自由利用の原則とは

(1)　原則

　休憩時間は、労働者に自由に利用させなければなりません（労基法34条3項）。ただし、休憩時間の目的を害さない程度であれば、事業場の施設管理、服務規律・企業秩序維持等のうえで必要な制限を加えてさしつかえありません。

　外出について許可制とすることは、事業場内で自由に休憩しうる場合には、必ずしも違法ではありません。もちろん、使用者が不許可とするには正当な理由が必要です。

　従業員の休憩時間中のビラの配布行為、政治的活動については、裁判例の見解は使用者の許可制を認めるものと認めないものとに分かれています。

98

第2章　平成30年（2018年）労基法改正後の労働時間・休日・割増賃金に関する規定

(2) 自由利用の例外

次の①、②の労働者は、勤務の性質上休憩時間中であっても一定の場所にいなければならないため、「休憩時間の自由利用の原則」は適用されません。

①　警察官、消防吏員、常勤の消防団員、児童自立支援施設で児童と起居をともにする者

②　乳児院、児童養護施設、知的障害児施設、盲ろうあ児施設及び肢体不自由児施設で児童と起居をともにする職員

②については、勤務の態様等について労基署長の許可を得ることを条件としています。

6　休　日

ポ-イ-ン-ト-は

4週間に4日の休日（法定休日）を与えれば、適法です。

1　祝日＝休日としなくていい

従業員には少なくとも毎週1日、または4週間に4日の休日（法定休日：労働しなくてよい日）を与えれば適法です。

このように労基法で与えることが義務づけられている休日を法定休日といいます（35条）。

4週間に4休日以上という決まりさえ守っていれば、国民の祝日を休日にする必要はありません。

法定休日は何曜日でもかまいませんし、週によって曜日を変えてもよいことになっています。全従業員に一斉に与えなくてもOKです。

また、その事業場で就業規則または労働契約で休日と定めているものを所定休日といいます。

99

第1部　平成30年改正労働基準法等の実務

2　週休2日制は労基法の義務ではない

週休2日制も労基法で義務づけられてはいません。

法定休日以外に会社が自主的に与える休日は、法定外休日です。土・日曜日を休みにしている週休2日制の会社の場合、日曜日が法定休日であれば、土曜日が法定外休日になります。法定外休日の出勤に対しては、週40時間を超える時間について時間外労働割増賃金（25％以上）を支払えばよく、休日割増（35％以上）にする必要はありません。

3　休日は暦日の丸一日が原則

休日（法定休日）とは「午前0時から午後12時（翌日の午前0時）までの間を休ませること」と定められています（暦日休日の原則）。ただし、勤務の形により例外も認められています（**図表10**）。

図表10　暦日休日の原則と例外

|原則どおり|　一昼夜交替勤務の場合|

非番の継続24時間は休日と認められず、非番の日の翌日もさらに休日を与えなければならない。

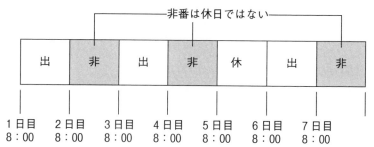

第2章　平成30年（2018年）労基法改正後の労働時間・休日・割増賃金に関する規定

例外　三交替制連続作業の場合

休日は2日間にわたる継続24時間でよい。旅館のフロント等は継続30時間与える。

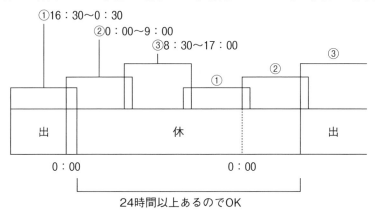

4　休日を与えなくてもよい労働者は

図表11の者については、労基法の休日付与義務の規定が適用除外されています。

図表11　休日を与えなくてもよい労働者は

① 　農業、畜産・養蚕・水産業の従事者
② 　労基法第41条でいう「管理監督者」
③ 　機密事務取扱者（秘書等）
④ 　監視・断続的労働従事者で、労基署長の許可を受けたもの（門番、守衛、幹部社員専用自動車運転手、宿・日直従事者など）

5　法定休日に労働させてもよい場合は

図表12のイからハまでの場合には、法定休日に労働させても労基法違反になりません。

第1部　平成30年改正労働基準法等の実務

図表12　法定休日に労働させてもよい場合

イ　使用者が、その事業場の従業員の過半数代表者等との間で「休日労働に関する労使協定」を結んだ場合
ロ　災害その他避けることのできない事由がある場合で、事前に所轄労基署長の許可を受けるか、又は、事後に遅滞なく所轄労基署長に届け出た場合
ハ　非現業公務員につき公務のため臨時の必要がある場合

7　休日の振替えと代休付与との違い

ポイントは

　会社にとっては、「代休の付与」よりも「休日の振替え」にしたほうが得です。
　「休日の振替え」は、割増賃金の支払いが不要です。

1　振替休日とその要件は

　「休日の振替え」とは、あらかじめ所定休日に定められている日を労働日とし、その代わりに他の労働日を休日とすることです（**図表13参照**）。

　所定休日の振替えを行うためには、就業規則に、所定休日の振替えを行うことができること、振替休日の具体的事由、振替日を定めておくことが望ましく、また休日の振替えを行うにあたっては、少なくとも4週4日の法定休日が確保されるように行うことが必要です。

　そして、休日を振り替えたことによって、その週の労働時間が週の法定労働時間を超えるときは、その超えた時間は時間外労働となり、事前に、「時間外労働に関する労使協定」を結び、割増賃金を支払うことが必要です。

　さらに、振り替えるべき日については、振り替えられた日以降できるだけ近接していることが望ましいとされています。

102

第2章　平成30年（2018年）労基法改正後の労働時間・休日・割増賃金に関する規定

図表13　休日の振替え

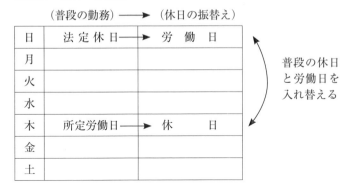

2　代休とは

　一般に、「代休」といわれる制度は、あらかじめ休日を振り替えることなく、その休日に労働させた場合に代償措置として、以後の特定の労働日の労働義務を免除するものです。したがって、現に行われた労働が、「代休」を与えることで休日労働でなくなるものではありません（**図表14**）。

　このため、例えば、**図表14**の場合、日曜出勤については、休日労働の割増賃金（35％以上）を支払わなければなりません。

図表14　代休

	（普段の勤務）	→　（代休の付与）
日	法 定 休 日 →	法定休日に働く
月		（休日労働割増必要）
火		
水		
木	所定労働日 →	所定労働日に休む
金		
土		

103

第1部　平成30年改正労働基準法等の実務

3　会社にとっては「休日の振替え」が得

「休日の振替え」と「代休の付与」とでは、**図表15**のような違いがあります。

図表15　「代休の付与」より「休日の振替え」が会社には得！

法定休日が日曜日の会社で、日曜日に出勤させる場合

代休の付与
日曜日に出勤させたあと、代わりに出勤日（例えば月曜日）に休ませる。

日曜日は法定休日労働となるため、割増賃金（35％以上増）が必要　　賃金増

休日の振替え
事前に従業員に通告し、ふだんの休日（日曜日）と出勤日（例えば月曜日）を入れ替える。

日曜日も通常の出勤日扱いになるので、賃金支払額は通常と同じ　　賃金同額

第2章　平成30年（2018年）労基法改正後の労働時間・休日・割増賃金に関する規定

第2節　時間外・休日・深夜労働についての法規制

①　時間外労働

ポイントは

① 労基法では、法定労働時間（実労働時間の限度）を1日8時間、1週40時間（特例措置対象事業場においては44時間）と決めています。また、変形労働時間制、フレックスタイム制、みなし労働時間制による労働時間の弾力化を認めています。

② 時間外労働とは、労働者が、これらの労基法で定められた労働時間の限度を超えて働く時間のことです（労基法37条）。

1　1日における時間外労働と法内残業の違いは

A事業場のBパートタイマーの契約労働時間（労働契約書であらかじめ決められている労働時間）が6時間であるとします（**図表16A**参照）。法定労働時間は8時間です。

そのパートタイマーが11時間働きました。そのパート労働者にとっての残業時間（終業時刻を超えて働いた時間）は5時間です。

しかし、これを労基法からみると、

a　いわゆる法内残業2時間（契約労働時間を超えて、法定労働時間（8時間）内で働いた時間）

と、

b　時間外労働3時間（法定労働時間8時間を超えて働いた時間）

とに分かれます。

労基法でいう「時間外労働」とは、bの部分のことです。

105

第1部 平成30年改正労働基準法等の実務

他方、**図表16**Bのケースでは、所定労働時間（その事業場の就業規則等で定められた通常の労働時間）は法定労働時間と同じ8時間ですから、残業時間（終業時刻を超えて働いた時間）は、すべて労基法上の時間外労働となります。

図表16　時間外労働と法内残業の違い

A　契約労働時間と法定労働時間が異なるケース

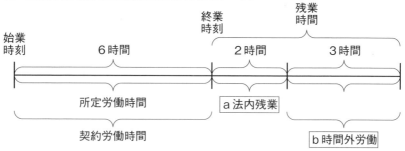

B　所定労働時間と法定労働時間が同じケース

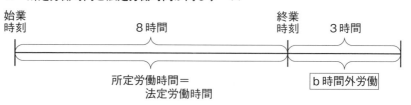

2　1週間における時間外労働と法内残業とは

ある事業場の週所定労働時間が38時間、1日の所定労働時間が7時間、週法定労働時間が40時間であるとします（**図表17**）。

労働者に、土曜日に4時間の残業をさせた場合、法内残業は2時間、時間外労働は2時間となります。

第2章　平成30年（2018年）労基法改正後の労働時間・休日・割増賃金に関する規定

図表17　1週間における法内残業と時間外労働（法定労働時間40時間の場合）

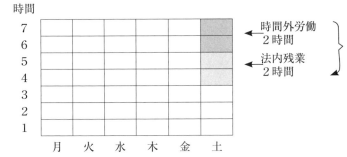

3　時間外労働の判断基準とは

　前記1と2で説明したことをまとめると、その労働時間が時間外労働になるか否かは次の基準で判断されます。

　第1に、1日あたりの法定労働時間（8時間）を超えているか否か。

　第2に、1週あたりの法定労働時間（40時間：特例は44時間）を超えているか否か。

　これらの点については、契約労働時間（所定労働時間）と法内残業の合計時間で判断します。

　日々の時間外労働については、第1で判断されていますから、第2では除きます。

　それでは、具体的なケースで見ます（**図表18**）。週所定労働時間が38時間、法定労働時間が40時間とします。

　所定労働時間38時間＋法内残業①、③＝法定労働時間40時間となります。

　そこで、時間外労働は、②の1時間と④の2時間、計3時間となります。

107

第1部　平成30年改正労働基準法等の実務

図表18　時間外労働の判断基準

4　時間外労働と法内残業とで取扱いは異なる

　労働者に適法に時間外労働をさせるためには、次のイとロの要件を満たさなければなりません。時間外労働と法内残業とでは次のように異なります。

　　イ　時間外労働については、あらかじめ、使用者と、その事業場の従業員の過半数代表者とで時間外・休日労使協定（いわゆる三六協定）を結び、労基署長に届け出なければなりません（111頁以降参照）。

　　　他方、法内残業には、三六協定は必要ありません。

　　ロ　時間外労働には、「原則25％以上」の割増賃金を支払わなければなりません。

　　　他方、法内残業には、その時間分の通常の賃金を支払えばよく、労基法上、割増賃金を支払う義務はありません。ただし、使用者の自主的判断で割増賃金を支払うのはさしつかえありません。

第2章　平成30年（2018年）労基法改正後の労働時間・休日・割増賃金に関する規定

② 休日労働・深夜労働

ポイントは

① 法定休日（1週間に1日、または4週間に4日の休日）に働かせることを休日労働といいます。

② 深夜労働とは、当日午後10時から翌日午前5時までの間に働かせることをいいます。

③ 休日労働には35％以上、深夜労働には25％以上の割増賃金の支払いが必要です。

1　法定休日と法定外休日の違いは

　所定休日（その事業場で就業規則等により休日と定められている日）には、法定休日（労基法にもとづく休日）と法定外休日（会社が自主的に定めている休日）とがあります。

　労基法でいう「休日労働」とは、法定休日（労基法にもとづき週1回または4週4回の付与義務がある休日）に労働をさせることをいいます。

　休日労働を行わせる場合には、

　a　時間外・休日労働協定（三六協定）の締結と労基署長への届出

　b　割増賃金（35％以上）の支払い

が義務づけられています。これらの点は、時間外労働の場合と同じです（ただし、時間外労働の割増賃金は25％以上）。

　なお、法定休日に8時間を超えて労働させても、深夜業に該当しない限り、超えた時間分については休日労働分の割増賃金（35％以上）の支払いで足り、さらに時間外労働の割増分（25％以上）の上積みをしなくても労基法違反にはなりません。

　法定外休日に労働させても、上記a、bの法的義務はありません。

109

第1部　平成30年改正労働基準法等の実務

　ただし、法定外休日（例えば、週休2日制の土曜日）に労働をさせることにより、1週間の実労働時間が40時間を超える場合には、時間外労働となるので25％以上の割増賃金を支払わなければなりません。

2　休日労働時間は時間外労働時間に算入されない

　法定休日の実労働時間は、時間外・休日労働協定の対象となる時間外労働の時間数には含まれません。しかし、法定外休日の実労働時間は時間外労働時間に含まれます。

　例えば、週休2日制（日曜日が法定休日、土曜日が法定外休日）で、国民の祝日・年末年始が法定外休日である事業場の場合、日曜日の労働は時間外労働には含まれませんが、これ以外の法定外休日の労働は時間外労働に含まれます。

3　時間外・休日・深夜労働に関する法規制は

　これらについての法規制は、**図表19**のとおりです。

図表19　時間外・休日・深夜労働に関する法規制

		時間外労働	休日労働	深夜労働
1	割増賃金の支払義務	○ （25％以上。平成35年（2023年）3月末までは、中小企業を除き、1カ月60時間超は50％以上）	○ （35％以上）	○ （25％以上）
2	時間外・休日労働協定の締結義務	○	○	
3　時間外労働限度基準による時間制限	一般労働者	○		
	1年変形制（期間3カ月超）	○		
4	育児・家族介護に従事する男女労働者についての制限（本人の請求による）	○ （1カ月24時間、1年150時間まで）		○

110

第2章　平成30年（2018年）労基法改正後の労働時間・休日・割増賃金に関する規定

5　有害業務（122頁図表31）の就業制限	○（1日2時間まで）	○（1日10時間まで）	
6　妊産婦（妊娠中と産後1年間）の就業禁止（本人の請求による）	○	○	○
7　年少者（満18歳未満の者）の就業禁止	○	○	○

(注)　1　○は法規制あり。
　　　2　上記4は育介法によるもの。その他は労基法によるもの。

③　時間外・休日労働協定（三六協定）

ポイントは

①　従業員に時間外労働または休日労働を行わせる場合には、事前に、時間外・休日労働協定を結んで、労基署長に届け出ておかないと、労基法違反となります（労基法36条）。

②　毎年末（または毎年度末）に翌年以降についての同協定を結び、労基署長に届け出ておきましょう。

1　時間外・休日労働協定（三六協定）とは

　使用者が、労働者に、法定労働時間（変形労働時間制等における限度時間を含む）を超えて、または法定休日に労働させるのは、本来、違法なことです（労基法32条、35条）。

　ただし、使用者が、事前に、労働組合または労働者の過半数代表者と標記の労使協定を結ぶことにより、適法に労働者に法定の労働時間を超えて、または法定休日に労働させることができます。「時間外・休日労働に関する労使協定」は、労基法36条にもとづく協定であることから、一般に「三六協定」といわれています。

111

第1部　平成30年改正労働基準法等の実務

この三六協定を結ぶ以外に、使用者が労働者に適法に時間外・休日労働を行わせることができるのは、次の場合のみです。

●災害等により臨時の必要がある場合

●公務により臨時の必要がある場合

2　現行労基法の三六協定で定める事項は

三六協定は、書面によって**図表20**の(イ)〜(ヘ)までの事項について締結しなければなりません。

図表20　三六協定の締結事項

(イ)　時間外または休日の労働をさせる必要のある具体的事由
(ロ)　業務の種類
(ハ)　労働者の数
(ニ)　①〜③について実施できる時間数
①　1日
②　1日を超えて3カ月以内の期間（例えば、1カ月につき60時間）
③　1年間
(ホ)　労働させることができる休日
(ヘ)　三六協定の有効期間

なお、**図表20**の(ニ)の②、③については、時間外労働の限度基準内の時間にしておかなければなりません。

労基署長への三六協定届（現行法）の記載例は、**図表21**のとおり

112

第2章　平成30年（2018年）労基法改正後の労働時間・休日・割増賃金に関する規定

図表21　時間外労働・休日労働に関する協定届の記載例（平成30年法改正前）

様式第9号

時間外労働・休日労働に関する協定届

事業の種類	事業の名称	事業の所在地（電話番号）
金属製品製造業	○○金属工場株式会社○○工場	○○市○○町1-2-3（○○○○-○○○○-○○○○）

	時間外労働をさせる必要のある具体的事由	業務の種類	労働者数（満18歳以上の者）	所定労働時間	延長することができる時間			期間
					1日	1日を超える一定の期間（起算日）		
						1カ月（毎月1日）	（　　）	
①下記②に該当しない労働者	臨時の受注、納期変更	検査	10人	1日8時間	3時間	30時間	250時間	平成○○年4月1日から1年間
	月末の決算事務	経理	5人	同上	3時間	15時間	150時間	
	特別条項：通常の生産量を大幅に超える受注が集中し、とくに納期がひっ迫したときは、労使の協議を経て、1カ月70時間までこれを延長することができる。この場合、延長時間をさらに延長する回数は6回までとする。							
②1年単位の変形労働時間制により労働する労働者	臨時の受注、納期変更	機械組立	10人	同上	3時間	20時間	200時間	同上

休日労働をさせる必要のある具体的事由	業務の種類	労働者数（満18歳以上の者）	所定休日	労働させることができる休日並びに始業及び終業の時刻	期間
臨時の受注、納期変更	機械組立	10人	毎週土曜日、日曜日	1カ月1日、8：30〜17：30	平成○○年4月1日から1年間

協定の設立年月日　　平成　　年　　月　　日

協定の当事者である労働組合の名称又は労働者の過半数を代表する者の
　　　　　　　　　　　　　　　　　　　　　　　　　　　　職名　検査課主任
　　　　　　　　　　　　　　　　　　　　　　　　　　　　氏名　○○　○○　㊞

協定の当事者（労働者の過半数を代表する者の場合）の選出方法（投票による選挙）

　　　　　　　　　　　　　　　　　　　　　　使用者　職名　工場長
　　　　　　　　　　　　　　　　　　　　　　　　　　氏名　○○　○○　㊞

　　　平成　　年　　月　　日
　　労働基準監督署長　殿

113

第1部　平成30年改正労働基準法等の実務

です。

3　三六協定の締結単位・労使当事者は

　三六協定は、事業場ごとに結びます。労使協定とは、使用者が、従業員の過半数代表者、つまり、

　(1)　その事業場に労働者の過半数で組織する労働組合がある場合においては、その労働組合を代表する者

　(2)　労働者の過半数で組織する労働組合がない場合においては、その事業場の労働者の過半数を代表する者

と書面により所定の事項を取り決めたものです。

4　三六協定の有効期間は

　三六協定には、労働協約による場合を除き、その有効期間を定めておかなければなりません。

　また、三六協定を更新するときは、更新する旨の協定を、労基署長に届け出れば足ります。

5　労基署長への届出は

　三六協定は、様式第9号（**図表21**）により所轄労基署長に届け出なければなりません。

6　三六協定の効力は

(1)　刑事免責の効力

　三六協定は、使用者が労働者に、適法に、時間外または休日の労働を行わせる要件であり、この協定にもとづいて労働者に時間外・休日労働を行わせたとしても、労基法違反の罪に問われないという効果（刑事免責の効力）をもっています。

　三六協定の刑事免責の効果は、協定の当事者である「労働者の過半数で組織する労働組合」の組合員についてはもちろんのこと、組合員以外の労働者にも及びます。すなわち、いったんこのような労働組合と三六協定を締結すれば、使用者は非組合員に時間外・休日労働を行わせても労基法違反とはなりません。

114

第2章　平成30年（2018年）労基法改正後の労働時間・休日・割増賃金に関する規定

⑵　民事上の権利は生じない

　使用者は三六協定を締結したからといって、当然に労働者に時間外労働を命ずることができる私法上の権利（民事上の権利）をも取得するわけではありません。使用者が労働者に対して時間外・休日労働を命じることが認められる根拠、いいかえれば、使用者の行う時間外・休日労働の命令に労働者が服すべき義務が発生する根拠としては、就業規則または労働契約書（兼労働条件通知書）に次の規定を設けておくことが必要です。

　第○○条　会社は、関係法令の範囲内で、各従業員に対し、業務上の必要に応じて時間外労働または休日労働を命ずることができる。

　2　時間外労働または休日労働を命じられた従業員は、特段の正当な理由のない限り、その命令に従わなければならない。

7　平成22年労基法改正による三六協定の追加記載事項は

　労基法の改正により、平成22年4月1日以降に特別条項つきの三六協定を締結・更新する場合には、新たに次の3点の記載が必要になりました

①　限度時間を超えて時間外労働をさせる一定の期間（1日を超え3カ月以内の期間、及び1年間）ごとに割増賃金率を定めること

②　①の率を、法定割増賃金率（25%）を超える率とするように努めること

③　そもそも延長することができる時間外労働の時間数を短くするように努めること

115

第1部　平成30年改正労働基準法等の実務

④　時間外労働の原則的な限度時間

ポイントは

　会社が、従業員に時間外労働を行わせる場合には、「時間外労働の原則的な限度時間」の範囲内で行うことを内容とする三六協定を結び、その協定の範囲内で行わせなければなりません。

1　時間外労働の原則的な限度時間による制限は

　使用者は、従業員の過半数代表者と三六協定を締結したからといって、従業員に対して、時間外労働を無制限に命令できるわけではなく、**図表22**のような原則的な限度時間が設けられています。

図表22　時間外労働の原則的な限度時間

期間	一般労働者の限度時間	1年変形制の場合の限度時間 （対象期間が3カ月を超えるもの）
1週間	15時間	14時間
2週間	27時間	25時間
4週間	43時間	40時間
1カ月	45時間	42時間
2カ月	81時間	75時間
3カ月	120時間	110時間
1年間	360時間	320時間

上表の限度時間は、法定労働時間（変形労働時間制等における限度時間を含む）を超えて延長できる原則的な時間数です。この中に休日労働の時間は含みません。

　この「原則的な限度時間」については、従来は「限度基準告示」で定められていましたが、法改正により、直接、労基法で定められました。

第2章　平成30年（2018年）労基法改正後の労働時間・休日・割増賃金に関する規定

5　時間外労働の特別条項

ポイントは

あらかじめ、三六協定の中に、特別条項を設けておけば、時間外労働の原則的な限度時間を超えて時間外労働を行わせることができます。

1　特別条項というのは

使用者が、労働者に限度基準を超えて時間外労働を行わせなければならない特別な事情の生じる可能性がある場合には、あらかじめ、三六協定の中に、次の①〜⑥の要件を満たす特別条項を定めておくことができます。

① 原則としての延長時間は限度時間以内の時間とすること

② 限度時間を超えて時間外労働を行わせなければならない特別な事情をできるだけ具体的に定めること

③ 「特別な事情」には、**図表22**のように、

　ア　一時的または突発的であること、および

　イ　全体として1年間の半分（6カ月間）を超えないことが見込まれること、が必要です。

④ 一定期間の途中で特別な事情が生じ、原則として延長時間を延長する場合に労使がとる手続きを協議、通告、その他具体的に定めること

⑤ 限度時間を超える一定の時間を定めること

⑥ 限度時間を超えることができる回数を定めること

117

第1部　平成30年改正労働基準法等の実務

図表23　「特別な事情」の具体例

	認められるケース	認められないケース
臨時的であることの例	予算、決算業務、ボーナス商戦に伴う業務の繁忙、納期のひっ迫、大規模なクレームへの対応、機械のトラブルへの対応	業務の都合上必要なとき、業務上やむを得ないとき、業務繁忙なとき、使用者が必要と認めるとき等の抽象的な表現。年間を通じて適用されることが明らかな事由
1年間の半分（6カ月間）以下の例	通常は1カ月30時間。1カ月50時間とするのは1年のうち6回まで→限度時間（1カ月45時間）を超えるのは合計6カ月までなのでOK	通常は3カ月100時間。3カ月150時間までとするのは1年のうち3回まで→限度時間（3カ月120時間）を超えるのが合計9カ月になってしまうのでダメ

⑥　管理監督者等の法定労働時間等の適用除外

ポイントは

　次の労働者には、労基法で定める労働時間、休憩時間、休日および時間外・休日労働の割増賃金に関する規定が適用されません（労基法41条）。

① 　農業、畜産・養蚕・水産業の従事者

② 　労基法41条にいう「管理監督者」

③ 　機密事務を取り扱う者（秘書等）

④ 　次の監視・断続的労働に従事する者で、使用者が労基署長の許可を受けたもの

　(a) 　本来の業務が監視・断続的労働に該当する者（門番、守衛、交通監視人、寮の賄い人、幹部社員専用自動車運転手など）

　(b) 　本来業務以外の「宿日直」で、本来業務以外の業務に従事する者

第2章　平成30年（2018年）労基法改正後の労働時間・休日・割増賃金に関する規定

1　適用除外の趣旨は

　農業等では、その業務が天候、気象などの自然的条件に左右されることが大きく、これらの業種に、労基法の8時間労働制や週40時間労働制を適用することは適当ではありません。また、どのような事業であろうと経営者と一体となって業務を進めていかなければならない管理監督者、秘書などの機密事務を取り扱う者についても同様です。

　さらに、監視・断続的労働に従事する者は、通常の労働者と比較して労働の内容が軽易なため、労基法の労働時間、休憩時間、休日の規定を適用しなくても、必ずしも労働者の保護に欠けません。以上の趣旨から、労基法の法定労働時間等に関する規定の適用除外の規定が設けられています。

2　適用される規定は

　前記ポイントの適用除外者についても、労基法の年次有給休暇、深夜業および深夜割増賃金に関する規定は適用されます。したがって、深夜業をさせる場合には、25％以上の割増賃金を支払わなければなりません

　また、前記ポイント①～④の者であっても、年少者（18歳未満の者）については深夜業が禁止されます。

3　労働時間、休憩、休日、時間外・休日労働の割増賃金の法規定が適用されない人は

　標記のあらましは、**図表24**のとおりです。

119

第1部　平成30年改正労働基準法等の実務

図表24　労働時間、休憩、休日、時間外・休日労働割増賃金の適用除外者の取扱い

①農業、畜産・養蚕・水産業の従事者
②労基法41条にいう管理監督者
③秘書など、職務が経営者、管理監督者と密接不可分な者
④門番、守衛、交通監視人、寮の賄い人、幹部社員専用自動車運転手など、本来の業務以外の「宿日直」など（労基署の許可が必要）

→

● 法定労働時間を超えても時間外労働でない
● 休憩時間・休日を与える義務なし
● 法定休日に働いても休日労働としての取扱い不要
● 時間外・休日労働に関する労使協定と割増賃金支払いは不要

→

● 年次有給休暇の付与と深夜労働割増賃金支払いは必要

4　労基法41条にいう「管理監督者」とは

(1)　管理監督者の判断基準

　前記**図表24**の②の労基法41条にいう「管理監督者」に該当するか否かは、**図表25**の基準で総合的に判断されます。

第2章　平成30年（2018年）労基法改正後の労働時間・休日・割増賃金に関する規定

図表25　管理監督者と認められる基準は

Point 1

労務管理方針を決定できる、あるいは労務管理上の権限をもつなど、経営者と一体的な立場にあること。

Point 2

自己の仕事の遂行について自由裁量の権限があり、出退社について厳しい規制を受けないこと。

Point 3

その地位にふさわしい給与額、役付手当が支払われていること。

ポスト名は部長代理、課長、店長等でも、これら3つの基準に満たなければ割増賃金支払いが必要。

(2)　「管理監督者」の具体的な範囲

厚生労働省の通達によると、都市銀行等における「管理監督者」の具体的な範囲は次のとおりとされています。

① 取締役等役員を兼務する者
② 支店長、事業所長等事業場の長
③ 本部の部長等で経営者に直属する組織の長
④ 本部の課長、これに準ずる組織の者
⑤ 大規模支店・事務所の部課長（前記①～④と同格以上の者）
⑥ 次長、副部長等（部長以上の役職者を補佐し、職務代行・代決権限を有し、①～④と同格以上の者）
⑦ スタッフ（経営上の重要事項の企画立案等を担当する者で、前記①～④と同格以上の者）

5　管理職手当の改善方法は

自社の「管理職手当の対象者（労基法で定める時間外・休日労働の割増賃金を支払っていない者）」の取扱いが、労基署や裁判所の判断よりも広い恐れがある場合、会社としては、現在の管理職手当制度を

121

第1部　平成30年改正労働基準法等の実務

どのように改善したらよいのでしょうか。

(1)　労基署の調査（臨検監督）への対応方法は

現在支給している管理職手当を**図表26**のように、①定額残業代（時間外・休日労働の割増賃金）と、②本来の管理職手当とに2分します。そして、**図表27**のように就業規則（賃金規程）に①定額残業代は、残業代（時間外・休日労働）の割増賃金代を補てんするものであることを明確に規定しておきます。

このように改善することにより、労基署の立入調査（臨検監督）や訴訟になった場合の判決により、残業代の支払いを命じられた場合であっても、残業代の基礎単価から定額残業代部分を控除することができます（管理職手当は除外賃金ではないので、このように改めないと、残業代計算の際の基礎単価に含まれてしまいます（労基則2条）。ただし、例外的に除外賃金として認める裁判例もあります）。

さらに、定額残業代部分は、時間外・休日労働の割増賃金の既払い分として、支払金額から控除することができます。

(2)　裁判例への対応方法は

仮に、日本マクドナルド事件判決（東京地裁平成20年1月28日労判953－10）の基準に従って社内体制を改めるとすれば、①管理職に企業全体としての経営方針の決定に関与させ、かつ、②実態として労働時間に自由裁量性を与えることが必要となります。

しかし、これらの対応をとることは、非現実的な場合が多いのではないでしょうか。

図表26　管理職手当（課長の場合）の改善方法例

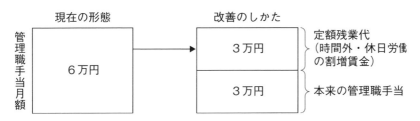

図表27　賃金規程例

(管理職手当)
第○条　管理職手当は、次の区分により支給する。
　①部長　　月額8万円
　②課長　　月額6万円
　③主任　　月額4万円
2　前項の支給額のうち2分の1の金額は、同人の時間外・休日労働の割増賃金を補てんするものとして支給し、残りの2分の1の金額は、管理職の職務・責任に対応するものとして支給する。

6　機密事務取扱者とは

前記ポイント③でいう「機密事務を取り扱う者」とは、必ずしも秘密書類を取り扱う者を意味するものではありません。秘書その他職務が経営者、管理監督者の活動と一体不可分であって、出退社について厳しい規制を受けない者のことです。

7　監視・断続的労働従事者とは

(1)　監視労働従事者

前記ポイント④でいう「監視労働従事者」とは、原則として、一定部署での監視を本来の業務とし、常態として身体の疲労、精神的緊張の少ない者をいいます。例えば、守衛、門番、水路番等が該当します。

他方、次のような者は該当せず、労基署長に許可されません。

①　交通関係の監視、車両誘導を行う駐車場等の監視等精神的緊張

第1部　平成30年改正労働基準法等の実務

の高い業務

②　プラント等における計器類を常態として監視する業務

③　危険・有害な場所における業務

(2)　監視・断続的労働従事者

前記ポイントの④(a)でいう「監視・断続的労働従事者」は、その作業自体が本来断続的に行われるものをいいます。例えば、役員専属自動車運転手、寄宿舎の寮母と看護師、学校の用務員、修繕係等（事故発生に備えて待機するもの）、寄宿舎の賄い人等（作業時間と手待時間が半々程度まで、実労働時間が8時間程度まで）、鉄道踏切番等（1日の交通量10往復程度まで）が該当します。これまでに労基署長から許可されなかったものとしては、新聞配達作業員、タクシー運転手、常備消防職員等があります。

(3)　宿日直

前記ポイントの④(b)でいう「宿日直」の許可条件は、次の①から③までのとおりです。

①　その労働者の本来業務は処理せず、構内巡視、文書・電話の収受、非常事態に備えての待機で、常態としてほとんど労働する必要のないもの。なお、医師、看護師の宿日直は医師法において義務づけられている関係から、本来業務であっても特定の軽易な業務（定時巡回、定時検温脈等）については宿日直勤務中に行うことが認められます。社会福祉施設についても、夜尿起こし、おむつ取替え、検温等の介助作業であって軽度かつ短時間のものに限って認められています。

②　原則として、日直は月1回、宿直は週1回を基準とする。

③　相当額の宿日直手当が支給されること（同種の労働者の賃金日額の3分の1を下らないこと）。

124

第2章　平成30年（2018年）労基法改正後の労働時間・休日・割増賃金に関する規定

⑦　名ばかり管理職の禁止

ポイントは

　残業代カットのために、一般従業員を管理職に昇格させること（名ばかり管理職）は違法です。

　本部長や支店長など労基法41条に該当する管理監督者には、労基法の時間外・休日労働の割増賃金支払義務等の規定が適用されません（法41条）。この決まりを悪用した「名ばかり管理職」が問題化しています。

　管理職の肩書とわずかな役職手当を与える代わりに、割増賃金（時間外・休日労働分）を支払わず、長時間労働を強いるという手口です。

　割増賃金の支払いが必要かどうかは、その従業員が本当に労基法41条で定める「管理監督者」に該当するかどうかで決まります。社内での役職名はどうであれ、労基法の判断基準にあてはまらなければ、時間外・休日労働の割増賃金は支払わなければなりません。

⑧　年少者の就業制限

ポイントは

　中学校を卒業するまで（満15歳に達した日以後の最初の３月31日が終了するまで）は、児童を労働者として使用することはできません。ただし、健康および福祉に有害でなく、かつ、その労働が軽易な業務については、労基署長の許可を得て、修学時間外に使用することができます（労基法56条）。

125

第1部　平成30年改正労働基準法等の実務

1　中学生を働かせることができる場合とは

　使用者は次の①～③のすべてを満たす場合には、中学生を働かせることができます（労基法56条）。

中学生（満13歳以上15歳の学年末までの者）を就業させる3要件 ①製造業、建設業、鉱業、運送業以外の業務 ②児童の健康・福祉に有害ではない業務 ③労働が軽くてたやすいもの	①親権者の同意を得たうえで、年齢証明書を添付し、労基署長の許可を得ることで、修学時間外に使用することができる。 ②労働時間は修学時間を通算して1日7時間、1週40時間まで。

2　満15歳の学年末以上18歳未満の者の働かせ方は

　次のとおりです（労基法60条）。

- 原則1日8時間・1週40時間まで
- 1週40時間の範囲内で、1日の労働時間を4時間以内に短縮する場合には、他の日の労働時間を10時間まで延長できる
- 1日8時間・1週48時間の範囲内で、1カ月、1年単位の変形労働時間制による就労が可能
- 深夜労働は原則禁止。認められるのは満16歳以上の男子を交替制で使用する場合のみ

3　年少者の時間外・休日労働の禁止とは

　年少者（満18歳未満の者）については、使用者が時間外・休日労働協定を結んでいても、時間外労働（1日8時間、1週40時間を超える労働）、および休日労働を行わせることはできません（労基法60条1項）。

　年少者を使用する場合には、年齢証明書を事業場に備えつけることも必要です（労基法57条1項）。

126

4　年少者の深夜業の禁止とは

一部の例外を除き、年少者を当日午後10時から翌日午前5時まで（満13歳以上満15歳未満の児童については、午後8時から午前5時まで）の深夜において労働に従事させることはできません（同61条）。

5　年少者の危険有害業務・坑内労働の禁止とは

年少者を法定の危険有害業務および坑内労働に就かせることはできません（同62条、63条、年少者労働基準規則8条）。

Q 人出不足が深刻。年少者に深夜労働をさせられないか？

A 例えば、高校生（18歳未満の者）をコンビニエンスストアで、当日午後10時以降翌日午前5時までの間に働かせると、年少者の深夜労働の禁止（労基法61条1項）違反となる。ただし、16歳以上の男子の交替勤務は可。年少者の違反使用は悪質であるとして、労働基準監督官により地方検察庁に送検され、6カ月以下の懲役または30万円以下の罰金に処せられる。

9　育児・介護従事者についての時間外労働・深夜労働の制限

ポイントは

育児・介護を行う男女労働者は、本人の請求により、時間外労働及び深夜労働が制限されています。

第1部　平成30年改正労働基準法等の実務

1　育児・介護労働者本人の請求による制限は

　会社は、時間外・休日労働協定（三六協定）を結んでいても、育児または家族介護をする男女従業員から請求があった場合には、事業の正常な運営を妨げる場合を除き、1カ月間に24時間、1年間に150時間を超える時間外労働をさせてはなりません。また、深夜労働も同様に禁止されています（**図表28、29**、育児・介護休業法17条～20条の2）。

図表28　育児・介護を行う従業員については男女ともに制限あり

	時間外労働の制限	深夜労働の禁止
対象者	①小学校就学年齢前の子を養育している男女従業員 ②配偶者や父母、子、同居し扶養している家族などをいつも介護している男女従業員	
1回の請求で適用を受けられる期間	1カ月以上1年未満	1カ月から6カ月の間
請求できる回数	何回でも請求できる。	
請求方法	開始予定の1カ月前までに開始予定日と終了予定日を明らかにして請求する。	

図表29　時間外労働・深夜労働が制限されない場合もある

・日雇い、勤続1年未満の者
・1週間の所定労働日数が2日以下の者
・請求した時間帯につねに子の養育または介護にあたれる者がいるとき
・養育または介護する必要がなくなったとき
・従業員のケガや病気などにより、養育または介護ができなくなったとき
・従業員が産前産後休業、育児休業または介護休業を取得したとき

第2章　平成30年（2018年）労基法改正後の労働時間・休日・割増賃金に関する規定

> **Q** 育児・介護従事者の就業制限に違反したら？
>
> **A** 事業の正常な運営が妨げられるおそれがないのに、育児・介護者の時間外労働の制限を無視したり、深夜労働に就かせても罰則はない（育児・介護休業法）。ただし、所轄の都道府県労働局雇用均等室から是正指導、会社名の公表が行われる。さらに、従業員が裁判に訴えれば敗訴し、損害賠償を命じられることになる。

10　有害業務についての時間外・休日労働の制限

ポイントは

　坑内労働その他省令で定める健康上特に有害な業務（図表30）については、時間外労働は1日2時間までに、また、休日労働は1日10時間までに、それぞれ制限されています。

　時間外・休日労働が制限される業務は、**図表30**のとおりです（労基法36条1項但書、労基則18条）。

第1部　平成30年改正労働基準法等の実務

図表30　有害業務

①	多量の高熱物体を取り扱う業務および著しく暑熱な場所における業務
②	多量の低温物体を取り扱う業務および著しく寒冷な場所における業務
③	ラジウム放射線、エックス線その他の有害放射線にさらされる業務
④	土石、獣毛等のじんあい、または粉末を著しく飛散する場所における業務
⑤	異常気圧下における業務
⑥	さく岩機、鋲打機等の使用によって身体に著しい振動を与える業務
⑦	重量物の取扱い等重激な業務
⑧	ボイラー製造等強烈な騒音を発する場所における業務
⑨	鉛、水銀、クローム、砒素、黄燐、ふっ素、塩素、塩酸、硝酸、亜硫酸、硫酸、一酸化炭素、二酸化炭素、青酸、ベンゼン、アニリンその他これに準ずる有害物の粉じん、蒸気、またはガスを発散する場所における業務
⑩	前各号のほか、労働政策審議会の審議をへて厚生労働大臣の指定する業務

11　時間外・休日労働命令の根拠・命令拒否者に対する懲戒処分

1　従業員に対する時間外・休日労働命令の根拠は就業規則等

　会社が従業員に時間外労働または休日労働を命令し、これに従わせるためには、就業規則または労働契約書に「会社は、従業員に対して業務上の必要に応じ、時間外労働または休日労働を命ずる。」という根拠規定を定めておくことが必要です。この根拠規定がなければ、命令できません。

2　三六協定の締結・届出がないと労基法違反になる

　会社が、従業員に、労基法上適法に時間外・休日労働を行わせるためには、事前に、その事業場の従業員の過半数代表者と「時間外・休日労働に関する労使協定（三六協定）」を結び、これをその事業場を管轄する労基署長に届け出ておかなければなりません（労基法36条）。次に、三六協定を結び割増賃金を支払うとしても、1カ月間につき45時間、1年間につき360時間（特別条項が適用される月については、労使が自主的に定めた限度時間）を超えて時間外労働を命令すること

130

第2章　平成30年（2018年）労基法改正後の労働時間・休日・割増賃金に関する規定

はできません（労基法36条2項）。以上のことに使用者が違反すると処罰されます（労基法119条、120条）。

3　従業員の時間外・休日労働拒否の正当理由とは

次の場合には、従業員は法令にもとづいて拒否できます。

① 有害業務についての時間外・休日労働の時間制限

② 年少者の時間外・休日・深夜労働の禁止

③ 育児・介護を行う労働者の時間外労働・深夜労働の制限

さらに、次の正当な理由がある場合は、従業員は時間外・休日労働を断ることができます。①病院等に通院の予定がある、②事前に会社に申し出ている夜間の学校・教育訓練機関へ通学する、③緊急の用件が生じた、④あらかじめ上司に申し出ている予定・事情がある。

4　時間外・休日労働命令拒否従業員に対する懲戒処分は

正当な理由がないのに時間外・休日労働命令を繰り返し拒否する社員については、あらかじめ、就業規則に根拠規定を設けておけば、訓告、けん責といった軽い懲戒処分を行うことができます。

12　使用者の実労働時間の把握・管理義務、把握方法

1　実労働時間の把握、適正管理義務は使用者にある

労基法では、使用者に対して、労働時間、休憩、休日、割増賃金の支払い等に関してさまざまな義務規定を設け、これに違反した場合には罰則を科しています。

例えば、「労働時間は1日8時間、1週40時間を超えてはならない」、「1週間に1日の休日を与えなければならない」、「労働者に時間外・休日労働を行わせる場合には、事前に時間外・休日労働協定を結び、これを労基署長に届け出なければならない」等々です。

このため、使用者は実労働時間を正確に把握し、適法に管理・遵守する労基法上の義務を負っています。

131

第1部　平成30年改正労働基準法等の実務

2　労働時間の効率利用は企業利益につながる

賃金の支払額は、実労働時間の長さによって増減します。このため、使用者が労働時間を効率的にコントロールすることは、支払賃金額（人件費）の節約になります。

3　実労働時間の把握方法は

使用者が各労働者の実労働時間を把握する方法としては、大きくわけて①タイムカード等の客観的な記録システムによって把握する方法と、②労働者の自己申告によって把握する方法とがあります。

厚生労働省では、労働時間の適正な把握のために使用者が講ずべき措置について、**図表31**のガイドライン（労働基準局長通達）を示しています。

4　タイムカードによる実労働時間把握の問題点、対応策は

多くの裁判例では、原告（労働者）から、タイムカードに打刻された始業時刻が労働時間の開始時点、終業時刻が労働時間の終了した時点とされ、それにもとづいて時間外労働等の割増賃金支払いが請求されており、おおむねそれに沿った形での裁判官の認定が行われています。

しかし、実労働時間とタイムカードに記載されている打刻時間とは、タイムレコーダーが設置されている場所や運用のしかたによって差異が生じます。

また、例えば、業務を終えた後で、社内に残って雑談をして時間をつぶしたり、電車、バスの時刻待ちで居残りした後で、タイムカードに打刻するケースもあります。

このため、①日頃から定期的に、従業員のタイムカードの打刻が適正に行われているか否かを確認する、②タイムカードの打刻が実労働時間と一致するように社員に指導する、③従業員の虚偽の打刻や打刻忘れに対しては懲戒処分にする、ことが必要です。

懲戒処分に関する就業規則の規定例は、**図表32**のとおりです。

132

第2章　平成30年（2018年）労基法改正後の労働時間・休日・割増賃金に関する規定

図表31　労働時間の適正な把握のために使用者が講ずべき措置に関するガイドライン（厚生労働省、労働基準局長通達、平成29年1月20日付け）

1　趣旨

　労働基準法においては、労働時間、休日、深夜業等について規定を設けていることから、使用者は、労働時間を適正に把握するなど労働時間を適切に管理する責務を有している。

　しかしながら、現状をみると、労働時間の把握に係る自己申告制（労働者が自己の労働時間を自主的に申告することにより労働時間を把握するもの。以下同じ。）の不適正な運用等に伴い、同法に違反する過重な長時間労働や割増賃金の未払いといった問題が生じているなど、使用者が労働時間を適切に管理していない状況もみられるところである。

　このため、本ガイドラインでは、労働時間の適正な把握のために使用者が講ずべき措置を具体的に明らかにする。

2　適用の範囲

　本ガイドラインの対象事業場は、労働基準法のうち労働時間に係る規定が適用される全ての事業場であること。

　また、本ガイドラインに基づき使用者（使用者から労働時間を管理する権限の委譲を受けた者を含む。以下同じ。）が労働時間の適正な把握を行うべき対象労働者は、労働基準法第41条に定める者及びみなし労働時間制が適用される労働者（事業場外労働を行う者にあっては、みなし労働時間制が適用される時間に限る。）を除く全ての者であること。

　なお、本ガイドラインが適用されない労働者についても、健康確保を図る必要があることから、使用者において適正な労働時間管理を行う責務があること。

3　労働時間の考え方

　労働時間とは、使用者の指揮命令下に置かれている時間のことをいい、使用者の明示又は黙示の指示により労働者が業務に従事する時間は労働時間に当たる。そのため、次のアからウのような時間は、労働時間として扱わなければならないこと。

　ただし、これら以外の時間についても、使用者の指揮命令下に置かれていると評価される時間については労働時間として取り扱うこと。

　なお、労働時間に該当するか否かは、労働契約、就業規則、労働協約等の定めのいかんによらず、労働者の行為が使用者の指揮命令下に置かれたものと評価することができるか否かにより客観的に定まるものであること。また、客観的に見て使用者の指揮命令下に置かれていると評価されるかどうかは、労働者の行為が使用者から義務づけられ、又はこれを余儀なくされていた等の状況の有無等から、個別具体的に判断されるものであること。

ア　使用者の指示により、就業を命じられた業務に必要な準備行為（着用を義務付けられた所定の服装への着替え等）や業務終了後の業務に関連した後始末（清掃等）を事業場内において行った時間

133

第1部　平成30年改正労働基準法等の実務

イ　使用者の指示があった場合には即時に業務に従事することを求められており、労働から離れることが保障されていない状態で待機等している時間（いわゆる「手待時間」）

ウ　参加することが業務上義務づけられている研修・教育訓練の受講や、使用者の指示により業務に必要な学習等を行っていた時間

4　労働時間の適正な把握のために使用者が講ずべき措置

⑴　始業・終業時刻の確認及び記録

使用者は、労働時間を適正に把握するため、労働者の労働日ごとの始業・終業時刻を確認し、これを記録すること。

⑵　始業・終業時刻の確認及び記録の原則的な方法

使用者が始業・終業時刻を確認し、記録する方法としては、原則として次のいずれかの方法によること。

ア　使用者が、自ら現認することにより確認し、適正に記録すること。

イ　タイムカード、ICカード、パソコンの使用時間の記録等の客観的な記録を基礎として確認し、適正に記録すること。

⑶　自己申告制により始業・終業時刻の確認及び記録を行う場合の措置

上記の方法によることなく、自己申告制によりこれを行わざるを得ない場合、使用者は次の措置を講ずること。

ア　自己申告制の対象となる労働者に対して、本ガイドラインを踏まえ、労働時間の実態を正しく記録し、適正に自己申告を行うことなどについて十分な説明を行うこと。

イ　実際に労働時間を管理する者に対して、自己申告制の適正な運用を含め、本ガイドラインに従い講ずべき措置について十分な説明を行うこと。

ウ　自己申告により把握した労働時間が実際の労働時間と合致しているか否かについて、必要に応じて実態調査を実施し、所要の労働時間の補正をすること。

　特に、入退場記録やパソコンの使用時間の記録など、事業場内にいた時間の分かるデータを有している場合に、労働者からの自己申告により把握した労働時間と当該データで分かった事業場内にいた時間との間に著しい乖離が生じているときには、実態調査を実施し、所要の労働時間の補正をすること。

エ　自己申告した労働時間を超えて事業場内にいる時間について、その理由等を労働者に報告させる場合には、当該報告が適正に行われているかについて確認すること。

　その際、休憩や自主的な研修、教育訓練、学習等であるため労働時間ではないと報告されていても、実際には、使用者の指示により業務に従事しているなど使用者の指揮命令下に置かれていたと認められる時間については、労働時間として扱わなければならないこと。

オ　自己申告制は、労働者による適正な申告を前提として成り立つものである。このため、使用者は、労働者が自己申告できる時間外労働の時間数に上限を設け、上限を超える申告を認めない等、労働者による労働時間の適正な申告

134

第2章　平成30年（2018年）労基法改正後の労働時間・休日・割増賃金に関する規定

を阻害する措置を講じてはならないこと。
　　また、時間外労働時間の削減のための社内通達や時間外労働手当の定額払等労働時間に係る事業場の措置が、労働者の労働時間の適正な申告を阻害する要因となっていないかについて確認するとともに、当該要因となっている場合においては、改善のための措置を講ずること。
　　さらに、労働基準法の定める法定労働時間や時間外労働に関する労使協定（いわゆる36協定）により延長することができる時間数を遵守することは当然であるが、実際には延長することができる時間数を超えて労働しているにもかかわらず、記録上これを守っているようにすることが、実際に労働時間を管理する者や労働者等において、慣習的に行われていないかについても確認すること。

⑷　**賃金台帳の適正な調製**
　　使用者は、労働基準法第108条及び同法施行規則第54条により、労働者ごとに、労働日数、労働時間数、休日労働時間数、時間外労働時間数、深夜労働時間数といった事項を適正に記入しなければならないこと。
　　また、賃金台帳にこれらの事項を記入していない場合や、故意に賃金台帳に虚偽の労働時間数を記入した場合は、同法第120条に基づき、30万円以下の罰金に処されること。

⑸　**労働時間の記録に関する書類の保存**
　　使用者は、労働者名簿、賃金台帳のみならず、出勤簿やタイムカード等の労働時間の記録に関する書類について、労働基準法第109条に基づき、3年間保存しなければならないこと。

⑹　**労働時間を管理する者の職務**
　　事業場において労務管理を行う部署の責任者は、当該事業場内における労働時間の適正な把握等労働時間管理の適正化に関する事項を管理し、労働時間管理上の問題点の把握及びその解消を図ること。

⑺　**労働時間等設定改善委員会等の活用**
　　使用者は、事業場の労働時間管理の状況を踏まえ、必要に応じ労働時間等設定改善委員会等の労使協議組織を活用し、労働時間管理の現状を把握の上、労働時間管理上の問題点及びその解消策等の検討を行うこと。

135

第1部　平成30年改正労働基準法等の実務

図表32　タイムカードに関する就業規則の規定例

（出退勤とタイムカードの打刻）
第○○条　従業員は、出退勤にあたっては、出退勤時刻をタイムカードにみずから打刻しなければならない。
2　従業員が、実際の出退勤の時刻とは明らかに異なる時刻に打刻する、他人に依頼して打刻してもらうなど不正な打刻を行った場合は、その程度に応じて懲戒処分を行う。
　その程度が重篤な場合には、懲戒解雇とする。
3　従業員がタイムカードへの打刻を忘れた、または故意に行わなかった場合は、当初は訓告、けん責とし、度重なる場合は減給とする。

5　実労働時間の自己申告の問題点、対応策は

　各従業員に実労働時間を自己申告させることも、労基法上認められています。

　従業員の実労働時間の過小申告への対応策については、**図表31**のガイドライン（厚生労働省労働基準局長通達）にそって行ってください。

　なお、仮に使用者が過小申告をするよう指導していたような場合は、未払残業代の支払いの問題発生はもとより、不正行為となり、従業員からの未払割増賃金請求の対象になる可能性があるので、注意が必要です。

13　時間外・休日労働の命令・報告、黙示の命令、残業禁止命令

1　時間外・休日労働の命令・報告は

　時間外労働および休日労働は、会社の命令にもとづいて従業員が行うものです。このため、従業員はその対価として所定労働時間の賃金よりも高い割増賃金をもらえるのです。もちろん、その業務を担当する従業員が申請し、権限を有する上司が許可することも多くあるでしょう。

136

第2章　平成30年（2018年）労基法改正後の労働時間・休日・割増賃金に関する規定

　さらに、上司が部下の報告等により時間外労働および休日労働の時間数を把握しておくことも当然のことです。

2　残業の黙示の指示とは

　実際に時間外労働が行われているケースの中で、明示的に（上司からはっきりと）時間外労働を行うように指示・命令されているケースはそれほど多くはありません。

　その従業員の担当する業務が定められていて、それを処理するためには所定労働時間を超えて労働しなければならないため、その従業員の判断でなし崩し的に時間外労働を行っているケースのほうがむしろ多いと思われます。

　このような場合については、従業員はその業務量をこなすために時間外労働を余儀なくされている（せざるを得ない）のであって、実質的には使用者の指揮命令下に置かれている（実労働時間に該当する）といえます。

　そこで、このような場合には、判例では、使用者からの「黙示的な時間外労働の業務指示があったもの」と認定され、時間外手当の支払いが命じられています。

　例えば、ピーエムコンサルタント（契約社員年俸制）事件（大阪地裁平成17年10月6日判決　労働判例907号5頁）、ビル代行（ビル管理人・不活動時間）（名古屋地裁平成19年9月12日判決　労働判例957号52頁）などで、会社が従業員の時間外勤務を行っていることを認識しながら、これを止めなかった以上、少なくとも黙示的には業務指示があったものとして、使用者側の時間外労働を命じていないという主張を退けています。

　以上のように、会社がはっきりと残業を指示していなくても、「黙示的な業務指示があった」と認められるケースがあります。

3　残業禁止命令とは

　会社が、前記2の判決に対処するためには、まず、使用者が従業員

137

第1部　平成30年改正労働基準法等の実務

に明確に文書で残業禁止命令を出すことです。ただし、これだけでは足りず、従業員が現実に残業をせずに職務遂行ができるような状態にしておかなければなりません。例えば、使用者が勝訴した神代学園ミューズ音楽院事件（東京高裁平成17年3月30日判決　労働判例905号72頁）では、単に使用者から残業禁止命令が出されていたというだけにとどまらず、さらに、残務がある場合については役職者にその残務を引き継ぐことを命じ、これを徹底させていたということがあります。

第2章　平成30年（2018年）労基法改正後の労働時間・休日・割増賃金に関する規定

第3節　使用者の割増賃金の支払義務

① 割増賃金の支払義務

ポイントは

　　使用者は、時間外労働と深夜労働の場合には「25％以上」、休日労働の場合には「35％以上」の割増賃金を支払わなければなりません。

　使用者は、従業員に法定労働時間（変形制等の限度時間を含む）を超える時間外労働をさせたり、4週4日の法定休日に労働させたり、深夜労働（当日午後10時から翌日午前5時までの労働）をさせた場合には、割増賃金を支払わなくてはなりません（労基法37条）（**図表33～35**）。

図表33　時間外労働等の割増賃金（率）

条件	割増率
時間外労働	通常賃金の25％以上増（注）
深夜労働	通常賃金の25％以上増
休日労働	通常賃金の35％以上増

注：　平成22年4月1日からは、適用を猶予される中小企業を除き、1カ月60時間を超える時間外労働については50％以上を支払う義務があります。

　　平成30年労基法改正により、平成35年（2023年）4月1日からは、すべての企業が50％以上となります。

139

第1部　平成30年改正労働基準法等の実務

図表34　条件が重なった場合の割増賃金早見表

時間外	深夜	休日	割増率	例
○	○		50％以上	月曜日～金曜日に深夜労働
	○	○	60％以上	日曜日に深夜労働
		○	35％以上	日曜日に8時間を超えて労働

図表35　割増賃金、ここに注意！

Point 1

法内残業に割増分の支払いは不要

所定労働時間7時間の事業場で1時間残業するような法内残業については、時間あたりの賃金を支払えばよい。割増分（25％以上）を支払う必要はない。

時間外割増賃金が必要なのは、原則1日8時間／1週40時間を超える労働。

Point 2

法定外休日の出勤であれば、休日割増にはならない

休日割増賃金が必要なのは、4週間に4日の法定休日が確保できなかった場合のみ。法定外休日（例：土曜日）の出勤であれば、時間外割増（25％以上）だけでよく、休日割増（35％以上）にしなくてよい。

Point 3

管理監督者でも深夜割増賃金は必要

労基法41条に定める管理監督者等については、同法の労働時間、休憩、休日に関する規定が適用除外となるため、時間外・休日の割増は不要。ただし、深夜割増は必要。

Point 4

違法労働にも割増賃金を支払う義務がある

使用者が違法に、あるいは法の手続きを無視して、従業員を時間外・休日・深夜労働に従事させた場合にも、割増賃金を支払う義務がある。
例）年少者（18歳未満）、妊産婦（妊娠中、出産後1年以内）、不法就労の外国人等

時間外・休日・深夜労働をさせたら、割増賃金の支払義務あり。

第2章　平成30年（2018年）労基法改正後の労働時間・休日・割増賃金に関する規定

② 平成22年改正労基法の改正ポイント（平成22年4月1日施行）

ポ - イ - ン - ト - は

① 　1カ月間に60時間を超える時間外労働については、50％以上の割増賃金を支払わなければなりません。

② 　中小企業については、平成35年3月末日までは、、①の取扱いが適用除外されます。

1　改正の目的は

平成22年労基法改正の目的は、長時間労働を抑制し、労働者の健康を守るとともに仕事と生活のバランスのとれた働き方ができるようにすることです。改正内容は、次の2、3のとおりです。

平成22年4月1日から施行されました。

2　時間外労働の割増賃金率の引上げというのは

具体的な内容は、**図表36**のとおりです。

図表36　時間外労働の割増賃金率引上げの内容

項目	説明	
① 改正内容	これまでは、時間外労働の割増賃金率は「25％以上」でした。 平成22年4月1日からは、1カ月60時間を超える時間外労働について、会社は「50％以上」の割増賃金を支払わなければなりません。	
② 中小企業に対する適用除外	次の中小企業については、平成35年3月末日まで適用が除外されます。	
	小売業 （飲食業を含む）	資本金5,000万円以下、または従業員50人以下
	卸売業	資本金1億円以下、または従業員100人以下
	サービス業	資本金5,000万円以下、または従業員100人以下
	その他の業種	資本金3億円以下、または従業員300人以下

141

第1部　平成30年改正労働基準法等の実務

③平成22年4月1日からの取扱い	平成22年4月1日からの時間外・休日・深夜労働の割増賃金率は、次のとおりとなりました。 ［時間外・休日・深夜労働の割増率］ | 条件 | 割増率 | |---|---| | 時間外労働 | 通常賃金の25％以上増 1カ月60時間を超える場合は50％以上増 （中小企業以外は平成22年4月1日より） | | 深夜労働 | 通常賃金の25％以上増 | | 休日労働 | 通常賃金の35％以上増 （1日8時間を超えて働いても同じ） | | 時間外＋深夜労働 | 通常賃金の50％以上増 | | 休日＋深夜労働 | 通常賃金の60％以上増 |
④引上げ分（25％）の代替休暇	引上げ分（25％）を有給休暇付与にしてもよいことになっています。この引上げ分（25％）に代わる休暇付与は、次のようになります。 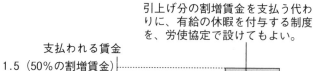 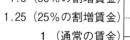 
⑤代替休暇の時間数の算定方法	代替の有給休暇の時間数は、 　1カ月60時間を超える時間外労働数×引上げ分の率（0.25）となります。 　つまり、月92時間の時間外労働の場合は32×0.25＝8時間となり、1日（法定労働時間）の有給休暇を付与します。 　月76時間であれば、16×0.25＝4時間の有給休暇を与えます。

第2章　平成30年（2018年）労基法改正後の労働時間・休日・割増賃金に関する規定

3　割増賃金率引上げの努力義務というのは

割増賃金率引上げの努力義務は、**図表37**のとおりです。

図表37　割増賃金率引上げの努力義務

項目	説明
①時間外労働協定に定める事項	使用者は、従業員に時間外労働を行わせる場合には、あらかじめ従業員の過半数代表者と時間外労働協定を結び、労基署に届け出なければなりません（労基法36条）。 　この中に、新たに次の3つのことを記載しておくことが義務づけられました。 a　限度時間（1カ月45時間、1年間360時間）を超える時間外労働の割増賃金率を定める義務がある。 b　上記の率は、25％を超える率にするよう努める義務がある。 c　限度時間を超える時間外労働をできるだけ短くするよう努める義務がある。
②会社の割増賃金率引上げの努力義務	会社は、①のように定められたことにより、法定の割増賃金率を上回って支払うように自主的に努力することを求められます。 　大企業（下表の右欄）については、法定割増率は、1カ月60時間までは25％です。 　しかし、1カ月45時間（限度時間）を超え60時間までについては25％を超える率とするように自主的努力が求められます。 　1カ月の時間外労働時間率増加による割増賃金率のアップは、次のようになります。 改正前（平成22年3月1日まで）／平成22年4月1日から 60時間超：25％（法定）／25％（法定）／50％（法定）／25％超（努力義務） 45時間（限度時間）超〜60時間：25％（法定）／25％（法定）／25％超（努力義務）／25％超（努力義務） 45時間まで：25％（法定）／25％（法定）／25％（法定）／25％（法定） 大企業／中小企業／大企業／中小企業 　また、中小企業は、1カ月間に45時間を超える時間外労働について、法定の25％を少しでも上回って支払うような努力が求められます。

143

第1部　平成30年改正労働基準法等の実務

③　割増賃金の計算方法

ポイントは

　割増賃金計算の基礎になるのは、基本給に毎月支払われる業務関連の手当を加えた「通常賃金」です。

1　計算の基礎は通常賃金

　割増賃金の計算の基礎になる賃金は「通常の労働時間または労働日の賃金」で、一般に「通常賃金」といわれています。これをおおざっぱにいえば、基本給に毎月支払われる業務関連の各種手当を加えた賃金が「通常賃金」です。

　つまり、労基法では、**図表38**の手当は通常賃金に含めないとしています。これは一般に「除外賃金」といわれています。

　除外賃金以外の賃金は、すべて「通常賃金」に含まれます（法37条）。

2　割増賃金の計算方法は

　割増賃金の具体的な計算方法は、**図表39**のとおりです。

144

第2章　平成30年（2018年）労基法改正後の労働時間・休日・割増賃金に関する規定

図表38　割増賃金計算時の除外賃金

項目	内容
家族手当	扶養家族数、またはこれを基礎とする手当
通勤手当	通勤距離、または通勤に要する実際費用に応じて算出する手当
別居手当	単身赴任者を対象とする手当
子女教育手当	通学中の子の数に応じて算定する手当
住宅手当	住宅に要する費用に応じて算定する手当
臨時に支払われる賃金	臨時的、突発的な理由に基づいて支払われる賃金。結婚手当、私傷病手当、加療見舞金、退職金等
1カ月を超える期間ごとに支払われる賃金	賞与、手当等

Q　除外賃金かどうかの判断基準は？

A　各種手当を割増賃金の計算基礎に含むかどうかは、その手当の実質的な内容で判断される。例えば、生活手当等の名目でも、扶養家族の数を基礎として支給されている場合には、家族手当と同じこととみなし、除外賃金と判断する。
　一方、扶養家族数に関係なく従業員一律に支給しているようであれば、家族手当にはあたらない。そのため、通常賃金として扱い、割増賃金の計算基礎に含む。

第1部　平成30年改正労働基準法等の実務

図表39　割増賃金額の求め方

1　計算の基礎となる通常賃金額を出しておく

通常賃金＝基本給＋各種手当（除外賃金以外の手当等）

2　1時間あたりの通常賃金額を計算する

通常賃金が1時間あたりいくらになるかは、賃金支給形態によって計算方法が異なる。

賃金形態	計算方法
時間給	時給金額
日給	日給金額を1日の所定労働時間数で割って得た額（日によって所定労働時間数が異なる場合は、1週間の1日あたり平均所定労働時間数で割る）
月給	月給金額を1カ月の所定労働時間数で割って得た額（月によって所定労働時間数が異なる場合は、1年間の1カ月あたり平均所定労働時間数で割る）
旬給等	月、週以外の一定の期間で定めた賃金については、上に準じて算出する。
請負給等	出来高制その他の請負制で定めた賃金については、その賃金算定期間（賃金締切り期間）の賃金の総額を、算定期間の総労働時間数で割って得た額

賃金が2つ以上の形態で構成されている場合は、各部分を計算してから合計した額とする。

3　割増賃金の額を出す

割増賃金＝1時間あたりの賃金額×割増率×時間外・休日・深夜労働時間数

月給制での時間外労働割増賃金の計算式

通常賃金

$$\underbrace{\frac{（基本給＋除外賃金以外の手当等）}{1カ月平均所定労働時間数}}_{1時間あたりの通常賃金額} ×1.25×時間外労働時間数$$

※年俸制の場合でも、時間外・休日・深夜労働には、法定の割増賃金を支払うのが義務	▼年俸制の割増賃金の求め方 ①年俸金額÷12カ月＝割増賃金の算定基礎となる月額 ②①の月額÷1カ月の平均所定労働時間数×割増率＝割増賃金の1時間あたりの単価	毎月払い以外に年に数回賞与を支払う場合 ●支給額があらかじめ決まっている →左記①の年俸額に含む ●勤務成績に応じて支払う →左記①の年俸額には含まない

第2章　平成30年（2018年）労基法改正後の労働時間・休日・割増賃金に関する規定

4 残業手当の定額払いは認められるか

1 残業手当の定額払いは認められるか

　基本的に、使用者と従業員との間で合意が成立していれば、残業手当（時間外・休日労働の割増賃金）の定額払いは、労基法上、違法ではありません。ですが、それが認められないケースもあります。例えば、残業手当として、あらかじめ、1カ月に3万円が定額で支給されるとします。つまり、残業がゼロでも3万円はもらえるわけです。これは一見会社に不利なだけのようにみえますが、従業員が実労働時間を短縮する効果が期待できます。

　しかし、実際にはそれ以上の残業をしていて、その分の残業代が支払われない場合、それは賃金の全額払いの原則（労基法24条）から、法違法になります。残業手当が定額になっていても、それ以上の時間の残業をした場合、不足した差額分は支払わなければなりません。

　つまり、使用者が、残業代を不当に減らすために残業代の定額払いを導入することは禁止されているのです。

2 セールス手当は認められるか

　また、セールス手当という名称で残業手当の定額払いを行っている場合も注意が必要です。セールス手当とは、「営業マンなどの従業員の外食費、駐車違反の反則金等外勤（事業場外での労働）に伴うさまざまな支出に対する補償として支払われる定額の手当」のことです。その中に残業代相当という意味合いを含めることは問題ありません。ただし、ここでもやはり、その定額が実際に行われた時間外・休日労働にもとづく割増賃金額以上の金額でないと労基法24条違反になります。

　前記1、2のどちらの場合も、残業の少ない月にも定額残業手当を支払っているからといって、残業の多い月に、少額の定額残業手当の支払いのみで済ますことは認められません。

147

第1部　平成30年改正労働基準法等の実務

3　みなし労働時間制を実施している場合は適法

　一方、労基法の規定にもとづく「みなし労働時間制」というものがあります。（労基法38条の1～38条の4）。簡単にいうと、あらかじめ定めた「みなし労働時間」にもとづいて、時間外労働手当の支払いの有無と金額を決めるものです。

　労基法の関係条文中に「労働時間の算定は、実際の労働時間にかかわらず、労使協定で定めた時間の労働をしたものとみなす」とされています。この制度を導入している場合であれば、例えば、協定で定めたみなし残業時間が2時間であれば、実際の残業時間がたとえ4時間の日があっても2時間分支払えば適法ということになります。

4　残業代の定額払いの注意点は

　残業代を含んだ賃金の支払額を決めてある労働契約は、使用者と労働者の間で誤解からトラブルを生みやすいものです。このような労働契約を締結する際には、次の点に注意し、慎重を期すべきです。

① 定額残業手当は何時間分なのか
② 支払われる賃金のうち、基本給と定額残業手当の内訳は、それぞれいくらなのか
③ 残業手当はどのように計算されているのか

　また、こうした事項は、労働契約書（労働条件通知書）に明確に記載しておくことが大切です。後で「残業手当が支払われない」といったトラブルになったときにも、文書にもとづいて判断し、対処できるからです。

148

第2章　平成30年（2018年）労基法改正後の労働時間・休日・割増賃金に関する規定

5 サービス残業の禁止

ポ　イ　ン　ト　は

① 　賃金コストを軽くしたいあまり、実際の残業時間数よりも少ない時間分の割増賃金しか支払わない、いわゆる「サービス残業」（割増賃金不払残業）を強いる会社が後を絶ちません。しかし、これは違法です。

② 　こうした会社は、労働基準監督署から是正勧告書を交付され、これを守らないと地方検察庁に送検されます。

1　実労働時間を適正に把握するための措置は

【始業・終業時刻の確認と記録の確認】

　厚生労働省労働基準局長から**図表31**（133頁）の基準通達が出されています。この通達のポイントは次のとおりです。

◆この方法が原則

・使用者自らがチェックし、確認、記録をとる

・タイムカード、ICカード等の客観的な記録をもとに確認、記録

◆自己申告制にする場合は

・実労働時間を正しく記録し、適正に自己申告するよう十分な説明を行う

・実際の労働時間と合致しているかどうか、必要に応じて実態調査を実施

・次の過少申告を促す要因を排除する

「残業は月20時間まで」という上限設定や削減指示の社内通達、残業代の定額支払い・予算枠設定など、過少申告を促すことは認められない。

第1部　平成30年改正労働基準法等の実務

> **Q**　無駄な残業を減らすにはどうすればいい？
>
> **A**　残業代を稼ぐためにタラタラ居残る従業員をなくすには、残業を許可制にし、上司の許可を得なければ残業できないようにするとよい。ただし、合理的な理由なく従業員の残業を許可しないことは認められない。

「過少申告を強いられた」と労使間の争いになった場合、従業員自身がメモした終業時刻の記録や、メールの送信時刻などが証拠となる。

第3章
現行労基法の年次有給休暇
に関する規定（労基法）

① 労働者の年次有給休暇の取得要件・日数

ポ・イ・ン・ト・は

　労基法に定める年次有給休暇（以下「年休」と略す）を請求できるのは、

① 　同一企業に、1年間（当初は6カ月間）継続勤務し、かつ、

② 　その1年間（当初は6カ月間）の全労働日の8割以上出勤した労働者です。

1 　年休の原則的な付与日数は

　使用者は、入社後6カ月を経過していない従業員には、労基法にもとづく年休を与える義務はありません。入社後6カ月を経過した従業員には、その6カ月間の出勤率が8割以上である場合には10日の年休を与えなければなりません。

　入社後1年6カ月を経過し、その前1年間の出勤率が8割以上であれば、年休は11日です。

　勤続2年6カ月で12日です。

　勤続3年6カ月からは、毎年、年休日数が2日ずつ加算されます。

　6年6カ月継続勤務した場合には、年休は20日となり、それ以降は、継続勤務年数が長くなっても、同じ20日です（以上、**図表1**）。

151

第1部　平成30年改正労働基準法等の実務

　ただし、その前1年間の出勤率が全労働日の8割に満たない場合は、その後1年間の年休は与えられません。しかし、会社に在籍していれば、継続勤務期間としては通算されます（以上、労基法39条）。

図表1　年次有給休暇の付与日数

| 週所定労働時間 | 所定労働日数 | | 継続勤務した期間に応じた年休の付与日数 | | | | | | |
	週で定める場合	週以外で定める場合	6カ月	1年6カ月	2年6カ月	3年6カ月	4年6カ月	5年6カ月	6年6カ月以上
1　週30時間以上			10	11	12	14	16	18	20
2　週30時間未満	週5日以上	年間217日以上	10	11	12	14	16	18	20
	週4日	年間169〜216日	7	8	9	10	12	13	15
	週3日	年間121〜168日	5	6	6	8	9	10	11
	週2日	年間73〜120日	3	4	4	5	6	6	7
	週1日	年間48〜72日	1	2	2	2	3	3	3

年休付与日数は、20日が上限。6年6カ月以降は継続勤務年数が長くなっても20日のまま。

2　パート労働者（週所定労働時間が30時間未満の者）の年休日数は

　これらの者の年休の付与日数は、**図表1**のとおりです。

　例えば、所定労働日数が週5日以上、または年間217日以上である

第3章　現行労基法の年次有給休暇に関する規定（労基法）

パートが6カ月間継続勤務した場合には、その後の1年間に10日間の年休を与えなければなりません。

3　継続勤務期間とは

「継続勤務期間」とは、同じ企業のもとでの在籍期間のことです。産前産後休業、育児・介護休業、長期療養等による休業、休職の期間も、在籍しているので継続勤務期間として取り扱わなければなりません。

(1)　継続勤務期間の起算日

継続勤務期間の起算日は、原則として、労働者の採用日です。

しかし、労働者ごとに採用日が異なり、多数の労働者を使用する事業場では、事務的に繁雑となり、斉一的に取り扱う必要にせまられます。しかし、労基法は最低基準を定めた法律ですので、勤務期間の切捨てや四捨五入は認められません。そこで、このような場合は、切り上げるしかありません。

(2)　契約社員、日雇いの取扱い

短期契約の従業員（期間雇用者）が契約を更新された場合は、継続勤務期間として通算されます。数日、間をおいて契約を更新しても同様です。日雇いの場合、間に働かない日がある程度あっても、他の会社で働いていなければ、自社での継続勤務期間になります。

(3)　雇用形態の変更

契約社員（期間雇用者）から正社員への切り替え、定年退職者の嘱託としての再雇用などは単なる雇用形態の変更ですから、それらの前後の期間は継続勤務期間となります。

(4)　出　向

在籍出向については、継続勤務期間とみます。転籍出向については、出向元との雇用関係は退職により切れますので、継続勤務期間とはなりません。

153

第1部　平成30年改正労働基準法等の実務

(5)　会社の合併

　合併前の会社とその労働者との労働関係も、合併後の会社に引き継がれるので、継続勤務期間として通算されます。

(6)　事業譲渡

　数支店を有する会社が、一支店のみを他社に事業譲渡した場合等は、反対の特約がない限り、継続勤務として取り扱うべきです。

4　全労働日の8割以上の出勤とは

　労働者が年休を請求するためには、一定の継続勤務期間のほかに、①6カ月継続勤務した者は、その6カ月間に、また、②1年6カ月以上継続勤務した者は、その直前1年間に、「全労働日の8割以上」出勤していなければなりません（**図表2**）。

　「全労働日」とは、就業規則等によって、労働義務の課せられている日（所定労働日数）のことです。休日労働をしても、その日は全労働日の日数に含まれません。

　「8割以上出勤したか否か」の計算にあたっては、**図表3**の期間は出勤したものとみなされます。

図表2　年休付与についての出勤率の計算方法

$$\frac{出勤日数}{全労働日（所定労働日数）}　=　8割以上　\rightarrow　年休発生$$

図表3　年休付与について「出勤」とみなされる場合

a	業務上の負傷・疾病による療養のため休業した期間
b	労基法の規定による産前産後休業をした期間
c	育児・介護休業法に規定する育児・介護休業をした期間
d	年休を使用した日
e	使用者の責に帰すべき事由によって休業した日

　なお、生理休暇、慶弔休暇その他の就業規則に定められた休暇を取

第3章　現行労基法の年次有給休暇に関する規定（労基法）

得した日を、出勤日数として取り扱うか否かは、使用者の自由です。

全労働日の8割未満の出勤日数であった場合には、それ以降1年間の現実の年休は与えられません。しかし、その企業に在籍していれば、継続勤務年数としては通算されます。

② 年休付与時の注意点

ポイントは

使用者は、年休を請求してきた従業員に対して、取る日を変更するように命じることができます。

1 労働者は年休の時季指定権を、他方、使用者は年休の時季変更権をもっている

年休をいつとるか、日にちの選択権（時季指定権）は、原則として、従業員にあります。

事前に従業員から年休取得の請求があった場合、使用者はその指定された日にちに年休を与えなければなりません。

しかし、使用者としては、「どうしても、その日に休まれては困る」という場合もあります。そんなときには、使用者は年休付与の「時季変更権」を行使することができます。

年休付与の「時季変更権」とは、請求のあった日に年休を与えることが「事業の正常な運営を妨げる場合」に、請求のあった日とは別の日に変更させる権利です。

どんな場合が「事業の正常な運営を妨げる場合」に該当するのかについて、判例は、その労働者が所属する事業場を基準として、事業の規模、内容、その労働者の担当する業務の内容、性質などを考慮して、客観的に判断すべきであるとしています。

155

第1部　平成30年改正労働基準法等の実務

いずれにしろ、その労働者の担当する業務が年休をとろうとする日の業務運営に不可欠で、代わりの人を確保するのも困難であることが条件です。単に忙しいというだけでは、時季変更権行使の正当な理由にはなりません。

2　時間単位年休も可能に

平成21年改正労基法により、平成22年4月1日から、使用者は、従業員に年休を1年間に5日分まで、1時間単位で与えることができるようになりました。その場合に必要となる就業規則例は、60頁、**図表33**のとおりです。また、労使協定の規定事項と協定例は、**図表4**と**5**のとおりです。労使協定の作成は義務づけられていますが、労基署への届出は不要です。時間単位年休を実施するか否かは会社の自由です（労基法39条4項）。

なお、使用者の判断で半日単位で年休を与えることは、従来から認められています。この場合、労使協定は不要です。

図表4　時間単位年休は労使協定で定める
▼労使協定の規定事項

> 1　対象労働者の範囲
> ➡事業の正常な運営が妨げられる場合は、対象外にできる。
> 2　時間単位年休の日数
> ➡前年度からの繰越があっても、繰越分を含めて5日以内。
> 3　時間単位年休1日の時間数
> ➡所定労働時間をもとに1日分の年次有給休暇に対応する時間数を定める。1時間に満たない端数がある場合は、時間単位に切り上げて計算する。
> 4　1時間以外の単位とする場合は、その時間数
> 　➡例えば、2時間単位としてもよい。

> 1日の所定労働時間が7時間30分で、5日分とするなら…
> ●端数の30分を切り上げて、1日分8時間として計算する
> ●8時間×5日分＝40時間
>
> 40時間分の時間単位年休を与える。

第3章　現行労基法の年次有給休暇に関する規定（労基法）

図表5　年次有給休暇の時間単位付与に関する労使協定（例）

年次有給休暇の時間単位付与に関する労使協定

○○○○株式会社○○事業所（以下「甲」という。）と同事業所従業員の過半数を代表する者○○　○○（以下「乙」という。）は、年次有給休暇の時間単位付与に関して、次のとおり協定する。

（対象者の範囲）

第1条　甲は、甲の従業員で年次有給休暇（以下「年休」と略す。）の請求権を有するすべての者に対して、1年間につき5日分について、1時間単位で年休を与える。

（時間の計算等）

第2条　1日の労働時間は、8時間分として取り扱う。したがって、1年度の総労働時間のうち40時間分については、1時間単位で年休を与える。

（半日休暇）

第3条　労働日の午前または午後の半日について年休を取得した場合は、0.5日分（4時間分）とみなす。

（端数計算）

第4条　1時間未満の年休を取得した場合は、1時間とみなす。

（本協定の有効期間）

第5条　本協定の有効期間は、○○年○月○日から○○年○月○日までとする。ただし、有効期間満了の1カ月までに甲、乙いずれからも申出がないときには、さらに1年間有効期間を延長するものとし、以降も同様とする。

○○年○月○日
　　　　　　　　　（甲）○○○○株式会社
　　　　　　　　　　　専務取締役○○　○○　　　　　　　　　　　㊞
　　　　　　　　　（乙）同社○○事業所従業員の過半数代表者
　　　　　　　　　　　○○　○○　　　　　　　　　　　　　　　　㊞

3　年休の利用目的による制限は不可

　年休をどう利用するかは従業員の自由です。使用者が、利用目的により年休付与に制限を設けることは認められません。

4　年休取得日の賃金支払いは

　年休取得日の賃金は、所定労働時間働いた場合に支払う通常の賃金とするのが一般的です。このことは就業規則に規定が必要です（労基法39条7項）。

第1部　平成30年改正労働基準法等の実務

規定例は、60頁**図表33**のとおりです。

5　年休請求権の時効は

労働者の年休請求権は、その権利が発生してから2年間有効です。2年を過ぎると消滅（失効）します。

例えば、入社し6カ月間継続勤務した従業員は、その後の1年間に10日間の年休を取得できます。その権利は次の1年間も有効です。

6　年休基準日の統一とは

入社日が異なれば年休の発生日（基準日）も異なりますが、厚生労働省通達により就業規則に規定すれば統一が可能です。この場合、従業員の不利益にならないよう、年休を先取りで与えます（例：4月1日入社なら9月1日が年休発生日だが、基準日を4月1日とする場合、入社日から翌年3月までの1年間に、10日の年休を与える取扱いにします）。

Q　従業員が、当日朝にその日の年休取得を請求したり、欠勤日を年休取得日に振り替えてほしいと言ってきた場合に、使用者は、労基法上それらの請求を認めなければならないものでしょうか？

A　労働基準法の規定では、年休は従業員が事前に日を特定して請求し、会社がその日に年休を与えることを認めた場合に取得できるものです。つまり、当日朝の一方的な年休取得の届出や、欠勤後、従業員からその欠勤を年休取得に振り替えたいと求めてきても、会社がそれらに応じる労基法上の義務はありません。ただし、会社が欠勤を年休に振り替えることを認めても、労基法違反にはなりません。

158

第3章　現行労基法の年次有給休暇に関する規定（労基法）

③　年休の計画的付与（計画年休）

ポイントは

　従業員の年休をとる日を、使用者が、事前に計画的に指定して、その日に取らせることもできます。

1　使用者が従業員の年休取得日を指定できる

　各従業員が取得できる法定の年休のうち「5日を超える日数分」については、使用者が日にちを指定して与えることができる制度があります。これは、「年休の計画的付与（計画年休）」という制度です（労基法39条6項）。

　この制度を使うと、例えば、年休が15日ある従業員であれば、5日分は従業員自身が自由に日にちを決めて取得できますが、残りの10日分については、従業員のもつ年休の時季指定権は消滅し、会社が計画にもとづいて年休を与える日にちを指定できるようになります。

2　年休の計画的付与のいろいろな方式は

　年休の計画的付与の方式には、次の3つが考えられます（**図表6**）。

(1)　個人別付与方式

　これは、会社側が個人別に年休付与計画表を作成し、付与するものです。例えば、次のような形です。

●山田　一男……7月20日、21日
●青山みどり……7月22日、23日
●田中　三郎……7月24日、26日
●木村みち子……8月1日、2日

(2)　グループ別付与方式

　これは、課、係などを2つあるいはそれ以上のグループに分け、交

159

第1部　平成30年改正労働基準法等の実務

替で年休を与えるものです。

　例えば、計画年休を、

●Aグループ…… 7 月21日～24日
●Bグループ…… 8 月 1 日～ 4 日
●Cグループ…… 8 月11日～14日

の 4 日間ずつ付与するといった方式です。

(3)　一斉付与方式

　これは、その事業場全体を特定の日に休業とし、全従業員に対し同一の日に年休を与えるものです。この方式は、流れ作業の工場などに向いています。

　この方式の場合、事業場全体を休業とするので、 5 日を超える年休がない従業員も休ませなければなりません。このような者に対しては、

●会社独自の特別の有給休暇を与える

●平均賃金の60％以上の「休業手当」を支払う（労基法26条）

等の措置をとることが必要です。

図表 6　計画年休の 3 タイプ

1　個人別付与方式	*2*　グループ別付与方式	*3*　一斉付与方式
使用者が個人別に年休付与計画表を作成し、それに従って年休を与える。	課、係など部署ごとに従業員を分け、交代で効率よく年休を与える。	特定の日に事業場全体を休業とし、全従業員に年休を与える。流れ作業の工場などに向く。
計画表を作成する時期、手続き	班別の年休の付与日	具体的な年休の付与日

※■■は労使協定で定める事項

第3章　現行労基法の年次有給休暇に関する規定（労基法）

3　計画年休には労使協定と就業規則の根拠が必要

いずれの方式でも、計画年休を実施する場合は、事業場ごとに、**図表7**のように労使協定を結ぶことが必要です。

ただし、この協定は、事業場に保管しておけばよく、労働基準監督署長に届け出る必要はありません。

また、就業規則の根拠規定例は、60頁**図表33**の4、5項のとおりです。

図表7　年休の計画的付与の場合の労使協定（例）
　　　　　―年休の一斉付与方式の場合

一斉付与方式の場合の年次有給休暇の計画付与に関する労使協定

　○○商事株式会社と○○商事労働組合とは、標記に関して次のとおり協定する。
一　当社の本社に勤務する社員が有する○○年度の年次有給休暇のうち4日分については、次の日に与える。
　　5月1日、2日、6日、7日
二　当社社員であって、その保有する年次有給休暇の日数から5日を差し引いた日数が「4日」に満たない者については、その不足する日数の限度で、第一項に掲げる日に、会社独自の特別有給休暇を与える。
○○年○月○日

　　　　　　　　　　　　　　　　　　　　○○商事株式会社
　　　　　　　　　　　　　　　　　　　　　総務部長○○○○㊞
　　　　　　　　　　　　　　　　　　　　○○商事労働組合
　　　　　　　　　　　　　　　　　　　　　執行委員長○○○○㊞

Q　　年休が3日しかなくても、計画年休による一斉付与の対象になるか？

A　　5日を超える年休がない従業員には、会社独自の特別有給休暇を与えるか、平均賃金の60％以上の「休業手当」（労基法26条）を支払う等の措置をとる。

161

第2部

平成27年
改正労働者派遣法の実務

―特定労働者派遣事業（届出制）が廃止され、派遣労働者の派遣可能期間（受入使用期間）の制限が実質的に撤廃された。―

第1章

平成27年の派遣法の改正内容等

　この章では、①平成27年9月11日に成立し、同月30日から施行された改正労働者派遣法の改正内容、及び②平成24年法改正にもとづき、平成27年10月1日から施行された「労働契約申込みみなし制度について説明します。

1 平成27年改正労働者派遣法の目的

(1) 労働者派遣制度については、平成24年改正労働者派遣法の国会審議の際の附帯決議において、その制度の在り方について検討するとともに、派遣労働者や派遣元・派遣先企業に分かりやすい制度とすることが求められています。

(2) また、労働者派遣事業が労働力の需給調整において重要な役割を果たしていることを評価した上で、派遣労働者のキャリアアップや直接雇用の推進を図り、雇用の安定と処遇の改善を進めていく必要があります。

(3) さらに、業界全体として、労働者派遣事業の健全な育成を図るため、悪質な事業者を退出させるしくみを整備するとともに、優良な事業者を育成することが必要です。

(4) 厚生労働省では、以上のような考え方にもとづき労働者派遣法を改正し、以下のような具体的措置を講じることが必要であるとしていました。

165

第2部　平成27年改正労働者派遣法の実務

② 平成27年改正労働者派遣法の改正内容

　平成27年改正労働者派遣法の改正内容は、**図表1**のとおりです。
同改正法の概要は、**図表2**のとおりです。

図表1　平成27年改正労働者派遣法の改正事項

1　特定労働者派遣事業の廃止
2　新たな派遣期間制限のしくみ
(1)　有期雇用派遣の期間制限
イ　個人単位の派遣期間制限
ロ　派遣先単位の派遣可能期間制限
ハ　派遣期間制限の適用除外
(2)　無期雇用派遣の取扱い
3　労働契約申込みみなし制度の追加適用
4　労働者派遣の手続きの改正
(1)　労働者派遣契約書の記載事項の追加
(2)　派遣元事業主の就業条件の明示事項の追加
(3)　派遣元事業主から派遣先への通知事項の追加
5　派遣元事業主の特定有期雇用派遣労働者等に対する雇用安定措置
6　派遣元・派遣先の派遣労働者の均衡措置の推進
7　派遣元事業主の派遣労働者キャリアアップ措置

図表2　平成27年改正派遣法の概要

平成24年改正時の附帯決議等を踏まえ、派遣労働者の一層の雇用の安定、保護等を図るため、特定労働者派遣事業を廃止するとともに、希望する派遣労働者について正社員化を含むキャリアアップを推進し、労働者派遣の役務の提供を受ける者（派遣先等）の事業所その他派遣就業の場所ごとに派遣可能期間を設ける等の所要の措置を講ずる。
1．派遣事業の健全化
○　労働者派遣事業の健全な育成を図るため、特定労働者派遣事業（届出制）※1と一般労働者派遣事業（許可制）※1の区別を廃止し、全ての労働者派遣事業を許可制とする。
※1　特定労働者派遣事業：派遣労働者が常時雇用される労働者のみの場合　　　　一般労働者派遣事業：派遣労働者が常時雇用される労働者のみでない場合

166

第1章　平成27年の派遣法の改正内容等

2．派遣労働者の雇用安定とキャリアアップ
○　派遣労働者の雇用が不安定、キャリアアップが図られにくいという課題へ対応
し、希望する派遣労働者について正社員化を含むキャリアアップを推進するため、
以下の措置を講ずる。

① 　派遣期間終了時の派遣労働者の雇用安定措置※2
　 　（雇用を継続するための措置）を派遣元に課す。
　 　（3年経過時は義務、1年以上3年未満は努力義務）
② 　派遣労働者に対する計画的な教育訓練や、希望者へ
　 　のキャリア・コンサルティングを派遣元に義務付け。

派遣元の義務規定へ
の違反に対しては、
許可の取消も含め厳
しく指導。

※2 　雇用安定措置の内容：①派遣先への直接雇用の依頼　　②新たな就業機会
　 　　　　　　　　　　　（派遣先）の提供　　③派遣元での無期雇用　　④その
　 　　　　　　　　　　　他安定した雇用の継続が確実に図られると認められる
　 　　　　　　　　　　　措置

3．よりわかりやすい派遣期間規制への見直し
○　現行制度は、専門業務等からなるいわゆる28業務には期間制限がかからず、そ
の他の業務には最長3年の期間制限がかかるが、分かりにくい等の課題があるた
め廃止し、新たに以下の制度を設ける。
① 　個人単位の期間制限　：派遣先の同一の組織単位（課）における同一の派遣
　 　労働者の継続的な受入れは3年を上限とする。
② 　事業所単位の期間制限：派遣先の同一の事業所における派遣労働者の継続的
　 　な受入れは3年を上限とする。それを超えて受け入れようとするときは過半数
　 　労働組合等からの意見聴取が必要。意見があった場合には説明義務を課す。

4．派遣労働者の均衡待遇措置の強化
○　派遣元と派遣先の双方において、派遣労働者の均衡待遇確保のための取組を強
化する。

施行期日：平成27年9月30日

（参考）平成24年3月に成立した労働者派遣法一部改正法の国会審議における附帯決
議（抄）
　　いわゆる「28の専門的業務」に該当するかどうかによって派遣期間の取扱いが
大きく変わる現行制度について、派遣労働者や派遣元・派遣先企業に分かりやす
い制度となるよう、速やかに見直しの検討を開始すること。

（資料出所）　厚生労働省ホームページ掲載資料を一部修正して使用。

167

第2部　平成27年改正労働者派遣法の実務

③　平成27年改正後の労働者派遣法の体系

　平成27年法改正後の労働者派遣法の体系は**図表3**のようになります。同図表中にアンダーラインがあるのは、改正法で新設、または改正された事項です。

第1章　平成27年の派遣法の改正内容等

図表3　平成27年改正後の労働者派遣法の体系

（アンダーラインのあるのは、法改正により新設・改正された事項）

労働者派遣事業の規制と適正化
- 業務の範囲
- 事業の許可（届出制の特定労働者派遣事業の廃止）
- 新たな派遣期間制限のしくみ
  - 有期雇用派遣の期間制限
    - a　派遣労働者個人単位の派遣期間制限
    - b　派遣先単位の派遣可能期間制限
    - c　a、bの派遣期間制限の適用除外
  - 無期雇用派遣は制限なし
- 事業の適正化の措置
  - 労働者派遣事業の業務内容についての情報公開義務
  - グループ企業内派遣の8割規制
  - 個人情報の取扱いルール・秘密を守る義務
  - 事業の改善命令・停止命令・許可の取消等
  - 標準派遣料金を記載した事業報告書の提出
  - 海外派遣をする際の届出
  - 争議行為中の事業所への新たな労働者派遣の禁止

派遣労働者の保護等のためのルール
- 不安定雇用の原則禁止
  - 日雇労働者（日々または30日以内）の派遣の原則禁止
- 労働者派遣契約についての規制
  - 契約事項の追加（就業する課などの組織単位）
  - 派遣期間の制限　　・海外派遣契約についての規制
  - 労働者派遣契約の解除制限
- 派遣元事業主の義務
  - 特定有期雇用派遣労働者の雇用の安定措置
  - 派遣労働者の派遣先労働者との均衡を考慮した待遇の確保
  - 派遣労働者のキャリアアップの措置
  - 労働者派遣事業の業務内容についての情報公開義務
  - 派遣労働者に対する派遣料金額の明示義務
  - 派遣先離職者の1年以内の派遣先への派遣禁止
  - 派遣労働者等の福祉の増進
  - 派遣労働者に対する派遣先における就業条件の明示義務
  - 派遣労働者であることの明示、同意
  - 派遣先責任者の選任、派遣先管理台帳の整備
- 派遣先の義務
  - 適正な派遣就業の確保等
    （教育訓練・福利厚生施設・賃金等、派遣先での正社員化の推進）
  - 労働契約申込みみなし制度の適用範囲の追加
  - 自社を離職した労働者の1年以内の派遣受入れの禁止
  - 労働者派遣契約に定められた就業条件の遵守
  - 派遣元事業主との連携の下での迅速な苦情処理
  - 派遣先責任者の選任、派遣先管理台帳の整備
- 労働基準法、労働安全衛生法、じん肺法、作業環境測定法、男女雇用機会均等法の適用の特例（一部規定の派遣先への適用等）
- 附則（施行期日：平成27年9月30日、経過措置等）

法違反に対する罰則

169

第2部　平成27年改正労働者派遣法の実務

④　平成27年改正労働者派遣法の改正事項

1　特定労働者派遣事業の廃止等

(1)　従来の労働者派遣事業制度の状況

　平成27年の法改正前（＝旧法）は、労働者派遣事業には、**図表4**のように、

①　「特定労働者派遣事業」（常時雇用される労働者のみを派遣するもの）

②　「一般労働者派遣事業」（常時雇用される労働者と登録型派遣労働者（スタッフ）、日雇などの双方を派遣するもの）と、

の2種類が設けられていました。

　前述②の「一般労働者派遣事業」を行うためには厚生労働大臣の許可が必要であり、許可基準は、**図表5**のように定められていました。

　同事業の許可の有効期間は、新規は3年間、更新後は5年間でした。

　これに対して、前述①の「特定労働者派遣事業」を行う場合には、「届出」のみでよいとされていました。

図表4　平成27年法改正前の労働者派遣事業の種類

種類	派遣労働者の雇用形態	営業の要件
①特定労働者派遣事業	（常時雇用型）派遣労働者がすべて自社の常時雇用労働者であるもの	厚生労働大臣への届出（手続き窓口は、都道府県労働局）
②一般労働者派遣事業	（登録型）上記①以外のもの（派遣労働者が、自社の登録型派遣労働者（スタッフ）、臨時労働者であるもの、またはこれらの者と常時雇用労働者の両者であるもの）	厚生労働大臣の許可（同上）

第1章　平成27年の派遣法の改正内容等

図表5　平成27年法改正前の一般労働者派遣事業の主な許可基準

1　資産要件（1事業所当たり） 　・　基準資産額　2,000万円 　・　現預金額　　1,500万円 2　事業所面積　概ね20平方メートル以上 3　派遣元責任者の要件 　・　雇用管理経験　3年以上 　・　派遣元責任者講習を3年以内に受講 4　個人情報保護 　・　個人情報適正管理規定の作成

(2)　従来の特定労働者派遣事業の問題点

　特定労働者派遣事業では、上述したように「常時雇用される」労働者のみを派遣するものとされていましたが、これは運用上「1年以上の雇用見込み」があればよいこととされており、実態は派遣労働者の雇用は不安定であり、「常時雇用される」という言葉からはかけ離れた状況にありました。

　また、「特定労働者派遣事業」を営む事業所が派遣法、労基法、安衛法等の違反により指導や改善命令を受けるケースが多発することなどが問題視されていました。

(3)　特定労働者派遣事業を廃止し、すべての派遣事業は許可制に

　前記(2)の問題点を改善するため、平成27年法改正により、これまでの「一般労働者派遣事業」（許可制）と「特定労働者派遣事業」（届出制）の区別が廃止され、すべての労働者派遣事業が許可制とされ、名称も「労働者派遣事業」のみとなりました。

　平成27年法改正の前後を対比すると、**図表6**のようになります。

171

第２部　平成27年改正労働者派遣法の実務

図表６　特定労働者派遣事業の廃止

平成27年派遣法改正前	平成27年派遣法改正後
①一般労働者派遣事業【許可制】 　派遣労働者が常時雇用される労働者のみでない事業 ②特定労働者派遣事業【届出制】 　派遣労働者が常時雇用される労働者のみの事業	①労働者派遣事業【許可制】のみとなる 　a　小規模派遣元事業主への暫定的な配慮措置 　b　従来の特定労働者派遣事業の許可制への移行に際しての経過措置（３年間）

(4) 平成27年改正法の施行から３年経過後に特定労働者派遣事業は全面廃止

　特定労働者派遣事業は、従来、**図表７**の事業規模等で行われていました。

図表７　特定労働者派遣事業の実施状況（平成23年度労働者派遣事業報告書）

1	届出事業所数	５万2,982ヵ所
2	派遣事業の実績のあった事業所	２万8,603ヵ所
3	特定労働者派遣事業で派遣された労働者数（常時雇用労働者数）	28万151人

　この特定労働者派遣事業の廃止に伴う影響が大きいことから、平成27年改正法に、次のような経過措置が設けられました。

> **平成27年改正労働者派遣法附則第６条**
> 　この法律の施行の際現に特定労働者派遣事業を行っている者は、施行日から起算して３年を経過する日までの間は、……引き続き……常時雇用される労働者のみである労働者派遣事業を行うことができる。

　つまり、平成27年改正派遣法の施行期日（平成27年９月30日）に、

第1章　平成27年の派遣法の改正内容等

特定労働者派遣事業の実施を届け出て実施していれば、平成30年9月29日まではその事業を引き続き行うことができる、という内容です。

(5)　労働者派遣事業許可基準の項目の追加

平成27年法改正により、「労働者派遣事業」の許可基準として、「申請者がその事業の派遣労働者の雇用管理を適正に行うに足りる能力を有することについて省令で定める基準」が追加されました（改正法7条1項）。

(6)　事業許可の暫定基準は「要領」で定められる

従来、「特定労働者派遣事業」を営業してきた事業所が、今後も、同じ派遣事業を継続していくためには、新たに「労働者派遣事業」の許可を得ることか必要になりました。

従来、制度の許可基準には、**図表5**のように資産要件について高いハードルが設けられていました。

このため、「小規模派遣元事業主への暫定的な配慮措置」が、平成27年改正法成立後に「労働者派遣事業業務取扱要領（平成27年9月）」で定められ、その中に資産要件等の緩和措置と暫定措置の期間が盛り込まれています。

法改正後の「労働者派遣事業」の許可の有効期間については、従来の「一般労働者派遣事業」と同じく、「新規3年、更新後5年」となっています。

(7)　特定労働者派遣事業から適法な業務処理請負事業への切替え

これまで「特定労働者派遣事業」を行ってきた会社については、適法な業務処理請負事業（いわゆる構内請負）に切り換える方法もあります。

業務処理請負事業を営むには、許可も届出も必要ありません。

具体的な進め方については、221頁以降に記載します。

第２部　平成27年改正労働者派遣法の実務

2　新たな派遣期間制限のしくみ
　―平成27年９月30日からの派遣契約に適用―

(1)　派遣期間制限改正のあらまし

旧法では、いわゆる「28の専門的業務」については派遣期間の制限はなく、いわゆる「自由化業務」（以外の業務）については、派遣期間の限度は、原則１年、特例３年とされていました（**図表８**）。

平成27年法改正により、従来の業務内容による区分が廃止され、法改正後は、派遣元事業主と派遣労働者が結ぶ労働契約が有期労働契約か無期労働契約かで取扱いが二分されます。

有期労働契約とは、例えば、６カ月、１年といったように雇用期間を限定した労働契約のことです。他方、無期労働契約とは、契約期間が限定されず、定年年齢（例えば60歳）まで継続雇用される労働契約のことです。

その派遣労働者が派遣元事業主（人材派遣会社）に有期契約で雇用されている場合は、１カ所の派遣先事務所には、原則、最長３年で派遣が終了します。派遣先事務所は、受入使用する派遣労働者個人を他の人に代えれば、同一部署（課など）で、その後３年間、引き続き派遣労働者を受入使用することが認められます。

他方、その派遣労働者が無期契約で派遣元事業主に雇用されている場合には、派遣先での受入使用期間の制限（派遣労働者個人単位と派遣先事業所単位の双方ともに）はありません。

平成27年法改正による新たな労働者派遣期間の全体のしくみは、**図表10〜12**のとおりです。

これらの新たな期間制限は、平成27年改正派遣法の施行期日（平成27年９月30日）以後に締結された労働者派遣契約（契約更新を含む）にもとづいて行われる労働者派遣から適用されることとされています。

第1章　平成27年の派遣法の改正内容等

3　新たな派遣期間制限のしくみ
―改正法施行（平成27年9月30日）後からの派遣契約に適用

(1)　派遣期間制限改正のあらまし

　旧法では、いわゆる「28の専門的業務」（当初は26業務であったが、その後、分割と追加により28業務となっている）については派遣期間の制限はなく、いわゆる「自由化業務」（28の専門的業務以外の業務）については、派遣期間の限度は、原則1年、特例3年とされていました（**図表8**のⅠ欄）。

　平成27年法改正により、業務内容による区分が廃止され、法改正後は、派遣元事業主と派遣労働者が結ぶ労働契約が有期労働契約が無期労働契約かで取扱いが二分されました（**図表8**のⅡ欄）。

　有期労働契約とは、例えば、6カ月、1年といったように雇用期間を限定した契約のことです。他方、無期労働契約とは、契約期間が限定されず、定年年齢（例えば60歳）まで継続雇用されるものです。

　その派遣労働者が派遣元事業主（人材派遣会社）に有期契約で雇用されている場合は、1カ所の派遣先（受入使用事務所）には、原則、最長3年で派遣が終了します。派遣先事務所は、受入使用する派遣労働者個人を他の人に代えれば、同一部署（課など）で引き続き3年間派遣労働者を受入使用することができます。

　他方、その派遣労働者が無期労働契約で派遣元事業主に雇用されている場合には、派遣先事務所での受入使用期間の制限はありません。

　法改正による新たな労働者派遣期間制限の全体のしくみは、**図表10～12**のとおりです。

　これらの新たな派遣期間制限は、改正派遣法の施行期日（平成27年9月30日）以後に締結された労働者派遣契約（契約更新を含む）にもとづいて行われる労働者派遣・受入使用から適用されることとされて

175

第 2 部　平成 27 年改正労働者派遣法の実務

います。

図表 8　平成 27 年法改正後の派遣期間制限のしくみ

Ⅰ　平成 27 年法改正前（＝旧法）	Ⅱ　平成 27 年法改正後
A　28 の専門的業務 　　派遣期間制限なし B　自由化業務（28 の専門的業務以外の業務） 　a　原則 1 年 　b　従業員の過半数代表者からの意見聴取により延長可（最長 3 年）	1　派遣労働者個人単位の派遣期間制限 　a　派遣先事業所の課単位で上限 3 年 　　**図表 12** の無期雇用派遣労働者、60 歳以上の者等は例外 2　派遣先事業所単位の派遣期間制限 　a　原則 3 年 　b　従業員の過半数代表者への意見聴取により、3 年単位で延長可（上限なし） 　　**図表 12** の無期雇用派遣労働者、60 歳以上の者等は例外

(2)　**有期雇用派遣の期間制限**

　有期労働契約の派遣労働者を派遣し、受入使用する場合には、①派遣労働者個人単位と②派遣先事業所単位の 2 種類の派遣期間制限が設けられています（**図表 8** のⅡ欄）。

イ　派遣労働者個人単位の派遣期間制限（**図表 10**）

　a　同一の有期雇用派遣労働者の同一の「組織単位」（例えば課単位）での派遣就業は、「3 年」を上限とします（改正法 35 条の 3）。

　　「組織単位」というのは、「業務のまとまりがあり、かつ、その長が業務の配分及び労務管理上の指揮監督権限を有する単位として派遣契約上明確化されたもの」のことをいいます。例えば、「課単位」のことです。

　　例えば、派遣労働者 A が、ある派遣先事業所の人事課で派遣就

176

業していた場合は、同一課で３年を超えて就業することはできません。同じ人事課内で異動しても３年を超えることはできません。

b　上述の場合に、派遣労働者Ａが就業継続を希望する場合には、派遣元事業主は、**図表９**のいずれかの雇用安定措置（雇用を継続するための措置）を講じなければなりません。この措置は、その派遣労働者が３年間派遣される見込みがあるときは派遣元事業主の義務、１年以上３年未満の見込みの間は努力義務です。（改正法30条１項、２項）。

図表９　派遣元事業主が講じなければならない雇用安定措置

①派遣先への直接雇用の依頼
②新たな就業機会（派遣先）の提供
　遠隔地等を除き、合理的なものに限る。
③派遣元事業主において無期雇用
④前３号に掲げるもののほか労働省令で定める教育訓練その他の雇用の安定のための必要な措置として労働省令で定めるもの
　イ　雇用を継続したまま賃金を支払って無償で行う教育訓練
　ロ　その派遣元事業主が有料職業紹介事業の許可を得ている場合の紹介予定派遣の実施等

派遣元事業主が、**図表９**の①の措置を講じた場合で、派遣先での直接雇用に至らなかった場合には、その後派遣元事業主は同図表の②から④までのいずれかの措置を講じなければなりません。

ただし、同一の有期雇用派遣労働者の派遣先部署（課など）が、別の組織単位に異動した場合（例えば派遣先事業所内の、人事課から経理課に異動した場合）には、新たに３年間そこで就業することが認められます。

c　厚生労働大臣は、前記ｂの規定に違反した派遣元事業主に対して、指導、助言をした場合において、なお違反したときは、必要な措置をとるべきことを指示することができます（改正法48条３項）。

第2部　平成27年改正労働者派遣法の実務

図表10　平成27年改正派遣法の派遣期間制限（その1）

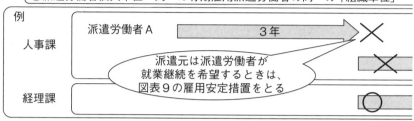

図表11　平成27年改正派遣法の派遣期間制限（その2）

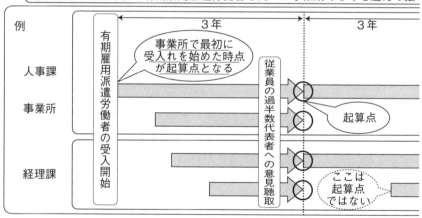

図表12　平成27年改正派遣法の派遣期間制限（その3）

無期雇用派遣…上限なし
例　人事課　派遣労働者A　　3年超

（資料出所）図表10～12は厚生労働省ホームページを一部修正のうえ掲載。

第1章　平成27年の派遣法の改正内容等

その長が業務の配分及び労務管理上の指揮監督権を有する単位として派遣契約上明仮定
（※１）での派遣就労は３年が上限

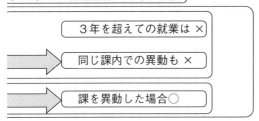

場合は、派遣先事業所は対応方針等を説明するものとする。
働契約申込みみなし制度が適用される。
続して受け入れる際には、従業員の過半数代表者の意見を聴取する（※２）

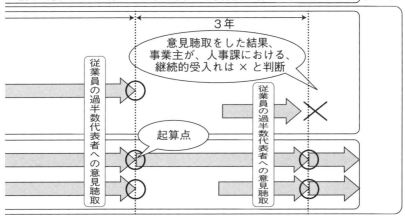

従来の「28の専門的業務」についての派遣と同様のイメージ

179

第2部　平成27年改正労働者派遣法の実務

　　d　労働者派遣事業許可の取消事由として、「前記cの指示を受け
　　　たにもかかわらず、なお前記bの規定に違反したとき」が追加さ
　　　れました（改正法14条1項）。
ロ　派遣先事業所単位の派遣期間制限（**図表11**）
　有期雇用派遣労働者を、同一の派遣先事業所で3年を超えて継続し
て受入使用する際には、受入可能期間（3年間）終了の1カ月前まで
に、その事業所の全従業員の過半数代表者（過半数労働組合等）の意
見を聴取しなければなりません（改正法40条の2）。
　その事業所で最初に派遣労働者の受入使用を始めた時点が、3年の
起算点となります。
　従業員の過半数代表者（過半数労働組合等）とは、
　(イ)　その事業所の従業員の過半数が加入している労働組合がある場
　　　合は、その労働組合（過半数労働組合）、
　(ロ)　上記(イ)の労働組合がない場合は、その事業所の従業員の過半数
　　　を代表する者、のことです。
　「従業員の過半数代表者」から意見を聴取した場合には、さらに3
年間派遣労働者を受入使用することが認められます。その後さらに3
年を経過したとき以降も同様です。
　意見聴取時に従業員の過半数代表者が反対意見を表明したときは、
派遣先事業所はその派遣労働者の受入使用についての対応方針等を説
明しなければなりません。
　対応方針等の説明というのは、例えば「会社としては、派遣労働者
を今後も受入使用するが、そのことによって現在雇用している従業員
（パートタイマー、契約社員を含む）を解雇したり、雇止め（やとい
どめ：労働契約不更新のこと）したりすることは行わない」と説明す
ることです。
　また、意見聴取を行わずに、その事業所で3年間を超えて派遣労働
者の受入使用を継続した場合は、違法派遣として、「労働契約申込み

180

第1章　平成27年の派遣法の改正内容等

みなし制度」（192頁）が適用されます。

ハ　3年間の派遣期間制限の適用除外対象者・業務

　図表14の者及び業務の労働者派遣と受入使用については、前記
（イ）、（ロ）の双方の派遣期間制限の対象から除外されます。

　つまり、**図表13**のいずれかに該当する派遣労働者を受入使用する
場合には、同一の課に3年を超えて受入使用することも、事業所にお
いて従業員の過半数代表者からの意見聴取を実施せずに、3年を超え
て受入使用することも、可能となります。ただし、それぞれについて
別途、定められている法規制は、守らなければなりません。

図表13　3年間の派遣期間制限の適用除外対象者・業務

A　適用除外の対象者・業務	B　派遣・受入れができる期間
①　無期雇用の派遣労働者 ②　60歳以上の高齢派遣労働者 ③　平成27年法改正前から派遣期間制限対象から除外されている次の業務の従事者 　(1)　日数限定業務 　(2)　産前産後休業、育児・介護休業の代替要員の業務	制限なし
(3)　3年以内の有期プロジェクト業務	プロジェクト期間内は制限なし
(4)　紹介予定派遣（179頁参照）	6カ月以内

ニ　日数限定業務というのは

　図表13の③（1）「日数限定業務」とは、①その事業場における通
常の労働者の所定労働日数の半数以下であり、かつ、②厚生労働大臣
が定めた月に10日以下の日数しか派遣先で労働しない業務のことをい
います。

　例えば、競馬の場外馬券売場の従業員、書店の棚卸や住宅展示場の
コンパニオンなどの業務がこれに該当します。

ホ　有期プロジェクト業務というのは

181

第2部　平成27年改正労働者派遣法の実務

　図表13の③（3）「3年以内の有期プロジェクト業務」とは、「事業の開始、転換、拡大、縮小又は廃止のための業務であって一定の期間内に完了することが予定されているもの」をいいます（派遣法40条の2第1項2号イ）。主として、新規事業を立ち上げたり、業績不振の事業部門を縮小するような業務を指しています。

(3)　**無期雇用派遣の取扱い（図表13）**

　派遣労働者が無期労働契約の場合には、派遣労働者個人単位と派遣先事業所単位双方の派遣期間（受入使用期間）の制限はありません。平成27年法改正前（＝旧法）の28の専門的業務についての労働者派遣と同様の取扱いです。

4　労働契約申込みみなし制度の適用事項の追加

　このみなし制度は、平成27年9月30日以降に締結・更新される派遣契約による派遣労働者の受入使用について適用されます。

　派遣先等が次の(1)、(2)のいずれかの行為を行った場合についても、「労働契約申込みみなし制度」が適用され、派遣先等は、その派遣労働者に対して労働契約の申込みをしたものとみなされることになりました。

(1)　同一の組織単位（○○課など）において3年の上限を超えて継続して同一の派遣労働者を受入使用した場合

(2)　派遣労働者を受入使用している事業所の従業員の過半数代表者の意見を聴取せずに同一の事業所において3年を超えて継続して派遣労働者を受入使用した場合

　ただし、派遣先事業所単位の期間制限への抵触については、労働者の過半数代表者の意見聴取時における手続的な瑕疵（かし：手続き上の誤りなど）があったことにより抵触した場合は含まれないこととされました。意見聴取がなんらかの形で行われていれば、「労働契約申込みみなし制度」は適用されません。

182

第1章　平成27年の派遣法の改正内容等

5　労働者派遣の法的手続きの改正

(1)　労働者派遣契約書の記載事項の追加

　派遣元事業主と派遣先事業所は、労働者派遣契約書の締結に際し、派遣労働者が就業する事業所の名称、所在地等に加えて、次のことについても定めなければなりません（改正法26条1項）。

> 　組織単位（労働者の配置の区分であって、配置された労働者の業務を指揮命令する職務上の地位にある者が、その労働者の業務の配分に関して直接の権限を有するもののことをいいます。例えば、「課」がこれにあたります）。

(2)　派遣元事業主の就業条件明示書による明示事項の追加

　派遣元事業主は、労働者派遣をしようとするときは、あらかじめ派遣労働者に対して、就業条件通知書により次の事項についても明示しなければなりません（改正法34条1項）。

　ただし、前記**図表13**のいずれかに該当する場合は除きます。

　イ　その派遣労働者が派遣先で就業する組織（課など）で3年を超える最初の日

　ロ　その派遣労働者が派遣先で就業する事業所で3年を超える最初の日

　ハ　上記イ、ロの派遣期間制限違反が労働契約申込みみなし制度の対象となること。

　なお、法改正後のモデル就業条件明示書（厚生労働省作成）は、**図表14**のとおりです。

　また、派遣労働者を雇い入れる際、当人に交付する労働条件通知書（同）は、**図表15**のとおりです。

(3)　派遣元事業主から派遣先事業所への通知書記載事項の追加

　イ　派遣元事業主は、労働者派遣をするときは、その派遣労働者が60歳以上であるか否かについても、派遣先事業所に文書で通知し

183

第２部　平成27年改正労働者派遣法の実務

図表14　モデル就業条件明示書

<table>
<tr><td colspan="2"></td><td colspan="2">平成　　　年　　　月　　　日</td></tr>
<tr><td colspan="2">_____殿</td><td colspan="2"></td></tr>
<tr><td colspan="4">事業所　名　称
　　　　　所在地
使用者　職氏名　　　　　　　　　　印</td></tr>
</table>

次の条件で労働者派遣を行います。

業務内容	
就業場所	事業所、部署名 所在地　　　　　　　　　　　　　　（電話番号　　　　　　　）
組織単位	（組織単位における期間制限に抵触する日）平成　　　年　　　月　　　日
指揮命令者	職名　　　　　氏名
派遣期間	平成　　　年　　　月　　　日から平成　　　年　　　月　　　日まで （派遣先の事業所における期間の制限に抵触する日）平成　　　年　　　月　　　日
就業日及び 就業時間	就業日 就業時間　　　時　　　分から　　　時　　　分まで （うち休憩時間　　　時　　　分から　　　時　　　分まで）
安全及び衛生	
時間外労働 及び休日労働	時間外労働（無／有）→（１日　　　時間／週　　　時間／月　　　時間） 休日労働　　（無／有）→（１月　　　回）
派遣元責任者	職名　　　　　　　氏名　　　　　　　　（電話番号　　　　　　）
派遣先責任者	職名　　　　　　　氏名　　　　　　　　（電話番号　　　　　　）
福利厚生施設 の利用等	
苦情の処理・ 申出先	申出先　派遣元：職名　　　氏名　　　　（電話番号　　　　　　） 　　　　派遣先：職名　　　氏名　　　　（電話番号　　　　　　）
派遣契約解除 の場合の措置	
備　考	

第1章　平成27年の派遣法の改正内容等

図表15　労働条件通知書

	年　　　月　　　日 ＿＿＿＿＿＿＿＿＿＿　殿 　　　　　　　　　　事業場名称・所在地 　　　　　　　　　　使用者職氏名
契約期間	期間の定めなし、期間の定めあり（　年　月　日〜　年　月　日） ※以下は、「契約期間」について「期間の定めあり」とした場合に記入 1　契約の更新の有無 ［自動的に更新する・更新する場合があり得る・契約の更新はしない・その他（　　　）］ 2　契約の更新は次により判断する。 　・契約期間満了時の業務量　　・勤務成績、態度　　　・能力 　・会社の経営状況　・従事している業務の進捗状況 　・その他（　　　　　　　）
就業の場所	
従事すべき業務の内容	
始業、終業の時刻、休憩時間、就業時転換（(1)〜(5)のうち該当するもの一つに○を付けること。）、所定時間外労働の有無に関する事項	1　始業・終業の時刻等 (1)　始業（　　時　　分）終業（　　時　　分） 【以下のような制度が労働者に適用される場合】 (2)　変形労働時間制等；（　）単位の変形労働時間制・交替制として、次の勤務時間の組み合わせによる。 　┌　始業（　時　分）終業（　時　分）（適用日　　　　） 　├　始業（　時　分）終業（　時　分）（適用日　　　　） 　└　始業（　時　分）終業（　時　分）（適用日　　　　） (3)　フレックスタイム制；始業及び終業の時刻は労働者の決定に委ねる。 　（ただし、フレキシブルタイム（始業）　時　分から　時　分、 　　　　　　　　　　　　　　　　（終業）　時　分から　時　分、 　　　　　　　　コアタイム　　　　　時　分から　時　分） (4)　事業場外みなし労働時間制；始業（　時　分）終業（　時　分） (5)　裁量労働制；始業（　時　分）終業（　時　分）を基本とし、労働者の決定に委ねる。 ○詳細は、就業規則第　条〜第　条、第　条〜第　条、第　条〜第　条 2　休憩時間（　　）分 3　所定時間外労働 　（　有（1週　　時間、1か月　　時間、1年　　時間），無　） 4　休日労働（　有（1か月　　日、1年　　日），無　）

185

第2部　平成27年改正労働者派遣法の実務

休　　　日 　　　及び 勤　務　日	・定例日；毎週　　曜日、国民の祝日、その他（　　　　　　　　） ・非定例日；週・月当たり　　日、その他（　　　　　　） ・1年単位の変形労働時間制の場合―年間　　日 （勤務日） 毎週（　　　　　　）、その他（　　　　　　） ○詳細は、就業規則第　条～第　条、第　条～第　条
休　　　暇	1　年次有給休暇　6か月継続勤務した場合→　　　日 　　　　継続勤務6か月以内の年次有給休暇　（有・無） 　　　　→　か月経過で　　日 　　　　時間単位年休（有・無） 2　代替休暇（有・無） 3　その他の休暇　有給（　　　　　　） 　　　　　　　　　　無給（　　　　　　） ○詳細は、就業規則第　条～第　条、第　条～第　条
賃　　　金	1　基本賃金　イ　月給（　　　　　　　　円）、ロ　日給（　　　　　　円） 　　　　　　　ハ　時間給（　　　　　　円）、 　　　　　　　ニ　出来高給（基本単価　　円、保障給　　円） 　　　　　　　ホ　その他（　　　　　　円） 　　　　　　　ヘ　就業規則に規定されている賃金等級等 　　　　　　　　　　　　　　　　　　　　　　　　　　　　　　　　　　 2　諸手当の額又は計算方法 　　イ（　　手当　　　　　円　／計算方法：　　　　　） 　　ロ（　　手当　　　　　円　／計算方法：　　　　　） 　　ハ（　　手当　　　　　円　／計算方法：　　　　　） 　　ニ（　　手当　　　　　円　／計算方法：　　　　　） 3　所定時間外、休日又は深夜労働に対して支払われる割増賃金率 　　イ　所定時間外　法定超　月60時間以内（　　）％ 　　　　　　　　　　　　　　月60時間超　（　　）％ 　　　　　　　　　　所定超（　　）％、 　　ロ　休日　法定休日（　　）％、法定外休日（　　）％、 　　ハ　深夜（　　）％ 4　賃金締切日（　　）―毎月　日、（　　）―毎月　日 5　賃金支払日（　　）―毎月　日、（　　）―毎月　日 6　賃金の支払い方法（　　　　　） 7　労使協定に基づく賃金支払時の控除（無　，　有（　　）） 8　昇給（　有（時期、金額等　　　　　　　）　，　無　） 9　賞与（　有（時期、金額等　　　　　　　）　，　無　） 10　退職金（　有（時期、金額等　　　　　　　）　，　無　）

186

第1章　平成27年の派遣法の改正内容等

退職に関する事項	1　定年制（　有（　　歳），　無　） 2　継続雇用制度（　有（　　歳まで），　無　） 3　自己都合退職の手続（退職する　　日以上前に届け出ること） 4　解雇の事由及び手続 〔　　　　　　　　　　　　　　　　　　　　　　　　　　〕 ○詳細は，就業規則第　条～第　条，第　条～第　条
その他	・社会保険の加入状況（　厚生年金　健康保険　厚生年金基金　その他（　　　）） ・雇用保険の適用（　有，　無　） ・その他〔　　　　　　　　　　　　　　　　　　　　　　　　　〕 ・具体的に適用される就業規則名（　　　　　　　　　　　） ※以下は，「契約期間」について「期間の定めあり」とした場合の説明です。 　労働契約法第18条の規定により，有期労働契約（平成25年4月1日以降に開始するもの）の契約期間が通算5年を超える場合には，労働契約の期間の末日までに労働者から申込みをすることにより，当該労働契約の期間の末日の翌日から期間の定めのない労働契約に転換されます。

※　以上のほかは，当社就業規則による。
※　短時間労働者の場合，本通知書の交付は，労働基準法第15条に基づく労働条件の明示及び短時間労働者の雇用管理の改善等に関する法律第6条に基づく文書の交付を兼ねるものであること。
※　登録型派遣労働者に対し，本通知書と就業条件明示書を同時に交付する場合，両者の記載事項のうち一致事項について，一方を省略して差し支えないこと。
※　労働条件通知書については，労使間の紛争の未然防止のため，保存しておくことをお勧めします。

なければなりません（改正法35条1項）。

ロ　派遣元事業主は，派遣先事業所に文書で通知をした後にその派遣労働者に関する健康保険被保険者の資格取得の有無について変更があったときも，遅滞なく，派遣先事業所に文書で通知しなければなりません（改正法35条2項）。

(4)　派遣元管理台帳に記載する事項の追加

　派遣元管理台帳に記載する事項に，以下の項目等が追加されました。

イ　無期雇用派遣労働者であるか，有期雇用派遣労働者であるかの別

187

第２部　平成27年改正労働者派遣法の実務

　ロ　雇用安定措置として講じた内容

　ハ　段階的、かつ、体系的な教育訓練を行った日時および内容

6　派遣元・派遣先の派遣労働者についての均衡待遇の推進措置

　標記の均衡待遇の推進措置の規定内容は、**図表16**のとおりです。

図表16　派遣元事業主・派遣先の派遣労働者の均衡待遇の推進措置

平成27年法改正前（＝旧法）からの規定	平成27年法改正による追加規定
1　派遣元事業主に対する、同種の業務に従事する派遣先の労働者との均衡を考慮しつつ、賃金決定や教育訓練、福利厚生を実施する配慮義務（現行法30条の2、30条の3） 2　派遣先に対する、同種の業務に従事する派遣先の労働者に関する情報提供等の努力義務（現行法40条3項）	3　従来の規定に加え、派遣元事業主に対する、派遣労働者の均衡待遇の確保の際に配慮した内容の説明義務 4　従来の規定に加え、派遣先に対する、同種の業務に従事する派遣先の労働者の賃金の情報提供、教育訓練、福利厚生施設の利用、正社員化に関する配慮義務（以上、改正法40条2項～5項、40条の5）

　図表16の4については、新たに、次の(1)～(4)のように定められています。

(1)　派遣先での教育訓練の実施

　派遣先は、派遣先の雇用する労働者に対して業務の遂行に密接に関連した教育訓練を実施する場合は、一定の場合を除き、派遣元事業主の求めに応じて、同じ業務に従事している派遣労働者にも実施するように配慮しなければなりません（改正法40条2項）。

(2)　派遣先での福利厚生施設の利用機会の付与

　派遣先は、受入使用している派遣労働者に対しても、派遣先の雇用する労働者が利用している一定の福利厚生施設（給食施設、休憩室、更衣室）の利用の機会を与えるように配慮しなければなりません（改正法40条4項）。

188

第1章　平成27年の派遣法の改正内容等

(3)　派遣先での賃金情報の派遣元への提供

　派遣先は、派遣元事業主の求めに応じて、派遣元事業主に対して派遣労働者と同種の業務に従事する雇用労働者の賃金についての情報提供等の適切な措置を講ずるように配慮しなければなりません（改正法40条5項）。

(4)　派遣労働者の派遣先での正社員化の推進

　　イ　派遣先は、新たに正社員の募集を行う場合は、募集を行うポストがある事業所に1年以上受入使用している派遣労働者に対して、その募集情報を周知しなければなりません。

　　ロ　派遣先は、新たに正社員の募集を行う場合は、募集を行うポストがある事業所に3年間受入使用する見込みの派遣労働者（特定有期派遣労働者）に対して、その募集情報を周知しなければなりません（以上、改正法40条の5）。

7　派遣元事業主の派遣労働者キャリアアップ措置の実施義務

　平成27年改正派遣法により、新たに次の(1)、(2)のことが規定されました。

(1)　派遣元事業主は、雇用する派遣労働者に対して、計画的な教育訓練を実施するほか、希望する派遣労働者に対してはキャリア・コンサルティングを実施しなければなりません。

　特に、無期雇用の派遣労働者に対しては、長期的なキャリア形成を視野に入れて、これらを実施しなければなりません（改正法30条の2第1項）。

　上述の教育訓練は、労働時間内に賃金を支給しながら、無償で実施しなければなりません。訓練時間については、例えば、フルタイム（週40時間）で1年以上雇用見込みのある派遣労働者で、年間8時間以上が義務づけられています。訓練方法は、次のいずれも認められます。

　　イ　OFF・J・T（オフ・ジェー・テー：オフ・ザ・ジョブ・

189

第2部　平成27年改正労働者派遣法の実務

　　　トレーニング：就業を離れての学科・実技の教育訓練）

　　ロ　Ｏ・Ｊ・Ｔ（オー・ジェー・テー：オン・ザ・ジョブ・ト
　　　レーニング：計画的な就業をしながらの教育訓練）

⑵　労働者派遣事業の許可要件にも「キャリア支援制度を有するこ
　と」が追加されています。

8　平成27年改正派遣法の施行期日

　平成27年9月11日に成立した改正派遣法は、平成27年9月30日から
施行されました。

9　平成27年派遣法改正に伴う経過措置

⑴　特定労働者派遣事業に関する経過措置

　平成27年改正派遣法では、「平成27年9月30日時点で、現に特定労
働者派遣事業を行っているものは、平成30年9月29日までの間は、引
き続きその事業を行うことができる」という経過措置が設けられてい
ます（改正派遣法附則6条）。

⑵　派遣労働者個人単位の派遣期間制限に関する経過措置

　また、「派遣労働者個人単位の派遣期間3年の制限」は、平成27年
9月30日以後に締結・更新される労働者派遣契約にもとづき行われる
労働者派遣について適用されると規定されています（改正法附則7
条）。

　その場合は、平成27年9月29日までに、労働者派遣契約が締結・更
新されている場合には、その契約にもとづいて派遣される有期雇用派
遣労働者については、「派遣労働者個人単位3年の制限」は受けない
こととなります。

　つまり、旧法にもとづく規制を受けることになります。

　例えば、「製造業その他の業務」については、派遣可能期間は、原
則1年、特例3年までです。

　また、「28の専門的業務」については、派遣可能期間の制限はあり
ません。

190

第1章　平成27年の派遣法の改正内容等

(3)　派遣先事業所単位の派遣期間制限についての経過措置

　派遣先事業所単位の規制（3年ごとの過半数代表者からの意見聴取）は、平成27年9月30日以後に締結・更新される労働者派遣契約にもとづき行われる労働者派遣・受入使用についてのみ適用されます（改正法附則9条）。

　他方、平成27年9月29日までに締結・更新された労働者派遣契約にもとづき行われる労働者派遣・受入使用については、旧法（平成27年改正前の派遣法）の定めているところにより規制されます。

10　その他

(1)　日雇派遣の原則禁止と例外取扱いの継続

　平成24年改正法で設けられた「日雇労働者（日々または30日以内の雇用期間の者）の労働者派遣・受入使用の原則禁止」については、平成27年改正法では改正項目とはなっていません。

　したがって、平成27年改正法が施行された後も、日々または30日以内の期間を定めて雇用された労働者を労働者派遣・受入使用することは、原則として、禁止されることとなります。

　なお、「日雇労働者（日々または30日以内の雇用期間の者）の労働者派遣の原則禁止」の例外である、いわゆる18業務については、引き続き存続されることとなります（これらの具体的内容については、203頁(1)を参照のこと）。

(2)　港湾運送・建設・警備その他の労働者派遣・受入使用禁止業務の取扱いの継続

　平成27年改正法が施行されても、これらの業務への労働者派遣とその受入れ使用は、従来どおり、禁止されます。

191

第2部　平成27年改正労働者派遣法の実務

5　労働契約申込みみなし制度
—平成24年改正派遣法により新設され、平成27年10月1日に施行—

1　制度のあらまし

　労働契約申込みみなし制度とは、派遣禁止業務への受入使用、派遣可能期間（3年）を超えての受入使用、いわゆる偽装請負など違法な派遣労働者の受入使用労働者派遣が行われている場合に、派遣労働者の希望を踏まえながら、その雇用の安定が図られるように設けられた制度です。

　この制度は、①派遣労働の役務の提供を受ける者（派遣先等）が、②一定の違法派遣について、違法であることを知りながら派遣労働者を受入使用している場合には、③違法な状態が発生した時点において、④派遣先等が派遣労働者に対して、⑤その派遣労働者の派遣元事業主における労働条件と同一の労働条件を内容とする労働契約を申し込んだもの、とみなして取り扱われるものです（**図表17〜19**）。

　ここでいう「違法派遣」とは、派遣先等が行う**図表18**の行為のことです。

図表17　労働契約申込みみなし制度の対象となる派遣先等の「違法行為」

①　労働者派遣禁止業務（202頁**図表4**）への派遣労働者の受入使用
②　無許可・無届の派遣元からの派遣労働者の受入使用
③　派遣労働者個人単位、または派遣先事業所単位の派遣可能期間（3年）を超えての派遣労働者の受入使用
④　いわゆる偽装請負等（派遣法または労基法、安衛法、均等法等の規定による義務を免れることを目的として、労働者派遣契約を締結せずに派遣労働者を受入使用すること）の場合216頁以降⑥⑦参照)

　労働契約の申込みをしたものとみなされた派遣先等は、その労働契約の申込みにかかる違法行為が終了した日から1年を経過する日まで

192

第1章　平成27年の派遣法の改正内容等

の間は、申込みを撤回することができません。ただし、労働契約の申込みをしたものとみなされた派遣先等が、その申込みに対して上記の期間内に派遣労働者から承諾する旨、または承諾しない旨の意思表示を受けなかったときは、その申込みは効力を失います。

「申し込まれたもの」とみなされた労働契約についての労働者派遣をする事業主（派遣元等）は、派遣先等から求めがあった場合には、速やかに労働契約の申込みをしたものとみなされた時点における派遣労働者についての労働条件の内容を派遣先等に通知しなければなりません。

2　経過措置

平成27年改正法の施行日（9月30日）時点ですでに行われている労働者派遣・受入使用については、改正前の期間制限が適用され、制限を超えて派遣労働者を使用しようとするときは、改正前の法律の労働契約申込み義務の対象となります。この労働契約申込みみなし制度の対象とはなりません。

3　労働者派遣の役務の提供を受ける者（派遣先等）とは

これには、派遣先等が、適法に労働者派遣を業とする者から派遣労働者の提供を受けたか否かに関係なく、次のすべての者が含まれます。

① 　派遣先……適法に労働者派遣を業とする者から労働者派遣を受ける者

② 　労働者派遣の役務の提供を受ける者であって、派遣先以外の者……労働者派遣を業としない者から労働者派遣を受ける者、違法に労働者派遣を業とする者から労働者派遣を受ける者

4　派遣先等が違法派遣であることを知らなかったときの取扱いは

労働者派遣の役務の提供を受ける者（派遣先等）が、その行為が違法派遣であることを知らず、かつ、知らないことにつき過失がなかったときは、このみなし制度は適用されません。つまり、違法派遣が行

193

第2部　平成27年改正労働者派遣法の実務

われたとしても、派遣先等が派遣労働者に対して労働契約の申込みをしたものとはみなされません。

5　いわゆる偽装請負等の場合とは

これは、派遣先等が派遣法または労基法、安衛法、均等法等の義務を免れることを目的として、請負その他労働者派遣以外の名目で契約を結び、法定の労働者派遣契約に定めなければならない事項を定めずに、派遣労働者を受入使用することをいいます。これには、その実態によっては、例えば、業務処理請負、アウトソーシング、業務委託、委任、職業紹介、応援派遣、出向等が、該当します。

偽装請負等については、216頁以降参照のこと。

6　「労働契約申込みみなし」についての勧告等とは

厚生労働大臣（都道府県労働局長に権限を委任）は、労働契約の申込みをしたとみなされた派遣先等、または派遣労働者からの求めに応じて、その行為が違法派遣に該当するか否かについて必要な助言をすることができます。

また、厚生労働大臣（都道府県労働局長）は、申し込まれたものとみなされた労働契約についての派遣労働者がその申込みを承諾した場合に、その労働契約の申込みをしたものとみなされた派遣先等がその派遣労働者を就業させないときは、派遣先等に対し、その派遣労働者の就業に関し必要な助言、指導または勧告をすることができます。

さらに、厚生労働大臣（都道府県労働局長）は、その派遣労働者を就業させるべきことの勧告をした場合に、その勧告を受けた派遣先等がこれに従わなかったときは、その会社名、違反内容等を公表することができます。

194

第 1 章　平成27年の派遣法の改正内容等

図表18　労働契約申込みみなし制度の流れ

1　派遣先等が、次のいずれかに該当する違法な受入使用を行った（派遣先等が違法派遣を知っている場合） 　　①禁止業務への派遣労働者の受入使用 　　②無許可・無届の派遣労働者の受入使用 　　③派遣可能期間（個人単位及び派遣先事業所単位）を超える派遣労働者の受入使用 　　④偽装請負等

2　違法行為日をもって「労働契約の申込みのみなし効果」発生（労働契約成立）（労働条件は、従来の派遣元での条件と同じ） 　　①労働派遣先等は、1年間、申込みの撤回はできない 　　②1年間経過後は、申込みの効果はなくなる

3　派遣労働者の派遣元に対する受諾の意思表示

4　派遣労働者の実効確保手段（派遣先が労働契約の成立を認めない場合） 　　①行政機関（都道府県労働局）に対して、派遣先等への勧告を求める 　　②地位確認の民事訴訟を提起する（派遣先等に雇用される労働者であることについて）

5　厚生労働大臣（都道府県労働局長に権限委任）の派遣先等への勧告

⬇勧告に従わない場合

6　厚生労働大臣（都道府県労働局長に権限委任）による派遣先等（氏名、違反内容）の公表

図表19　労働契約申込みみなし制度のしくみ

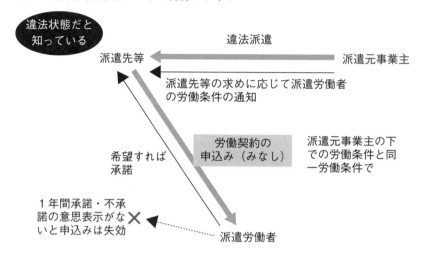

図表20　労働契約申込みみなし制度の効果

6　問い合わせ行政機関

　労働者派遣法、業務処理請負事業等については、各都道府県労働局の需給調整事業課・室等に問い合わせてください。電話番号は、**図表21**のとおりです。

第1章　平成27年の派遣法の改正内容等

図表21　【問い合わせ先】　都道府県労働局

労働局名	課　室　名	電話番号	労働局名	課　室　名	電話番号
北海道	需給調整事業課	011-738-1015	三　重	需給調整事業室	059-226-2165
青　森	需給調整事業室	017-721-2000	滋　賀	需給調整事業室	077-526-8617
岩　手	需給調整事業室	019-604-3004	京　都	需給調整事業課	075-241-3225
宮　城	需給調整事業課	022-292-6071	大　阪	需給調整事業第一課	06-4790-6303
秋　田	需給調整事業室	018-883-0007	兵　庫	需給調整事業課	078-367-0831
山　形	需給調整事業室	023-626-6109	奈　良	需給調整事業室	0742-32-0208
福　島	需給調整事業室	024-529-5746	和歌山	需給調整事業室	073-488-1160
茨　城	需給調整事業室	029-224-6239	鳥　取	職業安定課	0857-29-1707
栃　木	需給調整事業室	028-610-3556	島　根	職業安定課	0852-20-7017
群　馬	需給調整事業室	027-210-5105	岡　山	需給調整事業室	086-801-5110
埼　玉	需給調整事業課	048-600-6211	広　島	需給調整事業課	082-511-1066
千　葉	需給調整事業課	043-221-5500	山　口	需給調整事業室	083-995-0385
東　京	需給調整事業第一課	03-3452-1472	徳　島	需給調整事業室	088-611-5386
	需給調整事業第二課	03-3452-1474	香　川	需給調整事業室	087-806-0010
神奈川	需給調整事業課	045-650-2810	愛　媛	需給調整事業室	089-943-5833
新　潟	需給調整事業室	025-288-3510	髙　知	職業安定課	088-885-6051
富　山	需給調整事業室	076-432-2718	福　岡	需給調整事業課	092-434-9711
石　川	需給調整事業室	076-265-4435	佐　賀	需給調整事業室	0952-32-7219
福　井	需給調整事業室	0776-26-8617	長　崎	需給調整事業室	095-801-0045
山　梨	需給調整事業室	055-225-2862	熊　本	需給調整事業室	096-211-1731
長　野	需給調整事業室	026-226-0864	大　分	需給調整事業室	097-535-2095
岐　阜	需給調整事業室	058-245-1312	宮　崎	需給調整事業室	0985-38-8823
静　岡	需給調整事業課	054-271-9980	鹿児島	需給調整事業室	099-219-8711
愛　知	需給調整事業第一課	052-219-5587	沖　縄	職業安定課	098-868-1655

第2章

従来からの労働者派遣法

　ここでは、平成27年に改正された内容以外の労働者派遣法の内容について説明します。

　これらのうち平成27年法改正に伴い廃止された部分を除けば、平成27年法改正後も引き続き有効です。

① 従来からの労働者派遣法のしくみ

ポイントは

> ① 　一般の労働者の場合は、その雇用主である会社と日々指揮命令を受けて働く会社とが同じです。しかし、派遣労働者の場合は、これらが派遣元会社と派遣先会社との2つに分かれているのが特色です。
>
> ② 　従来からの労働者派遣法は、平成24年に改正され、原則として、平成24年10月1日から施行されています。ただし、労働契約申込みみなし制度規定の適用は、平成27年10月1日からです。

1　従来からの労働者派遣法（平成24年改正後〜平成27年法改正まで）の体系は

　平成24年法改正後、平成27年法改正（27年9月30日施行）までの間の労働者派遣法の体系は**図表1**のようになっていました。同図表中にアンダーラインがあるのは平成24年法改正で新設され、または変更さ

199

第2部　平成27年改正労働者派遣法の実務

れた事項です。

図表1　従来の労働者派遣法の体系（平成24年改正法施行日：平成24年10月1日）

事業の規制と適正化

- 適用対象業務の限定
  - 一般労働者派遣事業（登録型）―――　許可
  - 特定労働者派遣事業（常時雇用型）―　届出受理
- 事業の適正化の措置
  - 労働者派遣事業の業務内容についての情報公開義務
  - グループ企業内派遣の8割規制　　　・個人情報の取扱いルール
  - 秘密を守る義務　　・事業の改善命令・停止命令・許可の取消等
  - 標準派遣料金を記載した事業報告書の提出　　　・海外派遣をする際の届出　　・争議行為中の事業所への新たな労働者派遣の禁止

労働者保護のためのルール

- 不安定雇用の原則禁止
  - 日雇労働者（日々または30日以内の者）の労働者派遣の原則禁止
- 労働者派遣契約についての規制
  - 契約事項の追加（契約解除の際の雇用確保等の措置、紹介予定派遣に関すること）
  - 派遣期間の制限　　・海外派遣契約についての規制　　　・労働者派遣契約の解除制限
- 派遣元事業主の義務
  - 労働者派遣事業の業務内容についての情報公開義務
  - 派遣労働者に対する派遣料金額の明示義務
  - 派遣先離職者の、1年以内の派遣先への派遣禁止
  - 派遣労働者の派遣先労働者との均衡を考慮した待遇の確保
  - 有期雇用派遣労働者の雇用の安定等
  - 派遣労働者等の福祉の増進
  - 派遣労働者に対する派遣先における就業条件の明示義務
  - 派遣労働者であることの明示、同意
  - 派遣労働者の就業機会、教育訓練機会の確保
  - 派遣元責任者の選任、派遣元管理台帳の整備
- 派遣先の義務
  - 労働契約申し込みみなし制度の創設（平成27年10月1日施行）
  - 自社を離職した労働者の、1年以内の派遣受け入れの禁止
  - 労働者派遣契約に定められた就業条件の遵守
  - 派遣元事業主との連携の下での迅速な苦情処理
  - 派遣受入期間の制限
  - 派遣労働者に対する労働契約の申込義務
  - 派遣先責任者の選任、派遣先管理台帳の整備
- 労働基準法、労働安全衛生法、じん肺法、作業環境測定法、男女雇用機会均等法の適用の特例（一部規定の派遣先等への適用等）

法違反に対する罰則

2 労働者派遣とは

「労働者派遣」というのは、A人材派遣会社（派遣元）が、C雇用している派遣労働者を、B派遣労働者の受入れ使用会社（派遣先）に派遣し、Bの指揮命令を受けて働かせること、をいいます（**図表2**）。

労働者派遣を業として行うものを「労働者派遣事業（人材派遣会社）」といいます。

図表2　労働者派遣・受入れ使用のしくみ

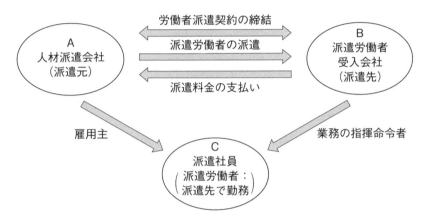

3 派遣労働者とは

C派遣労働者（派遣社員）とは、A人材派遣会社（派遣元）に雇い入れられ、B派遣先会社に派遣され、Bの指揮命令を受けて、Bで働く労働者のことをいいます。

C派遣労働者の雇用主は、Aの人材派遣会社であり、Aが賃金を支払い、社会・労働保険の加入手続きをします。

派遣労働者には、**図表3**のように常時雇用型と登録型の二種類があります。全体のうち登録型が大多数です。

第2部　平成27年改正労働者派遣法の実務

図表3　派遣労働者の種類

常時雇用型	派遣元と継続的な雇用関係にある。派遣先から派遣契約を解除されても派遣元との雇用関係は継続する。
登録型 （スタッフ）	派遣元に氏名や希望の職種などを登録しておき、希望と合う業務があるときだけ派遣元と労働契約を結び、派遣先で働く。派遣先が契約解除すると、派還元との労働契約を打ち切られる。

4　労働者派遣ができない業務

　平成24年改正派遣法が平成24年10月1日に施行されています。この改正によって、**図表4**に示した業務については、派遣労働者の派遣とその受入使用ができなくなりました。

図表4　平成24年改正派遣法の施行により労働者派遣・受入使用ができなくなった業務等

1　業務内容	2　禁止期日
①日雇労働者の派遣 　日々または30日以内の期間を定めて雇用される労働者についての労働者派遣と受入使用は、原則的に禁止。ただし、28の専門的業務のうち、もともと日雇労働者派遣が常態であり、かつ、労働者の保護に問題のない業務等については、日雇労働者派遣は認められる。具体的には**図表6**のとおり	平成24年10月1日から
②港湾運送・建設・警備の業務への派遣	平成24年派遣法改正前から禁止
③医療関連業務（病院・診療所等での医師・歯科医師・薬剤師の医療行為の業務、看護師・准看護師・助産師・保健師・歯科衛生士・管理栄養士などの診療補助業務）への派遣	
④派遣先会社の団体交渉、または労働基準法に規定する労使協定等の締結のためにする労使協議の際に、使用者側の直接当事者として行う業務への派遣	
⑤弁護士、外国法事務弁護士、司法書士、土地家屋調査士、公認会計士、税理士、弁理士、社会保険労務士、行政書士の業務、建築士事務所の管理建築士の業務への派遣	

第2章　従来からの労働者派遣法

5　派遣可能業務と派遣可能期間

　平成24年改正派遣法の施行（平成24年10月1日）後、派遣労働者の派遣・受入使用ができる業務と派遣・受入れできる期間は、**図表5**のようになりました。

図表5　派遣労働者の派遣・受入可能業務と派遣可能期間

業務の種類	派遣・受入使用ができる期間
①いわゆる「28の専門的業務」	業務によっては、日雇労働者の派遣は禁止（**図表6**に記載）
②産前産後休業・育児休業・介護休業の代替要員の業務	休業期間内は制限なし
③日数限定業務への派遣	
④紹介予定派遣	6カ月以内
⑤「3年以内の有期プロジェクト業務」への派遣	プロジェクト期間内は制限なし
⑥その他（①～⑤以外）の業務への派遣	原則1年間、特例3年間まで

(1)　28の専門的業務とは

　いわゆる「28の専門的業務」というのは、**図表6**に示す業務のことです。ちなみに、当初は「26業務」でしたが、その後、対象業務の追加、2分割により、現在は「28業務」になっています。

　これらの業務については、派遣可能期間の制限はありませんでした。

　しかし、平成24年派遣法改正により、同図表中の「×」のついた業務については、日々または30日以内の期間を定めて雇用される日雇労働者の労働者派遣・受入使用が禁止されました。この規定は、常時雇用派遣労働者と登録型派遣労働者の両方に適用されます。

(2)　紹介予定派遣とは

　図表5④の「紹介予定派遣」とは、人材派遣会社（派遣元事業主）

203

第２部　平成27年改正労働者派遣法の実務

図表６　28の専門的業務のうち日雇労働者の労働者派遣・受入使用が認められる
　　　　もの、認められないもの

業務名	日雇労働者派遣が認められるか？
1　ソフトウェア開発（コンピュータのシステム、プログラムの設計、保守）	○
2　機械装置・器具の設計（建築・土木の設計・製図は除く）	○
3　事務用機器等操作	○
4　通訳、翻訳、速記	○
5　秘書	○
6　ファイリング（文書等の整理、保管）	○
7　市場調査（信用調査は除く）	○
8　財務処理	○
9　取引文書作成	○
10　デモンストレーション（商品の説明、実演）	○
11　添乗	○
12　建築物・博覧会場の案内・受付	○
13　研究開発	○
14　事業の実施体制の企画・立案（人事労務管理は除く）	○
15　書籍・雑誌等の制作・編集	○
16　広告デザイン	○
17　OAインストラクション（事務用機器、コンピュータの使用方法の指導等）	○
18　セールスエンジニアの営業（技術を要する商品のセールス）、金融商品の営業	○
19　放送機器等操作	×
20　放送番組等演出	×
21　建築物清掃	×
22　建築設備の運転・点検・整備（21の業務を除く）	×
23　駐車場管理の業務	×
24　インテリアコーディネーター	×
25　アナウンサー	×
26　テレマーケティングの営業（電話等による商品販売、相談）	×
27　放送番組等についての大道具、小道具の取扱い	×
28　水道、下水道等の施設設備の運転・点検・整備	×

注：○印は日雇労働者の労働者派遣と受入使用が認められるもの、×印は認められないもの

204

が雇用した派遣労働者を、最長6カ月間の範囲内で派遣先に派遣し、派遣就業の中途または終了したあとに、派遣元事業主が派遣先にその派遣労働者を、直接雇い入れるように職業紹介することを予定して行う労働者派遣のことをいいます（**図表7**）。

派遣労働者が実際に派遣先で勤務し、派遣先が使用してみて、両者の希望が一致すれば、派遣先は、その派遣労働者を直接雇用します。

図表7　紹介予定派遣の流れ

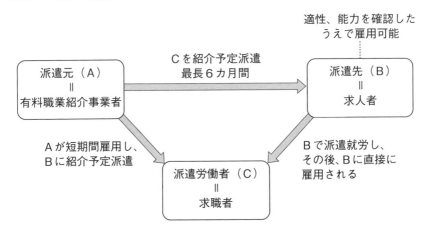

6　再雇用派遣社員制度とは

(1)　再雇用派遣社員制度とそのメリットは

再雇用派遣社員制度とは、**図表8**のように、親会社（A社）を60歳で定年退職した従業員を、子会社（B社：人材派遣会社）で派遣労働者として雇い入れ、B社からA社等のグループ会社、または他社に労働者派遣するものです。B社において、再雇用派遣社員を65歳まで継続雇用します。

B社が再雇用する形態は、正社員、常用労働者、契約社員（期間雇用者）、パートタイマーなどいずれの形であっても「常時雇用」されている常態であれば、改正高年齢者雇用安定法で適法な雇用制度とし

第2部　平成27年改正労働者派遣法の実務

て認められます。

　労働者派遣事業を行う子会社の設立は、各都道府県労働局への許可申請によって行います。

　高年齢者を親会社が直接雇用するよりも、設立した子会社（人材派遣会社）に再雇用させて、そこから親会社に必要期間のみ派遣してもらい、派遣社員として受け入れて使用するほうが、親会社の人件費を節約できます。また、親会社が人事労務管理に費やす労力も省くことができます。

(2)　特定企業のみへの派遣事業が認められる場合は

　特定の者（企業等）にのみ派遣労働者を派遣することを目的とする一般労働者派遣事業は、原則として、認められていません。事業の許可基準を満たさないからです。ただし、「雇用機会の確保がとくに困難であると認められる労働者の雇用の継続等を図るために必要であると認められる場合」には、特例として認められます（派遣法7条1項1号）。

　この特例に該当するのは、「派遣元事業主（B社）が雇用する派遣労働者のうち10分の3以上の者が、他の会社を60歳以上の定年により退職した後に雇い入れられた者である場合」のみです。

　そのしくみは**図表8**のとおりです。まず、親会社（A）が子会社として人材派遣会社（B）を設立します。人材派遣会社（B）は、A社の60歳定年退職者を、他社に労働者派遣するための労働者（C）として雇い入れます。そして、B社は、派遣労働者（C）を親会社（A）に派遣し、親会社（A）が受入使用します。

206

図表8　特定企業への派遣事業が認められる場合

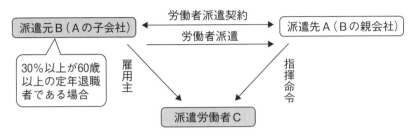

(3) 関係派遣先の範囲は

特定企業への労働者派遣事業が認められる場合の「関係派遣先の範囲」は、連結決算導入の有無によって、次の2つの方法で判断されます。

① 派遣元事業主が連結子会社である場合

　　→その派遣元事業主の親会社および親会社の連結子会社

連結決算を導入している場合は、各会社の親子関係は連結決算の範囲によって判断されます。

② 派遣元事業主が連結子会社でない場合

　　→その派遣元事業主の親会社

連結決算を導入していない場合は、各会社の親子関係は親会社の有している議決権や資本金、事業の支配力などから判断されます。

(4) グループ企業内派遣の8割規制とは

派遣元事業主が、関係派遣先へ労働者派遣をするときは、次の割合が80％以下になるようにしなければなりません。

$$\frac{派遣労働者の関係派遣先での派遣就業の総労働時間 - 定年退職者の関係派遣先での派遣就業の総労働時間}{雇用する派遣労働者のすべての派遣就業の総労働時間}$$

第2部　平成27年改正労働者派遣法の実務

　また、派遣元事業主は、上記の算式で計算した関係派遣先への労働者派遣の割合について、毎年度、厚生労働大臣（都道府県労働局長に権限委任）に報告しなければなりません。

　違反した派遣元事業主に対しては、都道府県労働局長から指導や勧告等必要な措置がとられることになります。

7　派遣先会社のメリット・デメリットは

　派遣先会社が派遣労働者を受入使用するメリット、デメリットは、**図表9**のとおりです。

図表9　派遣先会社としての派遣社員利用のメリット・デメリット

メリット	デメリット
●募集・採用の手間と費用をかけることなく、ただちに人材を確保できる ●多忙な期間のみ集中して活用できる ●賞与、退職金、福利厚生費等が不要 ●社会・労働保険料の負担がなく人件費の計算が楽 ●雇用調整その他労務管理面の負担が少ない ●外部発注（請負、委託）と違い、十分に目が届く ●広範囲の業務に活用できる ●高度で専門的な分野に強い人材を必要に応じて活用できる ●後日、自社社員として直接雇用も可能	●使用できない分野もある （→202頁**図表4**） ●専門的業務の場合、時間あたりの派遣料金が高い ●派遣にばかり頼ると自社内の人材が育たない ●派遣先会社は派遣される労働者を面接、選考、指名できない（紹介予定派遣→203頁を除く） ●業務によっては受入期間の制限がある（203頁**図表5**）

第2章　従来からの労働者派遣法

> **CHECK!**
>
> 派遣先会社の要チェック項目
> □派遣元は許可または届出をしていない違法な人材派遣会社
> 　ではないか
> □受け入れた派遣労働者を、派遣対象業務以外の業務に就かせ
> 　ていないか
> □派遣契約書に定められたことを守っているか
> **⇒違法な派遣労働を受け入れれば、派遣元と派遣先の双方が、**
> 　**行政処分や刑罰を受ける。**

② 派遣元事業主と派遣先事業主の労働法上の義務と責任

ポイントは

　派遣元事業主と派遣先事業主は、それぞれ次の立場から労働法
上の義務・責任を負います。

A　派遣元事業主　→　派遣社員の雇用主
B　派遣先事業主　→　派遣社員の日々の業務の指揮命令者
　　　　　　　　　　　派遣社員が就労する施設設備の提供・管
　　　　　　　　　　　理者

1　派遣元事業主には雇用主責任

　当然のことですが、派遣社員にも、労働者を保護する各種の労働法
令が適用されます。人材派遣会社（派遣元）は、派遣社員の雇用主と
して、労働基準法、最低賃金法その他の労働法令を守る義務と責任が
あります。

　社会・労働保険の加入、所定労働時間や変形労働時間制の就業規則

209

第2部　平成27年改正労働者派遣法の実務

の定め、労使協定等の手続き、時間外・休日労働協定の締結、届出等、労働時間の枠組みをつくるのは派遣元の責任です（**図表10・**A欄）。

2　派遣先事業主には就業現場指揮命令者としての責任

　一方、派遣社員が実際に勤務するのは派遣先会社です。派遣先は、派遣契約に定める就業条件の枠内で、働かせなければなりません。そのうえで、労働時間の管理や休憩、休日等、労働災害防止措置、労働者の具体的な就業に関する決まりの遵守については、派遣先が義務と責任を負います。

　また、派遣社員の就労する施設設備の管理、安全衛生の確保の責任は、派遣先にあります。

　労働者の健康と安全を守るための配慮義務（労契法5条）についても、就労の場となる派遣先が責任をもって行うのが原則です（**図表10・**B欄）。

第2章　従来からの労働者派遣法

図表10　派遣元事業主と派遣先事業主の労働法上の主な義務・責任

	A 派遣元	B 派遣先
①労基法、最賃法等（労基署が担当）	・派遣社員に対する派遣先の就業条件の明示、労働契約締結、退職・解雇 ・社会・労働保険の加入、労働災害時の補償 ・賃金の支払い ・時間外・休日労働、変形労働時間制等の労使協定締結・届出 ・年次有給休暇の付与 ・就業規則・労働者名簿・賃金台帳の作成・届出	・労働時間、休憩時間、休日等（年休を除く）の管理 ・労働災害補償を実質負担 ・年少者、妊産婦等の就業制限 ・育児時間の確保
②安衛法（同上）	・雇い入れ時の安全衛生教育、一般健康診断（雇い入れ時、定期）等の実施 ・労働者死傷病報告の提出義務	・労働災害防止措置全般 ・危険有害業務の安全衛生教育 ・特殊健診（X線作業等）の実施 ・労働者死傷病報告の提出義務 ・安全配慮義務
③均等法（都道府県労働局雇用均等室が担当）	・男女差別の禁止 ・セクハラ行為の防止措置義務	同左
④派遣法（都道府県労働局需給調整事業課が担当）	・派遣元責任者の選任 ・派遣元管理台帳の作成（派遣社員の就業場所、日時等の所定事項を記載し、3年間保存）	・派遣先責任者の選任 ・派遣先管理台帳の作成（派遣社員の就業場所や日時等の事項を記載し、派遣元に連絡）

第2部　平成27年改正労働者派遣法の実務

③　平成24年改正派遣法①労働者派遣法の改正内容

　平成24年改正労働者派遣法が、同年10月1日から施行されています（ただし、労働契約申込みみなし制度は、平成27年10月1日から施行）。主な改正内容は、**図表11**のとおりです。

図表11　平成24年改正派遣法の主な改正内容

①法律の名称・目的の変更
②日雇労働者(日々または30日以内の雇用)の労働者派遣・受入使用の原則禁止
③「労働契約申し込みみなし制度」の創設（平成27年10月1日施行）、192頁に記載)
④派遣労働者の派遣先雇用労働者との均衡を考慮した待遇の確保
⑤派遣元の労働者派遣事業の業務内容についての情報公開義務
⑥派遣元の労働者派遣料金額の派遣労働者に対する明示義務
⑦派遣元のグループ企業内派遣の8割規制
⑧派遣元が、派遣先等の離職者を、1年以内に、派遣先等に派遣労働者として派遣することの禁止
⑨派遣元の労働者派遣事業の許可・開始の欠格事由の追加

　これらのうち**図表11**の①については、法律の正式名称および目的規定のなかに「派遣労働者の保護」が明記されました。改正労働者派遣法の正式名称は「労働者派遣事業の適正な運営の確保及び<u>派遣労働者の保護等</u>に関する法律」となりました。

　また、**図表11**の「②日雇労働者派遣の禁止」については、次のいずれかに該当する場合は、例外として、日雇労働者の労働者派遣・受入使用が認められています。

・高齢者……日雇労働者が60歳以上である場合
・昼間学生（雇用保険法の適用を受けない学生）……日雇労働者が学校教育法の学校（専修学校・各種学校を含む）の学生または生徒（定時制の課程に在学する者等を除く）である場合
・副業として従事する者……その日雇労働者の主な収入（生業収入）

212

の額が500万円以上である場合

・主たる生計者でない者……その日雇労働者が生計を一にする配偶者等の収入により生計を維持する者であって、世帯収入の額が500万円以上である場合

4 平成24年改正派遣法②派遣元事業主に義務づけられたこと

平成24年改正派遣法では、派遣元事業主に対して**図表12**のことを新たに義務づけています。

図表12　平成24年改正派遣法で定められた派遣元事業主に対する義務

①労働者派遣事業の業務内容についての情報公開義務
②派遣料金額の派遣労働者に対する明示義務
③派遣元事業主から派遣先への文書通知事項の追加
④派遣労働者の派遣先雇用労働者との均衡を考慮した待遇の確保
⑤有期雇用派遣労働者等の雇用の安定等
⑥派遣労働者に対する待遇の説明義務
⑦派遣元が、派遣先等の離職者を、1年以内に、派遣先等に派遣労働者として派遣することの禁止
⑧派遣労働者等の福祉の増進

1 業務内容についての情報公開義務（図表12の①）とは

派遣元事業主は、事業所ごとに、次の事項について、事業所への書類の備え付け、事業所のホームページへの掲載、FAXなどの方法により情報を公開しなければなりません。

① 派遣労働者の数
② 労働者派遣の役務の提供を受けた者（派遣先等）の数
③ マージン率
④ 派遣労働者の教育訓練に関する事項
⑤ 派遣料金の平均額
⑥ 派遣労働者の賃金の平均額

213

第2部　平成27年改正労働者派遣法の実務

⑦　その他、労働者派遣事業の参考となると認められる事項

2　派遣料金額の派遣労働者に対する明示義務（図表12の②）とは

派遣元事業主は、

①　労働者を派遣労働者として雇い入れようとするときは、その労働者に対して、また、

②　労働者派遣をしようとするとき、および労働者派遣料金額を変更するときは、その労働者派遣の派遣労働者に対して、

書面の交付、FAXまたは電子メールにより、その労働者の次のいずれかの労働者派遣料金額を明示しなければなりません。

・その労働者の派遣料金額

・その労働者の所属する事業所における派遣料金額の平均額

3　派遣元事業主から派遣先への文書通知事項の追加（図表12の③）とは

法改正前も、派遣元事業主は、労働者派遣をするときは、あらかじめ、その派遣労働者の氏名、年齢、性別および派遣期間、具体的な就業条件等を派遣先に対して、原則として、書面で通知しなければならないことになっていました。法改正により、通知義務事項に次の2項目が追加されました。

①　その派遣労働者が、期間を定めないで雇用する労働者（正社員などの無期契約労働者）か否かの別

②　上記①のことを派遣先に通知した後に変更があったときは、その変更の内容

4　派遣労働者の派遣先雇用労働者との均衡を考慮した待遇の確保（図表12の④）とは

派遣元事業主は、派遣労働者の従事する業務と同種の業務に従事する派遣先等の雇用労働者の賃金水準との均衡（バランス）を考慮しつつ、派遣労働者の従事する業務と同種の業務に従事する一般の労働者

214

第2章　従来からの労働者派遣法

の賃金水準、または派遣労働者の職務の内容、職務の成果、意欲、能力、もしくは経験等を勘案し、派遣労働者の賃金を決定するように配慮しなければなりません。

　また派遣元事業主は、派遣労働者の従事する業務と同種の業務に従事する派遣先の雇用労働者との均衡を考慮しつつ、派遣労働者について、教育訓練、福利厚生の実施その他派遣労働者の円滑な派遣就業の確保のために必要な措置を講ずるように配慮しなければなりません。

5　有期雇用派遣労働者等の雇用の安定等（図表12の⑤）とは

　派遣元事業主は、期間を定めて雇用する派遣労働者、または派遣労働者として期間を定めて雇用しようとする労働者（相当期間にわたり期間を定めて雇用する派遣労働者であった者その他期間を定めないで雇用される労働者への転換を推進することが適当である者として省令で定める者に限る。「有期雇用派遣労働者等」という。）の希望に応じ、次のいずれかの措置を講ずるように努めなければなりません。

　①　期間を定めないで雇用する派遣労働者（無期雇用派遣労働者）として就業させることができるように就業の機会を確保し、または派遣労働者以外の労働者として期間を定めないで雇用することができるように雇用の機会を確保するとともに、これらの機会を有期雇用派遣労働者等に提供すること

　②　派遣元事業主が職業紹介を行うことができる場合にあっては、有期雇用派遣労働者等を紹介予定派遣の対象とし、または紹介予定派遣の派遣労働者として雇い入れること

　③　上記①②のほか、有期雇用派遣労働者等を対象とした期間を定めないで雇用される労働者への転換のための教育訓練その他の期間を定めないで雇用される労働者への転換を推進するための措置を講ずること

6　派遣労働者に対する待遇の説明義務（図表12の⑥）とは

　派遣元事業主は、派遣労働者として雇用しようとする労働者に対し

第2部　平成27年改正労働者派遣法の実務

て、書面の交付、FAXまたはインターネットなどにより、次の事項
を説明しなければなりません。

① 　賃金額の見込み

② 　その他の待遇に関する事項

③ 　事業運営に関する事項

④ 　労働者派遣に関する事業の概要

7　派遣元が、派遣先等の離職者を、1年以内に、派遣先等に派遣労働者として派遣することの禁止（図表12の⑦）とは

派遣先等は、派遣労働者が自社を離職した者であるときは、その離
職の日から起算して1年を経過する日までの間は、その労働者を派遣
労働者として受入使用してはなりません。

派遣元事業主も、そのような労働者派遣を行ってはなりません。

ただし、雇用の機会の確保が特に困難であると認められる労働者の
雇用の継続等を図るために必要であると認められる場合と、60歳以上
の定年退職者については、例外として、この規制は受けないこととさ
れています。

6　請負・委託事業と労働者派遣事業との違い

─ポ-イ-ン-ト-は─

① 　構内請負事業（注文会社の建物敷地内に請負会社の事業所が
あるもの）の場合、外見上、労働者派遣事業と類似しています
（**図表14**）。

② 　主に次の点の差異により請負・委託事業と労働者派遣事業を
区別します。

　a　請負・委託─**図表13、14**の上欄のもの

　b　労働者派遣─**図表14**の下欄のもの

第2章　従来からの労働者派遣法

1　請負は成果に対する報酬を得る

　請負契約は、請負人（請負会社）がある仕事を完成させることを約束し、その仕事の結果に対して注文者（発注会社）が報酬を与えることを約束する契約です。請負契約は雇用契約と異なり、労務を行っても仕事が完成しなければ報酬はもらえません（**図表13左欄**）。

　ここでいう「仕事の完成」は、建築工事等のような具体的な成果が目にみえるもの（建築請負）だけでなく、一定の業務処理を遂行する仕事のように、形としてはみえにくいもの（業務処理請負）もあります。

2　業務委託の取扱い

　業務委託は、一定の業務処理の遂行を約束する業務処理請負とほぼ同じです（**図表13右欄**）。厚生労働省の「請負と労働者派遣との区分基準告示」では、業務処理請負と業務委託を含めて、請負としています。

3　請負・委託は、労働者派遣とは別物

　業務処理請負・委託は労働者派遣とは異なり、対象業務、契約期間等について法律による制限がありません。

　ただし、業務処理請負・委託が適法であるためには、**図表15**の要件をすべて満たしていることが必要です。とりわけ構内請負の場合、注文者が請負会社の構内事業所の従業員に直接業務の指揮・命令を行うと、労働者派遣に該当します。請負会社が労働者派遣事業の許可・届出をしている場合以外は「偽装請負」といわれ、派遣法違反となります。

　注文者が、請負会社の構内事業所の現場責任者に追加注文、連絡調整等を行うのは適法です。

217

第2部　平成27年改正労働者派遣法の実務

図表13　請負の形式

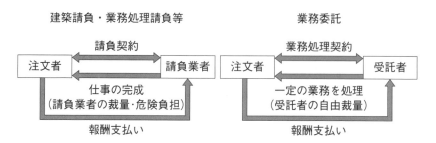

図表14　業務処理請負事業と労働者派遣事業の類似性（同一建物敷地内の場合）

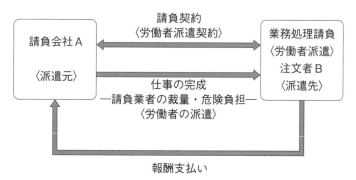

（注）上欄は業務処理請負事業、下欄〈　〉は労働者派遣事業

図表15　適法な業務処理請負事業と認められるための4要件（厚生労働省「労働者派遣事業と業務処理請負事業の区分基準告示（昭和61年労働省告示37号）」）

1　作業の完成について、A社（請負会社）が事業主として財政上、法律上のすべての責任を負うこと。 2　A社が自社従業員Cを指揮命令すること。 3　A社がCに対して、使用者として労働法規に規定されたすべての義務を負うこと。 4　A社は、たんに肉体的な労働力をB社（注文者）に提供するものではないこと。

第2章　従来からの労働者派遣法

図表16　適法な構内請負事業の場合

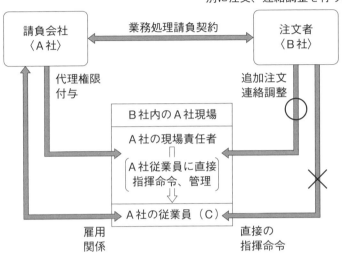

図表17　偽装請負の場合

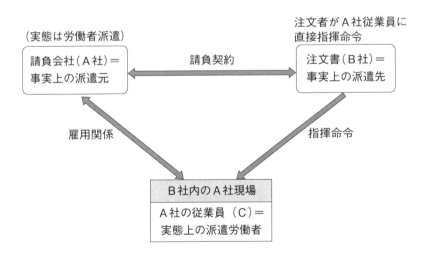

219

第２部　平成27年改正労働者派遣法の実務

> **Q** 偽装請負で労働災害が発生した場合の関係会社の責任は？
>
> **A** 指揮命令・就労の実態により注文者と請負会社の双方が、①労働安全衛生法にもとづく労働災害防止措置義務違反の刑事責任と、②労働契約法５条にもとづく安全配慮義務違反の損害賠償責任を追及される

CHECK!

□請負労働者（Ｃ）と注文会社（Ｂ）の労働者が同じラインや部署に混在し、共同で作業している

□請負の報酬がＡ社の労働者（Ｃ）の就労した時間数に応じて決まる

□委託業務の処理方法について、注文者（Ｂ）が技術指導をしている

□業務処理に必要な設備（建物や部屋を含む）を、注文者（Ｂ）が請負会社（Ａ）に無償で貸与している

⇒あてはまるものがあれば、偽装請負とみなされるおそれがあるので、管轄の都道府県労働局需給調整事業課に詳しく確認すること。その結果によっては、業務処理請負契約を、名称、実態ともに適法な労働者派遣契約に切り替える（人材派遣会社との間の適法な契約にする）、または会社（Ａ）の労働者（Ｃ）を注文者（Ｂ）が直接雇用するなどの改善措置が必要。

220

第2章　従来からの労働者派遣法

7　特定労働者派遣事業（届出制）から適法な業務処理請負事業への切り換え方法

ポイントは

① 　従来、特定労働者派遣事業を行っていた会社が、平成27年改正派遣法により同事業が廃止されたことに対応して、適法な業務処理請負事業に切り換えることができます。

② 　請負会社が、注文会社の構内で適法な業務処理請負事業を行うためには、まず**図表18**のことについて態勢づくりを行うことが必要です。

221

第２部　平成27年改正労働者派遣法の実務

図表18　適法な業務処理請負事業を行うための手順

① 請負会社（Ａ社）は、注文会社（Ｂ社）から作業所、事務所、必要な施設設備等を有償で借り受け、賃貸借契約を結ぶ。

② Ａ社の作業所、事務所等とＢ社等他との境界を明確に定め、「Ｂ会社Ａ社内作業所」と看板を掲げる。

③ その作業所の現場責任者（Ａ社の代理人として業務を行う者のこと。現場代理人、作業所責任者等ともいう）を選び、文書で一定の代理権限を与える。

④ Ａ社は、③のことを文書で注文会社（Ｂ社）に通知する。

⑤ Ａ社の作業所の従業員が10人以上であれば、その作業所の現場責任者の名前で労基署長に就業規則、時間外・休日労働協定書等の必要書類を届け出る。

⑥ 請負会社（Ａ社）と注文会社（Ｂ社）とで、上記①～⑤のことを記載した業務処理請負契約書を結ぶ。

⑦ 実際の業務処理を、すべて請負会社（Ａ社）の判断と責任で行う。とりわけ、作業所従業員に対する業務上の指揮命令は、請負会社の現場責任者が行う。

第3部

女性活躍推進法の実務

―常時雇用労働者数301人以上の企業に対して、平成28年4月1日までに、①女性の活躍推進の数値目標などを定めた行動計画策定、届出、公表と②女性の職業選択に資する情報の公表を義務付け―

第1章
女性活躍推進法
―次世代育成法と対比して―

① 女性活躍推進法の目的、規定内容、施行期日、有効期間

1 女性活躍推進法の目的は

女性活躍推進法（正式名称は「女性の職業生活における活躍の推進に関する法律」）の目的は、**図表1**のとおりです。

図表1　女性活躍推進法の目的

（目的）
第1条　この法律は、近年、自らの意思によって職業生活を営み、又は営もうとする女性がその個性と能力を十分に発揮して職業生活において活躍すること（以下「女性の職業生活における活躍」という。）が一層重要となっていることに鑑み、男女共同参画社会基本法の基本理念にのっとり、女性の職業生活における活躍の推進について、その基本原則を定め、並びに国、地方公共団体及び事業主の責務を明らかにするとともに、基本方針及び事業主の行動計画の策定、女性の職業生活における活躍を推進するための支援措置等について定めることにより、女性の職業生活における活躍を迅速かつ重点的に推進し、もって男女の人権が尊重され、かつ、急速な少子高齢化の進展、国民の需要の多様化その他の社会経済情勢の変化に対応できる豊かで活力ある社会を実現することを目的とする。

2 女性活躍推進法の規定内容は

この法律の規定内容は、**図表2**のとおりです。

225

第3部　女性活躍推進法の実務

図表2　女性活躍推進法の規定内容

1	目的（第1条）
2	基本原則（第2条）
3	国、地方公共団体、事業主の責務（第3・4条）
4	政府の基本方針、都道府県・市町村の努力（第5・6条）
5	国の事業主行動計画策定指針の作成（第7条）
6	一般事業主行動計画（第8条）
7	基準に適合する一般事業主の認定等（第9～11条）
8	委託募集の特例等（第12条）
9	特定事業主行動計画（第15条）
10	女性の職業選択に資する情報の公表（第16・17条）
11	女性の職業生活における活躍を推進するための支援措置（第18～25条）
12	厚生労働大臣の一般事業主からの報告徴収、助言、指導、勧告（第26条）
13	罰則（第29条～34条）

3　施行期日は

　この法律は、公布の日（平成27年9月4日）から施行されました。ただし、**図表2**の6～10及び12に関する規定は、平成28年4月1日から施行されました。

4　有効期間は

　この法律は、平成上述3に記載した日から38年3月31日までその効力を有し、同日限りで失効します。

　つまり、10年間（平成28年4月1日～38年3月31日までの間）の時限立法です。

② **女性活躍推進法の基本的な枠組みは**

　女性活躍推進法の基本的な枠組みは、**図表3**のとおりです。

①まず、国において、民間企業が自社の行動計画を策定する際の指針（ガイドライン）を策定します。

②そして、国は、企業に対して、指針にそった行動計画を作らせ、国に届け出をさせます。

226

③国は、一定の基準を満たした企業を認定し、「認定マーク」の使用を認めます。
④国から認定された企業は認定マークを用いて企業イメージを高めることができます。
⑤他方、国は、国、地方公共団体にも行動計画を作らせます。

　以上の枠組みによって国は、女性労働者の職場での活躍を推進させようとするものです。

　女性活躍推進法の以上の枠組みは、すでに施行されている次世代育成支援対策推進法と類似しています。

図表3　女性活躍推進法の基本的枠組み

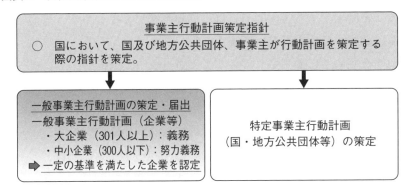

3　女性活躍推進法と類似する次世代育成支援対策推進法とその一般事業主行動計画の作成義務

1　次世代育成支援対策推進法とその一般事業主行動計画とは

　同法の一般事業主行動計画（以下「行動計画」という。）とは、企業が次世代育成支援対策推進法（以下「次世代法」という。）にもとづき、従業員の仕事と子育ての両立を図るために策定する計画のことです。

第3部　女性活躍推進法の実務

　常時雇用する従業員が301人以上の企業には、行動計画を策定し、一般への公表、従業員への周知、都道府県労働局への届出を行うことが義務付けられています。つまり、「事業主は、必らずこれらを実施しなければならない」ということです。これらのことを行わなかった場合には、この法律の施行事務を担当する各都道府県労働局雇用均等室から、「実施するように」と行政指導を受けます。ただし、罰則規定は設けられていません。

　また、常時雇用する従業員が300人以下の企業には、努力義務が課せられています。

　つまり、「事業主は、できるだけ行動計画の策定に努力してください」ということです。もちろん、罰則規定は設けられていません。この「常時雇用する労働者」とは、雇用形態にかかわらず、次のいずれかに該当する労働者をいいます。

①期間を定めずに雇用されている労働者

②事実上期間の定めなく雇用されている労働者

　②は過去1年以上の期間について引き続き雇用されている者または1年以上雇用されると見込まれる者のことをいいます。

　したがって、上述に該当する労働者は、パートや契約社員であっても「常時雇用する労働者」に含める必要がありますので、注意が必要です。

　企業は、従業員の仕事と子育ての両立を図るための雇用環境の整備や、子育てをしていない従業員も含めた多様な労働条件の整備等に取組むにあたって、行動計画に、①計画期間、②目標、③目標達成のための対策およびその実施時期、を定めることとなります。

2　厚生労働大臣の認定とは

　事業主は、行動計画に定めた目標を達成するなど一定の要件を満たした場合、都道府県労働局へ申請することによって、次世代法にもとづく「子育てサポート企業」として、厚生労働大臣（都道府県労働局

第1章　女性活躍推進法—次世代育成法と対比して—

長へ権限を委任）の認定を受けることができます（くるみんマークの認定）。認定された企業には、税制優遇制度があります。

④　女性活躍推進法における国の事業主行動計画策定・指針の策定

ポ　イ　ン　ト　は

　女性活躍推進法で、国は、事業主の行動計画策定の基本的事項を示します。

1　女性活躍推進法の規定は

　女性活躍推進法では、内閣総理大臣、厚生労働大臣及び総務大臣は、一般事業主行動計画の策定に関する指針（以下「行動計画策定指針」という。）を定めなければならないとされています（第7条）。

　行動計画策定指針には、①事業主行動計画の策定に関する基本的な事項、②女性の職業生活における活躍の推進に関する取組の内容に関する事項等につき事業主行動計画の指針となるべきものを定めるとしています（第7条第2項）。

　また、女性活躍推進法の民間企業についての部分の法的枠組みの構築を提言した労働政策審議会の「女性の活躍推進に向けた新たな法的枠組みの構築について（建議）」（平成26年9月30日）（以下、本章では、単に「建議」と略す。）では、「行動計画策定指針においては、先進的な企業の取組事例を参考としつつ、女性の活躍のために解決すべき課題に対応する**図表4**の事項を中心とする効果的取組を盛り込む方向で、さらに議論を深めることが適当である」とされていました。

229

第3部　女性活躍推進法の実務

図表4　建議の提言事項

①	女性の積極採用に関する取組
②	配置・育成・教育訓練に関する取組
③	継続就業に関する取組
④	長時間労働是正など働き方の改革に向けた取組
⑤	女性の積極登用・評価に関する取組
⑥	雇用形態や職種の転換に関する取組
⑦	女性の再雇用や中途採用に関する取組
⑧	性別役割分担意識の見直しなど職場風土改革に関する取組

　その後、上記の内容などが行動計画策定指針に盛り込まれました。

　さらに、建議の内容を踏まえると、行動計画策定指針には、①男女の様々な格差の実質的縮小を進めるために有効な手法、②行動計画の策定・推進に当たっては、着実にPDCA（Plan：計画、Do：実行、Check：点検、Action：行動のこと）を機能させること、その際には労使の対話等により労働者のニーズを的確に把握することが重要である旨――なども盛り込まれました。

2　行動計画策定指針の内容は

　各企業は、上記1の行動計画策定指針に即して、自社の行動計画を策定することになります。

　そのため、行動計画策定指針には、一般事業主行動計画の必須記載事項である、**図表5、6**の事項の基本的考え方や取組の内容の例示、目安などが示されています。

図表5　女性活躍推進法における一般事業主行動計画策定指針の記載事項

①	計画期間、
②	性の職業生活における活躍の推進に関する取組の実施により達成しようとする目標
③	女性の職業生活における活躍の推進に関する取組の内容及びその実施時期

230

第1章　女性活躍推進法─次世代育成法と対比して─

図表6　事業主行動計画策定指針のポイント

(1) 女性の活躍の意義、現状及び課題
(2) 女性の活躍推進及び行動計画策定に向けた手順
・企業が、女性の職業生活における活躍の推進に関する法律に基づく行動計
　画の策定等を行うに際して参考となる事項を定める。
　　イ　女性の活躍推進に向けた体制整備：組織トップの関与・策定体制の整
　　　備が効果的であること等
　　ロ　状況把握・課題分析：状況把握・課題分析は、自らの組織が解決すべ
　　　き女性の活躍に向けた課題を明らかにし、行動計画の策定の基礎とする
　　　ために行うものであること等
　　ハ　行動計画の策定：課題の選定に当たっては、各事業主にとって最も大
　　　きな課題と考えられるものを優先的に対処することが効果的であること
　　　等
　　ニ　行動計画の周知・公表：労働者に対する周知、公表方法についての例
　　　示等
　　ホ　行動計画の推進：PDCAサイクルの確立の重要性等
　　ヘ　情報公表：情報公表の意義は、求職者の企業選択を通じ、市場を通じ
　　　た社会全体の女性の活躍の推進を図ることにあり、その項目は行動計画
　　　と一体的に閲覧できるようにすることが望ましいこと等
　　ト　認定：認定に向けての積極的な取組が期待されること等
(3) 女性の活躍推進に関する効果的な取組
・女性の活躍推進に関する効果的な取組例を例示し、これを参考に、各事業
　主の実情に応じて、必要な取組を検討することが求められる旨を定める。

5　企業の行動計画策定から認定までの流れ

　前例となる次世代育成支援対策推進法の場合、標記の流れは、**図表
7**のとおりです。

　平成27年制定の女性活躍推進法の場合は、事業主行動計画の策定、
公表の流れは、**図表8**のとおりです。

231

第3部　女性活躍推進法の実務

図表7　次世代育成支援対策推進法における一般事業主行動計画策定⇒実施⇒くるみんマーク認定の流れ

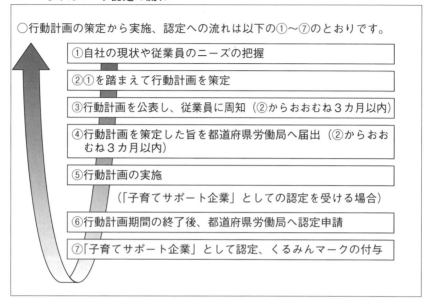

(資料出所)厚生労働省広報資料、**図表8、9**も同じ

図表8　女性活躍推進法の「一般事業主行動計画」策定・公表の流れ

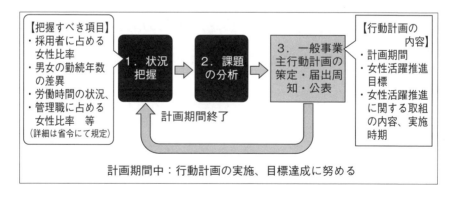

第1章　女性活躍推進法—次世代育成法と対比して—

⑥　企業の一般事業主行動計画の作成例

　前例となる次世代育成支援対策推進法の場合の企業の行動計画例
は、**図表9**のとおりです。

図表9　企業の一般事業主行動計画の作成例（次世代育成支援対策推進法の場合）—モデル計画A：育児をしている社員が多く、いろいろなニーズのある会社の場合—

―――――――――――行動計画

　社員がその能力を発揮し、仕事と生活の調和を図り働きやすい雇用環境の整備を行うため、次のように行動計画を策定する。
1．計画期間　平成　　年　　　月　　　日～平成　　年　　　月　　　日までの　　年間
2．内容

　目標1：妊娠中の女性社員の母性健康管理についてのパンフレットを作成して社員に配布し、制度の周知を図る。

〈対策〉
　●平成　　　年　　　月～　社員へのアンケート調査、検討開始
　●平成　　　　年度～　　　制度に関するパンフレットの作成・配布、管理職を対象とした研修及び社内広報誌などによる社員への周知

　目標2：平成　　　年　　　月までに、小学校就学前の子を持つ社員が、希望する場合に利用できる短時間勤務制度を導入する。

〈対策〉
　●平成　　　年　　　月～　社員へのアンケート調査、検討開始
　●平成　　　年　　　月～　制度の導入、社内広報誌などによる社員への周知

　目標3：平成　　　年　　　月までに、子の看護休暇の対象範囲を拡充する（子の対象年齢の拡大、学校行事への参加や育児全般に使えるようにするなど）。

〈対策〉
　●平成　　　年　　　月　～社員へのアンケート調査、検討開始
　●平成　　　年　　　月　～制度の導入、社内広報誌などによる社員への周知

233

第3部　女性活躍推進法の実務

　平成27年制定の女性活躍推進法の一般事業主行動計画も、次世代育成支援対策推進法の行動計画の形式とほぼ同じスタイルです。

　計画例を示すと、**図表10**のとおりです。

図表10　企業の一般事業主行動計画の策定例

株式会社Ｂ行動計画（管理職の女性割合が少ない会社の例）

女性が管理職として活躍できる雇用環境の整備を行うため、次のように行動計画を策定する。
１．計画期間：平成28年4月1日〜平成32年3月31日
２．当社の課題
課題1：採用における男女別競争倍率、男女の継続勤務年数に大きな差は見られないが、管理職に占める女性割合が低い。
課題2：管理職を目指す女性が少ない。
課題3：女性が配属されている部署が男性と比較して限定されている。
３．目標

| 管理職（課長級以上）に占める女性割合を30％以上にする |

４．取組内容と実施時期

| 取組1：人事評価基準について見直しを図る。 |

- ●平成28年10月〜部署ごとの男女別評価を検証し、現在の人事評価について、女性にとって不利な昇進基準になっていないか、男女公正な昇進基準となっているか精査し、必要に応じて新しい評価基準を検討する。
- ●平成30年4月〜新しい評価基準について試行開始。課題を検証。
- ●平成31年4月〜新しい評価基準に基づく評価を本格実施。

| 取組2：女性職員を対象として管理職育成を目的としたキャリア研修を実施する。 |

- ●平成28年6月〜研修プログラムの検討。
- ●平成28年10月〜女性社員に対する研修ニーズの把握のため、アンケート、ヒアリングなどを実施。
- ●平成29年4月〜アンケート等の結果を踏まえ、研修プログラムの決定。
- ●平成29年7月〜管理職育成キャリア研修の実施（10月、12月、翌年1月開催）。
- ●平成29年7月〜併せて管理職を対象とした研修を実施。

| 取組3：これまで女性社員が少なかった部署等に積極的に配置する。 |

- ●平成28年5月〜男女の配置で偏りがある部署の洗い出しを始める。
- ●平成28年8月〜女性があまり配属されてこなかった部署に女性を配属する上での課題点を分析。
- ●平成28年11月〜「メンター制度導入・ロールモデル普及マニュアル」を活用し、営業部門等のロールモデルとなる女性社員によるメンター制度を社内で立ち上げ。
- ●平成29年1月〜対象となる女性職員へのきめ細かなヒアリング、研修を実施。
- ●平成30年4月〜実際に配属を実施し、定期的なフォローアップを実施。

（資料出所）厚生労働省パンフレット「一般事業主行動計画を策定しましょう！」より

第1章　女性活躍推進法―次世代育成法と対比して―

７　企業の一般事業主行動計画の作り方

ポイントは

　常時雇用する労働者301人以上の企業は、平成28年4月1日までに、国の作った指針（ガイドライン）にしたがって、自社の一般事業主行動計画を作り、従業員に周知し、一般に公表し、都道府県労働局長（担当は雇用均等室）に届け出なければなりません。

1　法規定は

　女性活躍推進法では、常時雇用する労働者の数が301人以上の企業について、行動計画策定指針に即して、「一般事業主行動計画（一般事業主が実施する女性の職業生活における活躍の推進に関する取組に関する計画）」を定め、厚生労働大臣（都道府県労働局長に権限を委任。事務担当は、同局内の雇用均等室）に届け出なければならないとしています（第8条第1項）。

　なお、常時雇用する労働者の数が300人以下の企業は、行動計画策定指針に即して、一般事業主行動計画を定め、厚生労働大臣に届け出るよう努めなければならないとして、300人以下の企業に、一般事業主行動計画策定の努力義務を課しています（第8条第6項）。

2　一般事業主行動計画の記載事項は

―具体的な数値目標を定める義務あり―

(1)　記載事項は

　一般事業主行動計画には、**図表11**の事項を定めなければなりません（法第8条第2項）。

235

第3部　女性活躍推進法の実務

図表11　一般事業主行動計画に定める事項

① 計画期間（同項第1号）、
② 女性の活躍の推進に関する取組の実施により達成しようとする目標（同第2号）、
③ 実施しようとする女性の活躍の推進に関する取組の内容及びその実施時期（同第3号）

(2)　「①計画期間」については

　女性活躍推進法の枠組みは、次世代育成支援対策推進法と類似しています。

　この次世代育成支援対策推進法の行動計画策定指針（現行）において、次世代育成支援対策推進の計画期間は、「10年間をおおむね2年間から5年間までの範囲に区切り、計画を策定することが望ましい」とされています。

　女性活躍推進法における行動計画策定指針においても、計画期間についての目安が示されていますが、その内容は上述と同じになっています。

(3)　「②達成しようとする目標」については

　　―①状況把握、→②課題分析、→③数値目標設定の手順で―

イ　まず、「必須把握項目」である管理職に占める女性比率などの現状把握を

　女性活躍推進法では、一般事業主は、一般事業主行動計画を定め、又は変更しようとするときは、省令で定めるところにより、**図表12**の②の必須把握項目の状況を把握し、女性の職業生活における活躍を推進するために改善すべき事情について分析した上で、その結果を勘案して、これを定めなければならないとされています（第8条第3項前段）。

ロ　必須把握項目は

　省令（施行規則）では、女性の活躍状況の把握事項として、必ず把

236

第 1 章　女性活躍推進法―次世代育成法と対比して―

図表12　一般事業主行動計画策定に当たっての状況把握の項目

①分類	②必須把握項目	③選択把握項目
採用	採用した労働者に占める女性労働者の割合（区）	男女別の採用における競争倍率（区）
		労働者に占める女性労働者の割合（区）（派）
配置・育成・教育訓練		男女別の配置の状況（区）
		男女別の将来の育成を目的とした教育訓練の受講の状況（区）
		管理職や男女の労働者の配置・育成・評価・昇進・性別役割分担意識その他の職場風土等に関する意識（区）
		（派：性別役割分担意識など職場風土等に関する意識）
継続就業・働き方改革	男女の平均勤続年数の差異（区）	10事業年度前及びその前後の事業年度に採用された労働者の男女別の継続雇用割合（区）
		男女別の育児休業取得率及び平均取得期間（区）
		男女別の職業生活と家庭生活との両立を支援するための制度（育児休業を除く）の利用実績（区）
		男女別のフレックスタイム制、在宅勤務、テレワーク等の柔軟な働き方に資する制度の利用実績
	労働者の各月ごとの平均残業時間数等の労働時間の状況	労働者の各月ごとの平均残業時間数等の労働時間の状況（区）（派）
		管理職の各月ごとの労働時間等の勤務状況
		有給休暇取得率（区）
評価・登用	管理職に占める女性労働者の割合	各職級の労働者に占める女性労働者の割合及び役員に占める女性の割合
		男女別の一つ上位の職階へ昇進した労働者の割合
		男女の人事評価の結果における差異（区）
職場風土・性別役割分担意識		セクシュアルハラスメント等に関する各種相談窓口への相談状況（区）（派）
再チャレンジ（多様なキャリアコース）		男女別の職種又は雇用形態の転換の実績（区）（派：雇入れの実績）
		男女別の再雇用又は中途採用の実績（区）
		男女別の職種もしくは雇用形態の転換者、再雇用者又は中途採用者を管理職へ登用した実績
		非正社員の男女別のキャリアアップに向けた研修の受講の状況（区）
取組の結果を図るための指標		男女の賃金の差異（区）

（区）一般職、総合職、パートなど雇用管理区分ごとに把握する項目
（派）派遣労働者を受け入れている場合は、派遣労働者も含めて把握する項目
※各項目の把握の仕方の詳細は、厚生労働省パンフレット「一般事業主行動計画を策定しましょう！」等により確認してください。
資料出所：企業通信社、先見労務管理2016.3.10。図表16も同じ。

第3部　女性活躍推進法の実務

握すべき4項目（必須把握項目）、必要に応じ把握する21項目（任意
把握項目）を定めています。

　図表12の②の必須把握項目は、①採用者に占める女性比率、②男
女の平均勤続年数の差異、③各月ごとの労働者の平均残業時間等の労
働時間、④管理職に占める女性比率──となっています。なお、これ
らは直近の事業年度におけるものを把握し、また、①と②の項目につ
いては、雇用管理区分（職種、資格、雇用形態、就業形態などの労働
者の区分で、当該区分に属している労働者について他の区分に属して
いる労働者とは異なる雇用管理を行うことを予定して設定しているも
の）ごとに把握することが必要となります。

ハ　任意把握項目とは

　また、**図表12の③**の任意把握項目は、採用における男女別の競争
倍率、男女別の配置の状況、男女別の育児休業取得率及び平均取得期
間、管理職の各月ごとの労働時間等の勤務状況、男女の賃金の差異─
─など21項目となっています（いずれも直近の事業年度におけるも
の。項目により雇用管理区分ごとに把握することが必要となるものが
あります。

ニ　数値目標は実情に合った項目を選択できる

　女性活躍推進法第8条第3項後段では、前項第2号の目標（女性の
活躍の推進に関する取組の実施により達成しようとする目標）につい
ては、**図表13**その他の数値を用いて定量的に定めなければならない」
と企業ごとの数値目標を行動計画に明記するよう義務付けています。

　推進法に「その他の数値を用いて定量的に定めなければならない」
とされているように、数値目標を定める項目は、前記の「必須項目」
に限定されず、企業が実情に合った項目を選択することになります。
数値についても、企業が自由に決めることができることになります。

238

第1章　女性活躍推進法—次世代育成法と対比して—

図表13　目標として記載する数値例

①　採用する労働者に占める女性労働者の割合
②　男女の継続勤務年数の差異の縮少の割合
③　管理的地位にある労働者に占める女性労働者の割合
④　その他の数値の傾向

⑷　「③　女性の職業生活における活躍の推進に関する取組みの内容」については

　この点については、行動計画策定指針に盛り込まれる効果的取組み（**図表6**、231頁参照）などを参考にして、各社の実情にみあった取組みを記載することになります。

3　参考資料は

　参考資料（現在の日本の女性の職業生活の状況）は、本章の末尾（253頁〜256頁）**図表22〜25**のとおりです。

8　一般事業主行動計画の労働者への周知

1　法規定は

　女性活躍推進法では、「一般事業主は、一般事業主行動計画を定め、又は変更したときは、省令で定めるところにより、これを労働者に周知させるための措置を講じなければならない」とされています（第8条第4項）。

2　周知の方法は

　企業の行動計画の周知の方法については、前例となる次世代育成支援対策推進法の行動計画の周知方法の場合、同法の施行規則で**図表14**の方法によるものとする、とされています。女性活躍推進法の行動計画についても、同種の内容が施行規則で規定されています。

239

第3部　女性活躍推進法の実務

図表14　行動計画の周知方法

① 事業所の見やすい場所へ掲示し、または備え付ける。
② 書面を労働者へ交付する。
③ 電子メールを利用して労働者に送信する。
④ その他の適切な方法によって周知する。

⑨　一般事業主行動計画の公表

1　法規定は

女性活躍推進法で、企業の行動計画の公表については、「一般事業主は、一般事業主行動計画を定め、又は変更したときは、省令（施行規則）で定めるところにより、これを公表しなければならない」とされています（第8条第5項）。

2　公表の方法は

公表の方法については、前例となる次世代育成支援対策推進法の行動計画の公表方法の場合は、同法の施行規則で「インターネットの利用その他の適切な方法によるものとする」とされています。女性活躍推進法でも同種の内容が施行規則で規定されています。

したがって、各会社は、ホームページなどに掲載し、公表するなどの方法をとることになります。

⑩　一般事業主行動計画の届出

策定した一般事業主行動計画は、所轄の都道府県労働局長に届出をします。実際の窓口は、各都道府県労働局の雇用均等室です。このとき、策定した行動計画そのものを届け出るのではなく、省令で定められた事項について記載した書面を提出することになりますが、その要件を満たした参考様式（様式1号）が示されていますので、一般的にはこの書式で届け出ることになります（**図表15**）。

第1章　女性活躍推進法―次世代育成法と対比して―

図表15　参考様式（様式第1号・抜粋）

一般事業主行動計画策定・変更届

届出年月日　平成　　年　　　月　　　　日

都道府県労働局長　殿

（ふりがな）

　　一般事業主の氏名又は名称

（ふりがな）

　（法人の場合）代表者の氏名　　　　　　印

住　　所　〒

電話番号

　一般事業主行動計画を（策定・変更）したので、女性の職業生活における活躍の推進に関する法律第8条第1項又は第7項の規定に基づき、下記のとおり届け出ます。

記

1．常時雇用する労働者の数　　　　　人
　　　　　男性労働者の数　　　　　人
　　　　　女性労働者の数　　　　　人
2．一般事業主行動計画を（策定・変更）した日　　平成　　年　　　月　　　　日
3．変更した場合の変更内容
　　①　一般事業主行動計画の計画期間
　　②　目標又は女性活躍推進対策の内容（既に都道府県労働局長に届け出た一般事業主行動計画策定・変更届の事項に変更を及ぼすような場合に限る。）
　　③　その他
4．一般事業主行動計画の計画期間
　　　　　　　　　平成　　年　　月　　日　～　平成　　年　　月　　日
5．一般事業主行動計画の労働者への周知の方法
　　①　事業所内の見やすい場所への掲示
　　②　書面の交付
　　③　電子メールの送信
　　④　その他の周知方法
　　　　　　　　　　　　　　　　　　　　　　　　　　　　　　　　　　　　）
6．一般事業主行動計画の外部への公表方法
　　①　インターネットの利用（自社のホームページ／女性活躍・両立支援総合サイト／その他（　　　　　　））
　　②　その他の公表方法
　　（　　　　　　　　　　　　　　　　　　　　　　　　　　　　　　　　　　）
7．女性の職業生活における活躍に関する情報の公表の方法
　　①　インターネットの利用（自社のホームページ／女性活躍・両立支援総合サイト／その他（　　　　　　））
　　②　その他の公表方法
　　（　　　　　　　　　　　　　　　　　　　　　　　　　　　　　　　　　　）
8．一般事業主行動計画を定める際に把握した女性の職業生活における活躍に関する状況の分析の概況
　（1）　基礎項目の状況把握・分析の実施（　済　）
　（2）　選択項目の状況把握・分析の実施（把握した場合、その代表的なもののみを記載）
　　（　　　　　　　　　　　　　　　　　　　　　　　　　　　　　　　　　　）

241

第3部　女性活躍推進法の実務

11　基準に適合する一般事業主の厚労大臣認定等

1　くるみん認定の女性活躍推進版ができる―

(1)　法規定は

　女性活躍推進法の規定では、厚生労働大臣は、一般事業主行動計画に係る届出をした一般事業主からの申請に基づき、その事業主について、女性の職業生活における活躍の推進に関する取組に関し、その取組の実施の状況が優良なものであることその他の省令で定める基準に適合するものである旨の認定を行うことができるとされています（第9条）。

(2)　具体的なイメージは

　　上記(1)の規定に基づく制度は、大まかなイメージとしては、前例となる次世代育成支援対策推進法における認定制度（くるみん認定）の女性活躍推進版ともいえる制度です。

　　次世代法に基づく「くるみん認定」は、「くるみんマーク」を広告等に付し、厚生労働大臣から認定を受けたことを対外的にPRすることで、学生や社会一般へのイメージアップや優秀な従業員の採用・定着などにつながるなどのメリットにつながります。

(3)　次世代育成支援推進法の「くるみん認定」の基準は

　女性活躍推進法による認定制度について考える際に参考となる標記の認定基準は次のとおりです。

　平成27年4月から実施されたくるみん認定基準の改正により、一般のくるみん認定基準が**図表16**のように改正されています。

　そして、一般のくるみん認定を上回る「特別認定基準（プラチナくるみん）」が**図表17**のようにが設けられています。

　「プラチナくるみん」の認定を受けると、3年間にわたり32％の割増償却が受けられます。

第1章　女性活躍推進法─次世代育成法と対比して─

図表16　次世代育成支援対策推進法の「くるみん認定基準」の概要

1　雇用環境の整備について、行動計画策定指針に照らし適切な行動計画を策定したこと
2　行動計画の計画期間が、2年以上5年以下であること
3　策定した行動計画を実施し、計画に定めた目標を達成したこと
4　平成21年4月1日以降に策定・変更した行動計画について、公表及び労働者への周知を適切に行っていること
5　計画期間において、男性労働者のうち育児休業等を取得した者が1人以上いること 〈労働者数300人以下の企業の特例〉 　計画期間内に男性の育児休業等取得者がいなかった場合でも、①～④のいずれかに該当すれば基準を満たす。 ①　計画期間内に、子の看護休暇を取得した男性労働者がいること（1歳に満たない子のために利用した場合を除く）。 ②　計画期間内に、子を育てる労働者に対する所定労働時間の短縮措置を利用した男性労働者がいること。 ③　計画の開始前3年以内の期間に、育児休業等を取得した男性労働者がいること。 ④　計画期間内に、小学校就学前の子を育てる男性労働者がいない場合において、子育てを目的とした企業独自の休暇制度を利用した男性労働者がいること。
6　計画期間において、女性労働者の育児休業等取得率が、75%以上であること 〈労働者数300人以下の企業の特例〉 　計画期間内の女性の育児休業取得率が75%未満だった場合でも、計画期間とその開始前の一定期間（最長3年間）を合わせて計算したときに、女性の育児休業等取得率が75%以上であれば基準を満たす。
7　3歳から小学校就学前の子どもを育てる労働者について、「育児休業に関する制度、所定外労働の制限に関する制度、所定労働時間の短縮措置または始業時刻変更等の措置に準ずる制度」を講じていること
8　次の①～③のいずれかを具体的な成果に係る目標を定めて実施していること ①　所定外労働の削減のための措置 ②　年次有給休暇の取得の促進のための措置 ③　短時間正社員制度、在宅勤務、テレワークその他の働き方の見直しに資する多様な労働条件の整備のための措置

（注）アンダーラインのある部分は、改正されたもの

243

第3部　女性活躍推進法の実務

図表17　次世代育成支援対策推進法の特例（プラチナくるみん）認定基準

特例認定基準
1　雇用環境の整備について、行動計画策定指針に照らし適切な行動計画を策定したこと
2　行動計画の計画期間が、2年以上5年以下であること
3　策定した行動計画を実施し、計画に定めた目標を達成したこと
4　平成21年4月1日以降に策定・変更した行動計画について、公表及び従業員への周知を適切に行っていること
5　<u>男性の育児休業等取得について、次の①又は②を満たすこと</u> 　①　<u>計画期間において、男性労働者のうち、配偶者が出産した男性労働者に占める育児休業等を取得した者の割合が13%以上であること</u> 　②　<u>計画期間において、男性労働者のうち、配偶者が出産した男性労働者に占める育児休業等を取得した者及び育児休業等に類似した企業独自の休暇制度を利用した者の割合が30%以上であること</u> 〈労働者数300人以下の企業の特例〉 　計画期間内に男性の育児休業等取得者又は育児休業等に類似した企業独自の休暇制度の利用者がいなかった場合でも、<u>①～④</u>のいずれかに該当すれば基準を満たす。 ①　計画期間内に、子の看護休暇を取得した男性労働者がいること（1歳に満たない子のために利用した場合を除く）。 ②　計画期間内に、<u>子を育てる労働者</u>に対する所定労働時間の短縮措置を利用した男性労働者がいること。 ③　計画の開始前3年以内の期間に、育児休業等を取得した男性労働者<u>の割合が13%以上であること。</u> ④　<u>計画期間内に、小学校就学前の子を育てる男性労働者がいない場合において、子育てを目的とした企業独自の休暇制度を利用した男性労働者がいること。</u>
6　計画期間において、女性労働者の育児休業等取得率が、<u>75%</u>以上であること 〈労働者数300人以下の企業の特例〉 　計画期間内の女性の育児休業取得率が<u>75%</u>未満だった場合でも、計画期間とその開始前の一定期間（最長3年間）を合わせて計算したときに、女性の育児休業等取得率が<u>75%</u>以上であれば基準を満たす。
7　3歳から小学校就学前の子どもを育てる従業員について、「育児休業に関する制度、所定外労働の制限に関する制度、所定労働時間の短縮措置又は始業時刻変更等の措置に準ずる制度」を講じていること

第1章　女性活躍推進法―次世代育成法と対比して―

8　次の①～③すべてについて取り組むとともに、少なくとも①又は②について数値目標を定めて実施し、達成していること。ただし、所定外労働時間については一定の条件を満たすこととする。 　①　所定外労働の削減のための措置 　②　年次有給休暇の取得の促進のための措置 　③　短時間正社員制度、在宅勤務、テレワークその他の働き方の見直しに資する多様な労働条件の整備のための措置 ※　一定の条件：次のア又はイを満たしたこと ア　計画期間終了前直近１年間の平均週労働時間が60時間以上の労働者の割合が５％以下であること イ　計画期間終了前直近１年間の平均月時間外労働時間が80時間以上である労働者が１人もいないこと	
9　次の①又は②を満たすこと 　①　計画期間において、子を出産した女性労働者のうち、子の１歳誕生日に在職（育休中を含む。）している者の割合が90％以上であること 　②　計画期間において、子を出産した女性労働者及び子を出産する予定であったが退職した女性労働者のうち、子の１歳誕生日に在職（育休中を含む。）している者の割合が55％以上であること 〈労働者数300人以下の企業の特例〉 　①又は②のいずれにも該当しない場合でも、計画期間とその開始前の一定期間（最長３年間）を合わせて計算したときに、①又は②を満たせば基準を満たす。	
10　育児休業等を取得し又は子育てをする女性労働者が就業を継続し、活躍できるよう、能力向上やキャリア形成のための支援などの取組の計画を策定し、これを実施していること	
11　法および法に基づく命令その他関係法令に違反する重大な事実がないこと	

（注）アンダーラインのある部分は、「くるみん認定」（**図表16**）と異なる部分

2　女性活躍推進法施行規則の内容

　その認定基準について施行規則は、女性の職業生活における活躍状況に関する実績に係る基準などを定め、さらに、実績に係る基準を満たす項目の個数に応じて認定を３段階に設定する形としています。

　一定の認定基準に基づき、基準を全て満たす場合のほか、一部の項目だけ満たしている場合でも、段階に応じた認定を受けることができます。

245

第3部　女性活躍推進法の実務

イ　認定基準

段階ごとの認定基準は、次のとおりです。

【1段階目】

次のA〜Cのいずれも満たすこと

A　**図表18**の①女性活躍状況の実績に係る評価項目の基準のうち、1つまたは2つを満たし、その実績を厚生労働省の「女性活躍・両立支援総合サイト」内の「女性活躍推進企業データベース」（以下「厚生労働省ウェブサイト」といいます）に毎年公表すること。

B　満たさない基準については、事業主行動計画策定指針に定められた基準に関連する取組を実施し、その取組みの実施状況について厚生労働省のウェブサイトに公表するとともに、2年以上連続して実績が改善していること。

C　②その他の基準を全て満たすこと。

【2段階目】

A　**図表18**の①女性活躍状況の実績に係る評価項目の基準のうち、3つまたは4つを満たし、その実績を厚生労働省のウェブサイトに毎年公表すること。

＊B、Cの要件は1段階目と同じ

【3段階目】

A　**図表18**の①女性活躍状況の実績に係る評価項目の基準を全て満たし、その実績を厚生労働省のウェブサイトに毎年公表すること。

＊Cの要件は1段階目、2段階回目と同じ（Bの要件はない）。

なお、Bの「事業主行動計画策定指針に定められた基準に関連する取組」とは、必ずしも指針に盛り込まれた取組みに限定されるものではなく、同等以上の効果が見込まれるものであれば差し支えないことになっています。

ロ　認定の申請

第1章　女性活躍推進法─次世代育成法と対比して─

　認定の申請は、所定の書式により、都道府県労働局長に行います。行動計画の届出と同様、窓口は、都道府県労働局の雇用均等室となります。行動計画の策定・届出等を行った事業主が対象であるため、目標を達成していなければ申請できないと思っている企業もあるようですが、女性活躍推進法の認定制度は、行動計画で定めた目標の達成を条件とはしていません。認定基準となる実績値においても、法施行前からの実績の推移を含めることは可能とされているので、すべての基準を満たすなど最も早いケースでは、行動計画期間の終了を待たずに、認定の申請ができることになります。

図表18　認定制度の基準

基準	評価項目	基　　準　　値
①女性の活躍状況	採用	男女別の採用における競争倍率（応募者数／採用者数）が同程度（※）であること。 ※「直近3事業年度の女性の競争倍率の平均値×0.8」が、男性の競争倍率の平均値よりも雇用管理区分ごとに低いこと
	継続就業	次のどちらかを満たすこと ①【女性労働者の平均継続勤続年数÷男性労働者の平均継続勤続年数】が雇用管理区分ごとに、それぞれ7割以上であること。 ②「10事業年度前及びその前後の事業年度に採用された女性労働者のうち、継続して雇用されている者の割合」が雇用管理区分ごとに、同じ条件下の男性の割合のそれぞれ8割以上であること。
	労働時間	雇用管理区分ごとの労働者の法定時間外労働及び法定休日労働時間の合計時間数の平均が、直近の事業年度の各月ごとに全て45時間未満であること。

247

第3部　女性活躍推進法の実務

	管理職比率	次のどちらかを満たすこと ①管理職に占める女性労働者の割合が産業ごとの平均値（※）以上であること。 　※産業大分類を基本に別途定められている。 ②直近3事業年度の平均した「課長級より1つ下位の職階にある女性労働者のうち、課長級に昇進した女性の割合」が男性の割合の8割以上であること。
	多様なキャリアコース	直近の3事業年度に、以下について大企業については2項目以上（非正社員がいる場合は必ずAを含むこと）、中小企業については1項目以上の実績を有すること。 A　女性の非正社員から正社員への転換 B　女性労働者のキャリアアップに資する雇用管理区分間の転換 C　過去に在籍した女性の正社員としての再雇用 D　おおむね30歳以上の女性の正社員としての採用
②その他	基準	
	事業主行動計画指針に照らして適切な一般事業主行動計画を定めたこと。	
	定めた一般事業主行動計画について、適切に公表及び労働者の周知をしたこと。	
	法及び法に基づく命令その他関係法令に違反する重大な事実がないこと。	

3　女性活躍推進企業であることの認定マークを商品などに表示できる

　標記の点については、前例となる次世代育成支援対策推進法におけるくるみん認定の「くるみんマーク」（**図表19**）の表示制度と同様の取扱いとなります。

　女性活躍推進法の場合も、認定を受けた事業主が、商品、広告などに、厚生労働大臣の定める表示を付することができる制度となります（第10条第1項）。

　認定を受けた企業は、女性活躍推進企業であることのマーク表示を名刺や広告等に付し、厚生労働大臣から認定を受けたことを対外的に明らかにすることで、学生や社会一般へのイメージアップにもつなげ

248

第 1 章　女性活躍推進法―次世代育成法と対比して―

ることが可能となります。

図表19　「くるみんマーク」と「プラチナくるみんマーク」

くるみんマーク　　　　　　プラチナくるみんマーク

従来　　　　　　見直し後

くるみんマークについては、これまでみられた認定日などの記載を見直し後は撤廃。新たに「くるみん」の4文字がマーク上部に、新旧合算の認定回数が星印でマーク下部に記載されることとなった。

新設の「プラチナくるみんマーク」については、従来のマークにマントや王冠、先端に星型のついたステッキが追加されたデザインとなった。なお、色彩についても従来のものと異なり、体部分はプラチナ色に、王冠とステッキ先端の星型は金色になる他、マントの色は全12色から、認定企業が各自で選択することができる。

（資料出所）「労働基準広報2014.11.11労働調査会」

　女性活躍推進法の第10条第2項では、「何人も、前項の規定による場合を除くほか、商品等に同項の表示又はこれと紛らわしい表示を付してはならない」としています。
　推進法では、この規定に違反した者は、30万円以下の罰金に処することとしています（第32条第1号）。
　認定の取消しについては、厚生労働大臣は、女性活躍推進企業の認定事業主が、**図表20**の①～③のいずれかに該当するときは、第9条の認定を取り消すことができるとされています（第11条）。

第3部　女性活躍推進法の実務

図表20　女性活躍推進企業の認定マークが取り消される場合

①　女性活躍推進法第9条に規定する基準に適合しなくなったと認めるとき、
②　女性活躍推進法又はこの法律に基づく命令に違反したとき、
③　不正の手段により女性活躍推進企業の認定を受けたとき

12　企業の女性の職業選択に資する情報の公表義務

―就職活動中の学生などに情報を公表する―

1　情報公表の考え方は

　女性活躍推進法では、前述した「一般事業主行動計画の公表」とは別に、常時雇用労働者301人以上の企業に対して、省令で定めるところにより、「女性の職業選択に資する情報」を定期的に公表することを義務付けています（第16条第1項）。他方、300人以下の企業に対しては、この情報公表は努力義務とされています。（同条第2項）。

2　具体的な情報の公表項目は

　法第16条に基づく女性の職業選択に資する情報の公表（労働者数301人以上の企業に義務付け）に関しては、同法施行規則で、事業主が選択して行う情報の公表項目として、**図表21**の14項目が挙げられています。

第1章　女性活躍推進法─次世代育成法と対比して─

図表21　女性の職業選択に資する情報の公表項目

1	採用した労働者に占める女性労働者の割合（区）
2	男女別の採用（中途採用含む）における競争倍率（区）
3	労働者に占める女性労働者の割合（区）（派）
4	労働者（期間の定めのない労働契約を締結している労働者に限る）の男女の平均継続勤務年数の差異
5	10事業年度前及びその前後の事業年度に採用された労働者の男女別の継続雇用割合
6	男女別の育児休業取得率（区）
7	労働者（事業場外みなし労働、専門・企画裁量労働、管理監督者等、短時間労働者を除く）一人当たりの時間外労働及び休日労働の一月当たりの合計時間数
8	労働者一人当たりの時間外労働及び休日労働の一月当たりの合計時間数（区）（派）
9	有給休暇取得率
10	係長級にある者に占める女性労働者の割合
11	管理職に占める女性労働者の割合
12	役員に占める女性の割合
13	男女別の職種又は雇用形態の転換実績（区）（派：雇い入れの実績）
14	男女別の再雇用（正社員として雇い入れる場合に限る。）又は中途採用（おおむね三十歳以上の者を正社員として雇い入れる場合に限る。）の実績

（区）一般職、総合職、パートなど雇用管理区分ごとに公表する項目
（派）派遣労働者を受け入れている場合は、派遣労働者も含めて公表する項目
※項目の詳細は、厚生労働省パンフレット「一般事業主行動計画を策定しましょう！」等で確認してください。

13　事業主に対する罰則はあるか？

─大臣勧告に従わなければ20万円以下の過料─

　女性活躍推進法では、企業に義務付けられる２項目（①一般事業主行動計画の策定、届出等、②女性の職業選択に資する情報の公表）を

第3部　女性活躍推進法の実務

実施しなかったことに対する直接的な罰則の規定はありません。

　ただし、厚生労働大臣は、法の施行に関し必要があると認めるときは、一般事業主（企業）に対して、報告を求め、又は助言、指導もしくは勧告をすることができる（法第26条）ことになっており、これに対して報告をせず、又は虚偽の報告をした場合は、20万円以下の過料が科せられることになっています（法第34条）。

14　女性の職業生活における活躍を推進するための支援措置

―優良企業に入札時の優遇措置を講じる―

　女性活躍推進法では、国は、女性の職業生活における活躍の推進に資するため、国及び公庫等の役務又は物件の調達に関し、予算の適正な使用に留意しつつ、認定一般事業主その他の女性の職業生活における活躍に関する状況又は取組の実施の状況が優良な一般事業主の受注の機会の増大その他の必要な施策を実施するものとする旨規定されています（第20条第1項）。

　地方公共団体については、この入札における優良企業の優遇措置は、努力義務とされています（同条第2項）。

252

第 1 章　女性活躍推進法─次世代育成法と対比して─

図表22　女性活躍推進策の取組状況

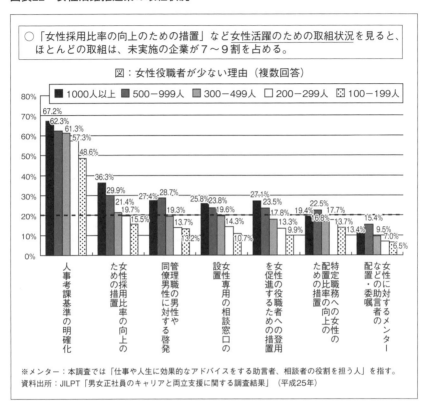

資料出所：労働政策審議会雇用均等分科会提出資料

第3部　女性活躍推進法の実務

図表23　管理職等の女性比率の推移（過去の延長線上で見た2020年の姿）

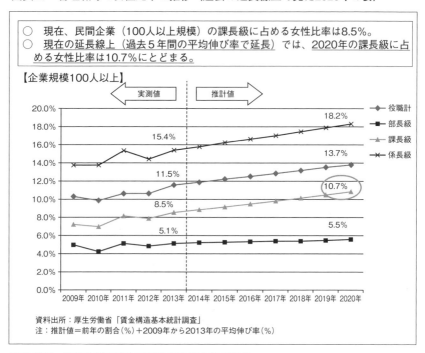

資料出所：労働政策審議会雇用均等分科会提出資料

第1章　女性活躍推進法―次世代育成法と対比して―

図表24　企業規模別にみた管理職・社員の女性割合

○　管理職に占める女性の割合は、大企業ほど低い。
○　同様に、女性の従業員の割合も、大企業ほど低い現状にある。

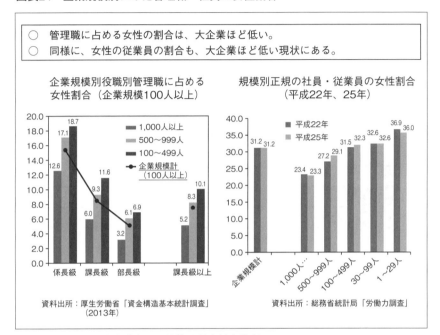

資料出所：労働政策審議会雇用均等分科会提出資料

第3部　女性活躍推進法の実務

図表25　女性役職者が少ない理由

○　女性役職者が少ない（※）理由については、「採用の時点で女性が少ない」や「現時点では、必要な知識や経験、判断能力などを有する女性がいない」、「可能性のある女性はいるが在職年数など満たしていない」、「女性のほとんどが役職者になるまでに退職する」、「女性本人が希望しない」という回答が多く挙げられている。

※「女性役職者が少ない」企業とは、女性役職者数が男性役職者数より少ない、又は全くない役職区分（「係長・主任相当職」、「課長相当職」、「部長相当職以上」）が一つでもある企業のことをいう。

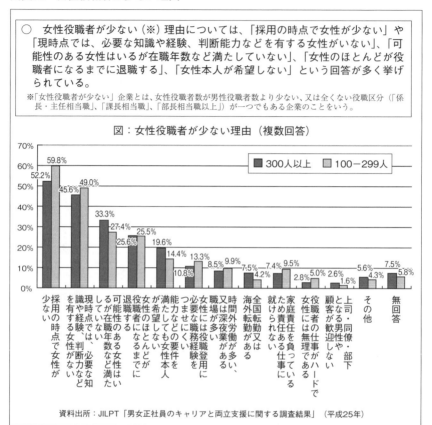

資料出所：JILPT「男女正社員のキャリアと両立支援に関する調査結果」（平成25年）

資料出所：労働政策審議会雇用均等分科会提出資料

第2章

国の企業に対する女性活躍推進に関する助成金～両立支援等助成金（各助成金の内容は平成27年4月10日現在）～

---

① 事業所内保育施設・運営等支援助成金

ポイントは

　労働者のための保育施設を事業所内に設置する事業主または事業主団体に対し、その設置、運営、増築に係る費用の一部を助成する。支給額は、設置費用の3分の1（中小企業3分の2）などとなっている。

1　対象となる措置

　下記(1)～(3)のいずれかを実施すること

(1)　次の①と②を満たす事業所内保育施設の設置・運営

　　①事業所内保育施設の建築工事着工の2カ月前までに「事業所内保育施設設置・運営計画」を所轄都道府県労働局に提出し、認定を受けること

　　②上記①の認定を受けた日の翌日から起算して1年以内に当該施設を設置し、かつ、運営を開始すること

(2)　次の①～③のいずれかに該当する事業所内保育施設の運営

　　①上記(1)により「事業所内保育施設設置・運営計画」に基づき事

257

第3部　女性活躍推進法の実務

　　業所内保育施設を設置し、運営を開始すること

　②事業所内保育施設の運営を行うことについて「事業所内保育施
　　設運営計画」を所轄都道府県労働局に提出し、認定を受け、当
　　該計画に基づき認定日の翌日から起算して6カ月以内に当該施
　　設の運営を開始すること

　③事業所内保育施設の運営開始後1年を経過する日の2カ月前ま
　　でに「事業所内保育施設運営計画」を所轄都道府県労働局に提
　　出し、認定を受けること

⑶　次の①～③のいずれかに該当する既存の事業所内保育施設の増
　築または建て替え

　①既存の事業所内保育施設について、5人以上の定員増を伴う増
　　築または安静室を設ける増築を行うこと

　②既存の事業所内保育施設について、5人以上の定員増を伴う建
　　て替えを行うこと

　③要件（※）を満たさない既存の事業所内保育施設について、要
　　件を満たす施設にするための増築または建て替えを伴う場合

（※）「事業所内保育施設」の要件

　なお、本助成金の支給対象となる「事業所内保育施設」について
は、施設の規模（乳幼児の定員が6人以上であること）、構造設備、
運営、設置場所、利用条件などについて細かな要件が定められている。
詳細は、都道府県労働局雇用均等室まで。

2　支給額

⑴　設置費

　建築または購入に要した費用の3分の1（中小企業は3分の2）
　上限額：1500万円（中小企業は2300万円）

⑵　増築費

　①増築の場合

　　増築に要した費用の3分の1（中小企業は2分の1）上限額：

258

第2章　国の企業に対する女性活躍推進に関する助成金〜両立支援等助成金(各助成金の内容は平成27年4月10日現在)〜

750万円（中小企業は1150万円）

②５人以上の定員増を伴う建て替えの場合

　建て替えに要した費用×（増加する定員）／（建て替え後の施設の定員）の３分の１（中小企業は２分の１）　上限額：1500万円（中小企業は2300万円）

③要件を満たす施設にするための建て替えの場合

　建て替えに要した費用の３分の１（中小企業は２分の１）　上限額：1500万円（中小企業は2300万円）

(3)　運営費

　次の①、②の額のいずれか低い方の額

①現員１人当たり年額34万円（中小企業は45万円）×現員（体調不良児を預かる場合は年額165万円を加算）

②（運営に要した費用）−｛施設定員（最大10人）×運営月数×月額１万円（中小企業は5000円)｝　により算出した額

　上限額：1360万円（中小企業は1800万円）（体調不良児を預かる場合は年額165万円を加算）

※運営期間が１年に満たない場合は、上記の額を月割した額が上限額となる。また、平成26年12月31日以前に事業所内保育施設の運営を開始した場合の支給額は、上記の金額と異なる。詳細は、都道府県労働局雇用均等室まで。

▼「中小企業事業主」の範囲

主たる業種	資本金の額または出資の総額	常時雇用する労働者の数
小売業（飲食店を含む）	5,000万円以下	50人以下
サービス業	5,000万円以下	100人以下
卸売業	1億円以下	100人以下
その他の業種	3億円以下	300人以下

259

第3部　女性活躍推進法の実務

② 中小企業両立支援助成金（代替要員確保コース）

ポイントは

　育児休業取得者の代替要員を確保するとともに、育児休業取得者を原職復帰させた中小企業事業主に支給する。支給額は、育児休業取得者1人当たり30万円。なお、対象となる育児休業取得者が有期契約労働者の場合は、1人当たり10万円が加算される。

1　対象となる措置

次の(1)～(4)のすべてを実施した中小企業事業主であること

(1)　育児休業取得者を育児休業終了後、原職または原職相当職に復帰させる旨の取扱いを労働協約または就業規則に規定していること

(2)　事業主が雇用する労働者に、次の①～③のすべてを満たす育児休業を取得させること

　①連続して1ヵ月以上休業した期間が合計して3ヵ月以上の育児休業であること

　②育児休業の取得期間が「育児・介護休業法」第2条第1号の育児休業制度における育児休業の期間の範囲内であること

　③対象労働者が、育児休業（産後休業の終了後引き続き育児休業をする場合には産後休業）を開始する日において、雇用保険被保険者として雇用されていた者であること

(3)　次の①～⑥のすべてを満たす育児休業取得者の代替要員を確保すること

　①育児休業取得者の職務を代替する者であること

　②育児休業取得者と同一の事業所及び部署で勤務していること

　③育児休業取得者と所定労働時間が概ね同等であること

260

第2章　国の企業に対する女性活躍推進に関する助成金～両立支援等助成金(各助成金の内容は平成27年4月10日現在)～

④新たな雇入れまたは新たな派遣により確保する者であること

⑤確保の時期が、育児休業取得者（またはその配偶者）の妊娠の事実（養子の場合は、養子縁組の成立）について、事業主が知り得た月以降であること

⑥育児休業取得者の育児休業期間において、連続して１ヵ月以上勤務した期間が合計して３ヵ月以上あること

※同一企業内で育児休業取得者の職務を他の労働者が担当し、その労働者の職務に代替要員を確保する場合（いわゆる「玉突き」の場合）も対象となる。

(4)　上記（１）の規定に基づき、対象労働者を原職または原職相当職に復帰させ、その後引き続き雇用保険被保険者として６ヵ月以上雇用すること（対象労働者の原職または原職相当職復帰日から起算して６ヵ月の間において、就労を予定していた日数に対し、実際に就労した日数の割合の５割に満たない場合は、「６ヵ月以上雇用していること」に該当しないものとして取り扱われる）

２　支給額

支給対象者１人当たり30万円（支給対象者が有期契約労働者の場合10万円加算）。

なお、１事業主につき最初の受給から５年間、かつ、１年度間に延べ10人が上限。また、次世代育成支援推進法第13条に基づく認定を受けた事業主（くるみん認定事業主）は、平成37年３月31日までの間において延べ50人が上限。

第3部　女性活躍推進法の実務

③　中小企業両立支援助成金（育休復帰支援プランコース）

―ポ─イ─ン─トは─

　育休復帰プランナーの支援を受け、育休復帰支援プランを作成
し、プランに基づく取組みにより労働者の育児休業取得、職場復
帰させた中小企業事業主に対して支給する。支給額は、1事業主
当たり1回限りで、育休取得時30万円、職場復帰時30万円。

1　対象となる措置

●育休復帰支援プランコース（育休取得時）

次の(1)と(2)を実施した中小企業事業主であること

(1)　事業主が次の①～③すべての取組みを実施していること

　①育休復帰支援プランにより、労働者の円滑な育児休業の取得及
　　び職場復帰を支援する措置を実施する旨をあらかじめ規定し、
　　労働者へ周知していること

　②次の(2)によって育児休業（産後休業の終了後引き続き育児休業
　　をする場合には産後休業）を取得した者（以下「対象労働者」
　　という）またはその配偶者の妊娠の事実（養子の場合は、養子
　　縁組の成立）について把握後、対象労働者の上司または人事労
　　務担当者と対象労働者が面談を実施したうえで結果について記
　　録し、育休復帰プランナーの支援により、育休復帰プランを作
　　成すること

　③育休復帰プランナーの支援を受け作成した育休復帰支援プラン
　　について、同プランの育児休業（産後休業の終了後引き続き育
　　児休業をする場合には産後休業）取得前に講じる措置を実施
　　し、対象労働者の育児休業（産後休業の終了後引き続き育児休
　　業をする場合には産後休業）の開始日までに業務の引継ぎを実

262

施させていること

ただし、対象労働者が、すでに産前休業中の場合、産後休業の開始日以降に上記②または③を実施した場合については、②または③を実施したことにはならない。また、育休復帰支援プランによらず、すでに引継ぎを終了している場合も②または③を実施したことにはならない。

※「育休復帰支援プラン」とは

育休復帰プランナーの支援により事業主において作成される、労働者の円滑な育児休業の取得及び職場復帰のための措置を定めた計画をいい、④育児休業取得予定者の円滑な育児休業取得のための措置として、育児休業取得予定者の業務の整理、引継ぎに関する措置、⑪育児休業取得者の職場復帰支援のための措置として、育児休業取得者の育児休業中の職場に関する情報及び資料の提供に関する措置——を定めているものをいう。

※「育休復帰プランナー」とは

事業主の育休復帰支援プランの作成及び同プランに基づく措置の実施を支援する雇用管理に関する業務について知識を有する者であって、厚生労働省が委託する事業者が委嘱する者または厚生労働省が認める者をいう。

(2) 事業主が、上記(1)の②及び③に該当する対象労働者に、次の①〜③のすべてを満たす育児休業を取得させること

①3ヵ月以上の育児休業（産後休業の終了後引き続き育児休業をする場合には産後休業を含め3ヵ月以上）であること

②育児休業の取得期間が「育児・介護休業法」第2条第1号の育児休業制度における育児休業の期間の範囲内であること

③対象労働者が、育児休業（産後休業の終了後引き続き育児休業をする場合には産後休業）を開始する日において、雇用保険被保険として雇用されていた者であること

263

第3部　女性活躍推進法の実務

●育休復帰支援プランコース（職場復帰時）

　上記(1)、(2)の措置に加え、次の(3)、(4)をすべて実施した中小企業事業主であること

　(3)　次の①〜③すべての取組みを実施していること

　　　①育休復帰支援プランに基づく措置を実施し、支給対象者が職場復帰するまでに支給対象者の育児休業中の職場に関する情報及び資料の提供をしていること

　　　②支給対象者の育児休業終了前と終了後に、支給対象者の上司または人事労務担当者と支給対象者が面談をそれぞれ実施したうえで結果について記録すること

　　　③支給対象者を、育児休業終了後、上記②の面談結果を踏まえ、原則として原職または原職相当職に復帰させること

　(4)　支給対象者を、育児休業終了後、引き続き雇用保険被保険者として6ヵ月以上雇用し、さらに支給申請日において雇用していること（支給対象者の職場復帰日から起算して6ヵ月の間において、就労を予定していた日数に対し、実際に就労した日数の割合が5割に満たない場合は、「6ヵ月以上雇用していること」に該当しないものとして取り扱われる）

2　支給額

●育休復帰支援プランコース（育休取得時）

　1事業主当たり1回限り30万円。

●育休復帰支援プランコース（職場復帰時）

　1事業主当たり1回限り30万円（育休復帰支援プランコース（育休取得時）と同一の育児休業取得者である場合に限る）。

第2章　国の企業に対する女性活躍推進に関する助成金～両立支援等助成金（各助成金の内容は平成27年4月10日現在）～

④　中小企業両立支援助成金（期間雇用者継続就業支援コース）

ポイントは

　有期契約労働者について、通常の労働者と同等の要件で育児休業を取得させ、育児休業終了後原職復帰させた中小企業事業主に支給する。支給額は、最初の対象者が40万円、2人目から5人目までが15万円。また、復帰に当たり正社員転換させた場合には、1人目10万円、2人目から5人目は5万円が加算される。

1　対象となる措置

次の(1)～(3)のすべてを実施した中小企業事業主であること

(1)　次の①及び②の内容について労働協約または就業規則に規定していること

　　①有期契約労働者について、当該事業主が雇用する通常の労働者と同等の要件で育児休業及び育児のための短時間勤務制度が取得できること

　　②育児休業取得者を育児休業終了後、原職または原職相当職に復帰させること

(2)　上記(1)の規定に基づき事業主が雇用する労働者に、次の①～④のすべてを満たす育児休業を取得させること

　　①連続した6ヵ月以上の育児休業であること。なお、産後休業の終了後引き続き育児休業を取得した場合には、産後休業を含め6ヵ月以上の育児休業であること

　　②育児休業の開始日が、子の1歳到達日より前であること

　　③育児休業の終了日が、平成25年4月1日以降であること（子の1歳到達日を超えて育児休業を取得した場合は、子の1歳到達

265

第3部　女性活躍推進法の実務

　　日が平成25年４月１日以降である場合に限る）

　④対象労働者が、育児休業（産後休業の終了後引き続き育児休業
　　をする場合には産後休業）を開始する日において、雇用保険の
　　被保険者として雇用されていた者であること

(3)　上記(1)の規定に基づき対象労働者を原職または原職相当職に復
　帰させ、復帰（子の１歳の誕生日を超えて休業した場合は、子の
　１歳の誕生日）後、引き続き雇用保険被保険者として６ヵ月以上
　雇用し、さらに支給申請日において雇用していること（対象労働
　者の原職または原職相当職復帰日から起算して６ヵ月の間におい
　て、就労を予定していた日数に対し、実際に就労した日数の割合
　が５割に満たない場合は、「６ヵ月以上雇用していること」に該
　当しないものとして取り扱われる）

　　なお、対象となる有期契約労働者を復職にあたって通常の労働
　者（正社員）に転換した場合は、復職後の職位・待遇が休業前を
　下回らない場合に限り、休業前と復職後の職務が異なっていても
　支給対象となる。

(4)　通常の労働者として復帰させた場合の加算

　　上記(1)～(3)のすべてを行った事業主が、さらに下記①と②を実
　施し、対象労働者として復帰させる場合、支給額が加算される。

　①対象労働者が復職する際に、期間の定めのない雇用契約を締結
　　し直し、対象労働者の同意のうえ、通常の労働者として職務に
　　復帰させること

　②上記(3)に定める期間、通常の労働者として雇用し、さらに支給
　　申請時点において雇用していること

２　支給額

　最初の支給決定の対象となる育児休業取得者にあっては40万円。２
人目から５人目の支給決定の対象となる育児休業取得者にあっては15
万円。ただし、１事業主当たり延べ５人が上限（同一の育児休業取得

第2章　国の企業に対する女性活躍推進に関する助成金～両立支援等助成金(各助成金の内容は平成27年4月10日現在)～

者についても、再度の支給対象となることができる）。

〈通常の労働者として復帰させた場合の加算〉

　最初に本加算の支給決定の対象となった育児休業取得者にあっては10万円。2人目から5人目に本加算の支給決定の対象となった育児休業取得者にあっては5万円。

第3章
現在の女性の職業生活に関する法規定（労働基準法の母性保護規定、育児・介護休業法、男女雇用機会均等法等）

第1節　女性労働者に関する法規定の全体像

　女性労働者に関係する法規定をまとめると、**図表1**のとおりです。これらは、女性労働者の母性保護・健康管理（労基法、均等法）、育児・介護休業等の措置（育児・介護休業法）、男女の機会均等取扱い（均等法）について定められています。

図表1　女性労働者に関係する法規定

規定分野	規定内容	根拠法
I　母性保護・健康管理	1　産前産後休業 2　妊婦の軽易業務転換 3　妊産婦の時間外・休日労働・深夜業・変形制就労の禁止 4　妊産婦等に係る危険有害業務の就業制限 5　育児時間の付与 6　生理日の取扱い	労基法
	7　妊娠中・出産後の通院時間の確保 8　妊娠中・出産後の勤務の軽減	均等法

269

第3部　女性活躍推進法の実務

Ⅱ	育児・介護休業等	1　育児休業 2　介護休業 3　子の看護休暇，介護休暇 4　短時間勤務制等の措置 5　育児・家族介護従事男女の時間外労働・深夜業の制限	育児・介護休業法
Ⅲ	男女の機会均等取扱いなど	1　機会均等確保の措置 ①募集，採用 ②配置，昇進 ③教育訓練 ④福利厚生 ⑤定年，退職，解雇 ⑥賃金差別の禁止 2　セクハラ防止の措置義務 3　紛争解決のシステム	均等法（⑥は労基法）

第2節 母性保護の措置（産前産後休業、育児時間等）

> **ポイントは**
>
> 子を産む女性、産んだ女性には、労基法、均等法に定められている必要な配慮をしてください。

1 妊産婦は保護される

妊産婦や育児中の女性従業員に対して、会社は労基法および均等法を守り、適切な措置を講じなければなりません。妊産婦とは、妊娠中および出産後1年以内の女性のことをいいます。

2 女性従業員に対する母性保護措置は

女性従業員については、次の(1)〜(2)の配慮措置が必要です（※＝労基法、△＝均等法）。

(1) 産前産後休業の決まり※（労基法65条）

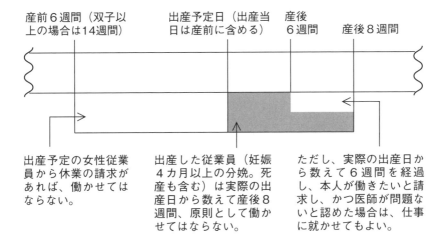

第3部　女性活躍推進法の実務

(2) 妊産婦の保護措置※（労基法64条の2、64条の3）
妊産婦＝妊娠中および産後1年を経過しない女性

必須	●重い荷物を取り扱う業務や、有毒なガスが発散する場所等で働かせない※。妊婦の坑内業務も同じ。 ●母子保健法の規定による保健指導、健康診査を受ける時間を確保する△。 ●保健指導等に基づく指示を守れるよう、勤務時間の短縮・変更、業務の軽減等を行う△。
本人からの請求による	●軽易な業務に変える※。 ●時間外・休日・深夜・変形制、坑内の労働に就かせてはならない※。

(3) 育児時間の付与※（労基法67条）

1歳未満の子を育てる女性従業員 → 休憩時間のほか、1日2回、各30分の育児時間を請求 → 育児時間をとらせる。遅出、早退の形でもよい。

(4) 生理休暇の付与※（労基法68条）

生理日の就業が著しく困難な女性従業員 → 休暇を請求 → 生理休暇を与える

3　法に違反すれば罰則がある

　産前産後休業の決まりや妊産婦の勤務、育児時間・生理休暇の付与の規定に違反した場合、使用者は6カ月以下の懲役または30万円以下の罰則に処せられます（労基法119条・120条）。
　妊産婦の通院時間の付与などの健康管理措置をとらなかった場合には、事業主は、各都道府県労働局の雇用均等室から強力な是正指導を

第3章　現在の女性の職業生活に関する法規則（労働基準法の母性保護規定、育児・介護休業法、男女雇用機会均等法等）

受けます（均等法）。

　さらに、従業員が裁判所に訴えれば、会社側が敗訴し、損害賠償を支払うことになります。

図表2　母性保護措置は、金銭面での会社の負担は少ない

1　上記2の(1)〜(4)の休業・休暇中、会社に賃金支払義務はない。
2　出産手当金の支給は健康保険から
　健康保険法により、下に示す休業期間中、出産手当金（1日につき標準報酬日額の3分の2）が支給される。1児につき42万円の出産育児一時金も支払われる。

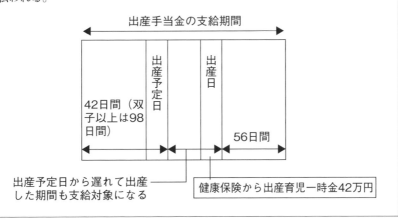

第3部　女性活躍推進法の実務

第3節　育児・介護休業等の支援制度

① 育児支援制度の種類と各制度の対象労働者、利用可能期間

1 育児支援制度の対象労働者は

育児・介護休業法で規定されている育児支援諸制度の対象労働者になるか否かについては、次の3種類に分類されます。

　A　利用対象となる労働者

　B　育介法で利用対象外となっている労働者

　C　利用対象除外とする労使協定が結ばれていれば、利用対象外となる労働者

これらをまとめると、**図表3**のようになります。

274

第3章　現在の女性の職業生活に関する法規則（労働基準法の母性保護規定、育児・介護休業法、男女雇用機会均等法等）

図表3　育児支援制度対象労働者一覧

対象労働者	Ⓐ育児休業	Ⓑ育児短時間勤務	Ⓒ所定外労働の免除	Ⓓ時間外労働の制限	Ⓔ深夜業の制限	Ⓕ子の看護休暇
①日々雇用される労働者	×	×	×	×	×	×
②期間を定めて雇用される労働者（契約社員、有期契約パート等）	○（勤続1年以上等の要件を満たす者）	○	○	○	○	○
③雇用された期間が1年未満の労働者	△	△	△	×	×	左記③を「雇用期間6カ月未満」と読み替える△
④1週間の所定労働日数が2日以下の労働者	△	△	△	×	×	△
⑤1年以内に雇用関係が終了する労働者	△	○	○	○	○	○
備考		※1			※2	

○　対象（請求すれば利用可）　　×　育介法で対象外
△　労使協定があれば対象外
※1　　1日の所定労働時間が6時間未満の場合は対象外
※2　　●深夜（午後10時〜翌日午前5時）に保育できる16歳以上の同居家族がいる場合は対象外
　　　　●所定労働時間の全部が深夜にあたる場合は対象外
（資料出所）『さあ、育休後からはじめよう』（山口理栄・新田香織著、労働調査会）を一部修正のうえ使用。**図表4**も同じ。

第3部　女性活躍推進法の実務

2　育児支援制度の利用可能期間の違いは

育介法で規定されている育児支援諸制度の利用可能期間を整理すると、**図表4**のようになります。

図表4　育児支援諸制度の利用可能期間

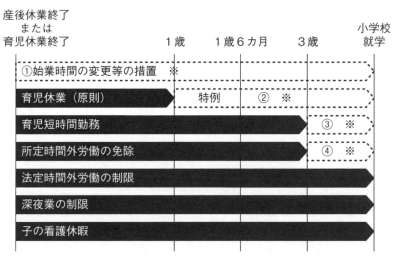

② 育児休業、子の看護休暇、短時間勤務

> **ポイントは**
>
> 男女を問わず、従業員から申出（または請求）があれば、事業主は、育児休業、子の看護休暇等を与えなければなりません。

1　育児休業制度のあらまし
(1)　申出があれば与える

産前産後休業等は女性従業員が対象であるのに対し、育児休業は男女を問わず与えられるものです。会社は、従業員（勤続1年以上のパート、期間雇用者を含む）から育児休業の申出があれば、休みを与えなければなりません（育児・介護休業法5条、6条）。

従業員が育児休業を申し出たこと、休業したことを理由に解雇、その他不利益な取扱いをすることは禁止されています。

(2) 育児休業の対象者

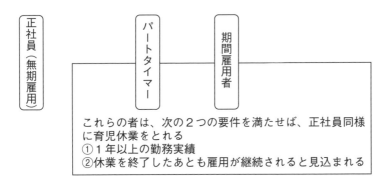

(3) 育児休業を与えなくてよい従業員

次の①～③のいずれかに該当する従業員については、会社が従業員の過半数代表者と労使協定を結べば、休業を与えることを拒否できます。協定例は、**図表5**（278頁）のとおりです。 この協定例は、育児・介護休業、子の看護休暇、介護休暇、所定外労働の免除、及び所定労働時間の短縮措置の適用除外者について定めているものです。この労使協定は、都道府県労働局雇用均等室への届出は不要です。

① 勤続1年未満の者
② 休業申出のあった日から1年以内に雇用期間が終了する者
③ 1週間の所定労働日数が2日以下の者

(4) 育児休業の期間
① 育児休業の期間は、原則として、最長、子が満1歳に達するま

第3部　女性活躍推進法の実務

でです。ただし、子が満1歳に達した時点で、保育所に入れない、母親が死亡したなど特別な事情がある場合は、さらに1年間延長できます。

②　出産後8週間以内に父親が育児休業をした場合には、特例として、父親の育児休業の再度の取得を認めます。

③　同一の子について父母がともに育児休業を取得する場合には、その子が1歳2カ月に達するまでの間に1年間取得できます。

(5)　休業・休暇中は無給でOK

育児休業中、会社に賃金の支払義務はありません。子の看護休暇中についても同じです。

(6)　育児休業中の給付金

2歳未満の子を養育するために育児休業する雇用保険の被保険者（従業員）に対し、雇用保険から育児休業給付金（最初の180日間は休業開始前賃金の67％、その後は50％）が支給されます。ただし、休業中に一定額以上の賃金が事業主から支払われる場合は、減額または不支給となります。

図表5　育児・介護休業等の適用対象除外者に関する労使協定のモデル（例）

育児・介護休業等の適用対象除外者に関する労使協定

　○○株式会社と□□労働組合は、○○株式会社における育児・介護休業等に関し、次のとおり協定する。
（育児休業の申出を拒むことができる従業員）
第1条　事業所長は、次の各号のいずれかの従業員から1歳に満たない子を養育するための育児休業の申出があったときは、その申出を拒むことができるものとする。
①　入社1年未満の従業員
②　申出の日から1年（1歳6カ月までの育児休業の場合は、6カ月）以内に雇用関係が終了することが明らかな従業員
③　1週間の所定労働日数が2日以下の従業員

第3章　現在の女性の職業生活に関する法規則（労働基準法の母性保護規定、育児・介護休業法、男女雇用機会均等法等）

（介護休業の申出を拒むことができる従業員）

第2条　事業所長は、次の各号のいずれかの従業員から介護休業の申出があったときは、その申出を拒むことができるものとする。

① 入社1年未満の従業員

② 申出の日から93日以内に雇用関係が終了することが明らかな従業員

③ 1週間の所定労働日数が2日以下の従業員

（子の看護休暇及び介護休暇の申出を拒むことができる従業員）

第3条　事業所長は、次の各号のいずれかの従業員から子の看護休暇及び介護休暇の申出があったときは、その申出を拒むことができるものとする。

① 入社6カ月未満の従業員

② 休暇の申出の日から6カ月以内に雇用関係の終了することが明らかな従業員

③ 1週間の所定労働日数が2日以下の従業員

（所定外労働免除の請求を拒むことができる従業員）

第4条　事業所長は、次の各号のいずれかの従業員から育児及び家族介護のための所定外労働の免除の請求があったときは、その請求を拒むことができるものとする。

① 入社1年未満の従業員

② 1週間の所定労働日数が2日以下の従業員

（所定労働時間の短縮措置を拒むことができる従業員）

第5条　事業所長は、次の各号のいずれかの従業員から育児及び家族介護のための所定労働時間の短縮措置の請求があったときは、その請求を拒むことができるものとする。

① 入社1年未満の従業員

② 1週間の所定労働日数が2日以下の従業員

③ 業務の性質又は業務の実施体制に照らして、所定労働時間の短縮措置を講ずることが困難と認められる業務に従事する従業員

（従業員への通知）

第6条　事業所長は、第1条から第5条までのいずれかの規定により従業員の申出・請求を拒むときは、その旨を従業員に通知するものとする。

（有効期間）

第7条　本協定の有効期間は、○年○月○日から○年○月○日までとする。ただし、有効期間満了の1カ月前までに、会社、組合いずれからも申出がないときには、更に1年間有効期間を延長するものとし、以降も同様とする。

○年○月○日

　　　　　　　　　　　　○○株式会社　代表取締役　○○○○　㊞

　　　　　　　　　　　　□□労働組合　執行委員長　○○○○　㊞

2 子の看護休暇は年休とは別

小学校入学前の子が負傷したり病気になったときには、男女を問わず子の看護休暇をとることも認められています。

従業員から申出があった場合、年休とは別に1年度・子1人につき5日間（子が2人以上は10日間）を限度として休暇を与える決まりです（育介法16条の2、16条の3）。

3 育児短時間勤務

育児短時間勤務等は、**図表6**の最下欄①、②のとおりです（育児・介護休業法23条）。

4 時間外労働・深夜労働の制限

小学校入学前の子を育てる男女従業員が請求した場合には、時間外労働を1カ月間に24時間、1年間に150時間以内にしなければなりません。また、深夜労働に従事させてはなりません（育児・介護休業法17条1項、19条）。

図表6　子育てのための休業・休暇等

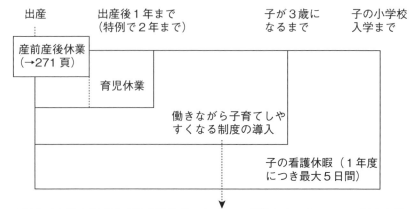

Q 育児休業中も、健康保険と厚生年金の保険料は支払うのか？

A 事業主が年金事務所（健保組合加入者は健保組合にも）に申し出れば、休業期間中の保険料のうち、被保険者負担分および事業主負担分が免除されます。

③ 介護休業、介護休暇等

ポイントは

介護休業は、要介護状態にある一定の対象家族がいる労働者1人につき、93日までです。

1 介護休業制度のあらましは

(1) **介護が必要なら休める**

一定の対象家族を介護する必要がある男女従業員は、会社に申し出れば介護休業をとることができます（育介法11条、12条）。

介護休業は、対象となる家族が介護を必要とする状態になるたびに取得できますが、対象家族1人につき、通算して93日までが限度です。

従業員が介護休業を申し出たこと、介護休業したことを理由に、事業主が、解雇その他不利益な取扱いをすることは禁止されています。

(2) **介護休業の対象従業員**

介護休業の対象従業員は、2週間以上要介護状態にある対象家族をもつ男女従業員で、会社に申し出た者です。

(3) **介護休業の対象外としてよい従業員**

第3部　女性活躍推進法の実務

　次のいずれかの従業員については、会社が従業員の過半数代表者と労使協定を結べば、休業を与えることを拒否できます。協定例は278頁**図表5**のとおりです。この労使協定は、都道府県労働局雇用均等室への届出は不要です。

　①　勤続1年未満の者
　②　休業申出のあった日から93日以内に雇用期間が終了する者
　③　1週間の所定労働日数が2日以下の者

(4)　**介護休業の対象となる家族**

　2週間以上、要介護状態にある次の家族です。

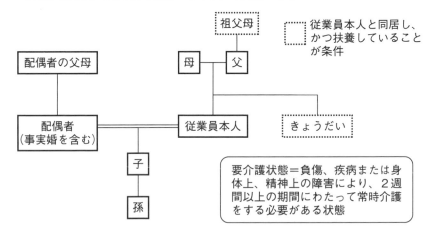

(5)　**介護休業の期間**

　対象家族1人につき、計93日まで。分割または連続取得できます。

(6)　**賃金・給付金の支払い**

　会社に賃金支払義務はありません。雇用保険から、休業期間中、介護休業給付金（休業開始時賃金の67％）が支給されます。

2　働きながらの介護を応援

　介護休業をせず、働きながら介護をする男女従業員のために、会社は短時間勤務などの措置をとることも義務づけられています。介護のための短時間勤務などの措置が受けられる日数は、介護休業と合わせ

第3章 現在の女性の職業生活に関する法規則（労働基準法の母性保護規定、育児・介護休業法、男女雇用機会均等法等）

て、延べ93日までとなっています（育介法23条3項）。

また、家族介護を行う男女従業員が請求した場合には、時間外労働を1カ月間に24時間、1年間に150時間以内にしなければなりません。

また、深夜労働に従事させてはなりません（育介法18条、20条）。

> **Q** 介護休暇が新設されたそうですが？
>
> **A** 要介護状態にある対象家族の介護その他の世話を行う男女労働者は、事業主に申し出ることにより、1年度において5労働日（対象家族が2人以上の場合は10労働日）を限度として、介護休暇を取得することができます（育介法16条の5、16条の6）※。

※育介法の改正による。施行は平成22年6月30日。

4 育児・介護休業法の改正内容（平成22年6月30日施行）

ポイントは

　育児・介護休業法改正の目的は、少子化の流れを変え、男女ともに子育てや介護をしながら働き続けられるように労働環境を整備していくことです。

1 子育て期間中の働き方の見直し
① 3歳までの子を養育する労働者から請求されたら、残業（所定時間外労働）を免除しなければなりません。

283

第3部　女性活躍推進法の実務

② 3歳までの子を養育する労働者が請求できる短時間勤務制度（1日6時間勤務）を設けなければなりません。
③ 小学校就学前の子どもが1人であれば年5日、2人以上であれば年10日の看護休暇を取得できます。

2　仕事と介護の両立

男女労働者は、要介護状態の家族1人であれば年5日、2人以上であれば年10日の介護休暇を取得できます。

3　父親も子育てに参加できるよう育児休業制度を拡充

① 父母がともに育児休業を取得する場合は、子どもが1歳2カ月に達するまでの間休業できます（**図表7**）。
② 出産後8週間以内に父親が育児休業をとった場合、特別な事情がなくても、父親に育児休業の再度の取得が認められます（同図表）。
③ 配偶者が専業主婦（主夫）の場合、事業主は、育児休業の申出を拒めるとした制度は廃止されました。

図表7　育児休業の取得例

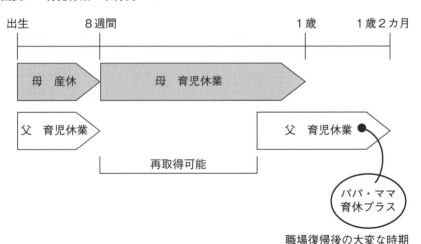

第3章　現在の女性の職業生活に関する法規則（労働基準法の母性保護規定、育児・介護休業法、男女雇用機会均等法等）

4　育児・介護休業等規定についての実効性の確保方法は

① 労使間の紛争解決の援助および調整委員による調停制度が設けられました。

② 勧告に従わない企業名の公表、虚偽の報告等をした企業に対する過料制度が創設されました。

第3部　女性活躍推進法の実務

第4節　男女差別の禁止

① 男女差別の禁止

ポイントは

　従業員の募集・採用から退職・解雇まで人事労務管理のすべてにわたって、男女差別は禁止されています（労基法、均等法）。

1　性別で賃金に差をつけない

　女性の職場進出が進んだものの、依然として残る男女差別を改めるために、労基法4条では「女性であること」を理由とする賃金差別を禁じています（**図表8 A**）。例えば、「賃金表を男女別にする」「各種手当を男性にだけ支給する」などがこれにあたります。

　各個人の担当職務の内容や能率、年齢、勤務年数の違いで、賃金に差をつけるのは問題にはなりません。「女性は一般的に、男性にくらべて勤務年数が短い、扶養家族がいない」などという理由で、その女性個人の実情と関係なく、男女で異なる取扱いをすることが、差別にあたるのです。

　反対に、男性より女性を有利に扱うことも、差別的取扱いにあたります。ただし、産前産後休業、育児時間等を有給にしても、女性を有利に取り扱うこと（男女差別）にはなりません。

2　賃金以外も男女の機会均等が原則

　賃金以外の男女差別については、均等法に定めがあります（6条、7条、**図表8 B**、**9**）。募集・採用から退職勧奨、定年・解雇、労働契約の更新までの人事労務管理全般にわたって、合理的な理由のない男女異なる取扱いは禁止されています。

286

第3章　現在の女性の職業生活に関する法規則（労働基準法の母性保護規定、育児・介護休業法、男女雇用機会均等法等）

3　格差是正のための女性優遇であればOK[※]

「女性従業員のみ」、あるいは「女性従業員を優遇する」取扱いは、女性の職域の固定化、女性に対する差別的効果をもたらすので、原則として、禁止されています。

ただし、現実に生じている男女格差を改善するための一時的な措置（ポジティブ・アクション）であれば、認められます。

（例）　女性従業員の割合が全体の4割未満程度の職務に女性を配置する目的で、女性を優先的に配置、昇進させること。

※均等法のみ。労基法は別

図表8　法違反すれば痛い目にあう

A　賃金の差別（労基法4条違反）がある場合

①使用者に対して労働基準監督官の是正勧告が行われ、是正しないと6カ月以下の懲役または30万円以下の罰金

②別に、被害従業員から使用者に対する損害賠償請求も可

B　均等法6条・7条違反がある場合

①企業名の公表（都道府県労働局長の是正指導に応じない場合）

②20万円以下の過料（報告の求めに応じなかったり、虚偽の報告をしたりした場合）

③従業員に対する損害賠償（従業員が裁判所に訴え出て勝訴した場合）

287

第3部　女性活躍推進法の実務

図表9　賃金以外にも、「男女異なる取扱い」は禁止

1　募集・採用・配置・昇進・降格・教育訓練・福利厚生における差別の禁止

- 対象を男性だけ、女性だけとする
- 性差を理由に昇進の機会を与えない、一定の役職までしか昇進させない
- 配置や昇進について、男女で異なる条件をつける（一定のキャリアを積む、国家資格、研修の受講などを義務づける等）
- 女性のみ「子もち」「既婚者」「一定の年齢以上」であることを理由に扱いを変える

注意

モデルや歌手、防犯上・風紀上の要請があれば、男女異なる取扱いが可能

コース別雇用管理（「総合職」「一般職」等）自体は適法だが、コースの変更等についての差別は禁止

4　妊娠・出産等を理由とする不利益取扱いの禁止

- 産休や育児休業をとったことを理由とする解雇や退職の強要
- 正社員からパートへの変更の強要
- 均等法による母性健康管理措置や労働基準法による母性保護措置を受けたことなどを理由とする不利益な取扱いをする

2　定年、退職、解雇、労働契約の更新における差別の禁止

- 男女別の定年制、女性であること、男性であることを理由とする解雇
- 婚姻、妊娠、出産を退職理由とする定め（就業規則、労働契約等）

注意

妊娠中または出産後1年以内の解雇は、妊娠等が理由でないことを事業主が証明しないかぎり無効

3　男女の間接差別の禁止

- 職務と関係がないのに、身長、体重、体力などを募集・採用の要件にする
- 合理的な理由なく、転居を伴う転勤に応じることができることを、募集・採用・昇進や職種（総合職・一般職等）の変更の要件にする
- 職務と無関係な転勤経験を昇進の要件にする

第3章　現在の女性の職業生活に関する法規則（労働基準法の母性保護規定、育児・介護休業法、男女雇用機会均等法等）

第5節　セクハラの防止措置

① 事業主のセクハラ防止措置義務

ポ―イ―ン―ト―は

　　セクハラ（セクシュアル・ハラスメント）とは、男女を問わず、相手の嫌がる性的な言動を行い、相手の権利や利益を侵害すること。均等法11条と厚生労働大臣指針告示には、事業主のセクハラ防止の措置義務が定められています。

1　事業主のセクハラ防止措置義務とは

　事業主の防止措置義務の対象となる「職場のセクハラ」に、**図表10**に示す2つのタイプがあります。

　事業主は、それらによく注意して、「相談、体制整備その他の雇用管理上必要な措置を講じなければならない」とされています。

　セクハラ防止措置義務の対象は男女を問いません。パートや期間雇用者、派遣労働者を含むすべての労働者に対して、セクハラ防止の措置を講じることが必要です。

　また、ここでいう「職場」とは、社内だけでなく、取引先の事務所や飲食店、顧客の自宅なども含まれることを覚えておきましょう。

289

第3部　女性活躍推進法の実務

図表10　してはならない、2つのセクハラ行為

対価型セクハラ	環境型セクハラ
職場で行われる性的な言動に対する従業員の対応によって、その従業員が労働条件等について不利益を受けること 　上司の性的な要求を拒否／腰や胸をさわられて抵抗 　解雇、昇進・昇給差別、不利益な配置転換、減給などが行われた	職場において行われる性的な言動により、男女従業員の働く環境が害されること 　下着の色、スリーサイズ、性生活等についてしつこく聞く 　不必要に身体に触れる

2　事業主が雇用管理上行うべき措置は

Point 1
就業規則等に、自社のセクハラ防止についての基本方針や具体策を定める（**図表11**）。

Point 2
セクハラ行為に関する相談、苦情の申出、対応の手続き、担当者を決めておく。

Point 3
朝礼、研修等の際にセクハラ防止の注意事項を話しておくなど、従業員への周知・啓発を徹底する。

Point 4
発生時には事実確認、行為者・被害者への対応、再発防止措置を迅速・適切に行う。

図表11　セクハラ行為防止規定例（就業規則）

> 第〇〇条　会社は、セクハラ行為が行われないように具体的な措置を講じるものとする。
> 2　会社は〇〇部に担当係を設け、次の業務を担当させる。
> 　一　セクハラ防止についての従業員に対する教育研修、広報
> 　二　セクハラに関する相談・苦情の受付、事実関係の調査確認、関係事項の処理
> 3　その他セクハラ行為の該当範囲、処理手続き、担当部署等の細目については、別に定める「セクハラ行為防止規則」による。

3　こじれた問題は都道府県労働局（雇用均等室）に相談

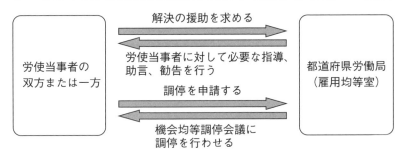

　社内での解決がむずかしい場合は、都道府県労働局（雇用均等室）に相談するとよい。セクハラ問題だけでなく、性差別や妊娠等を理由とする解雇など、均等法に関する紛争にも対応してもらえる。

第3部　女性活躍推進法の実務

CHECK!

□就業規則で、セクハラ行為への対応の方針、対応手続き、加
　害者への懲戒処分等について定めてあるか。
□労働者からの苦情・相談にきちんと対応しているか。
⇒会社は対応を怠ると、均等法違反による社名の公表や被害者
　への損害賠償など、大きな代償を払うことになるおそれがある。

② セクハラ行為の判断基準

ポイントは

① 　同じことを言ったり、したりしても、セクハラ行為に該当す
るかどうかは相手の感じ方しだいです。相手が不快に思わず、
同意しているのならセクハラ行為にはあたりません。

② 　しかし、「セクハラを受けた」との訴えに対し、セクハラ行
為かどうかを判断する基準は、平均的な女性や男性が、その状
況で、そのような言動を受けた場合に不快と感じるかどうかで
す。「相手も好意を寄せている」などという一方的な思い込み
は禁物です（**図表12、13**）。

292

第3章　現在の女性の職業生活に関する法規則（労働基準法の母性保護規定、育児・介護休業法、男女雇用機会均等法等）

図表12　絶対にさけるべき言動

・人事配置、異動などの配慮を条件に、性的な誘いかけをする。
・性的要求に応じるかどうかや、性的な好き嫌い等により人事考課、配置異動上の扱いを変える。
・業務上の指導などの名目にかこつけて個人的な接触をはかり、性的行為に誘う。
・食事やデートにしつこく誘ったり、嫌がられているのにつきまとったりする（ストーカー行為を含む）。
・一方的に抱きついたり、腰や胸をさわる。
・職場で通りがかるたびに、逃げようとしている相手の髪や肩、手をさわる。
・性的な言動で極度に不快な職場環境をつくる（性的な電話やメールをくり返す／ポルノ写真やヌードカレンダーを継続的に掲示する／性的冗談をくり返したり、複数の者が取り囲んでしつこく言ったりする／胸や腰をじっと見る／接待の場でお酒の酌やデュエットを強要する／性的魅力をアピールするような服装やふるまいを強要する）。
・性的な中傷をくり返したり、職場や取引先に、性的なことについてのうわさ（「男好き」「よく遊んでいる」「だらしない」等）を流したりする。

図表13　できるだけさけるべき言動

・性別による差別的発言や、蔑視的発言をする（女性のみ「ちゃん」づけで呼んだり、「女の子」と呼んだりする／「女性にこの仕事は無理だ」「男だったら徹夜しろ」などと言う）。
・返答に窮するような性的な冗談を言う。
・個人的な性体験を話したり、聞いたりする。
・性的な言動によって望ましくない職場環境をつくる（髪、肩、手などに不必要に触れる／休憩時間にヌード雑誌をこれみよがしに読んだり、見せたりする）。
・性的に不快感をもよおすような話題づくりや状況づくりをする（任意参加の会合で上司の隣に座ることや、お酒の酌を強要する／ある女性とほかの女性との性的魅力について比較する）。
・不必要に相手のプライベートを侵害する（スリーサイズを尋ねたり、身体的特徴を話題にしたりする／顔を合わせるたびに「結婚はまだか」「子どもはまだか」と尋ねる）。

（図表12、13ともに日経連出版部『セクハラ防止ガイドブック』より一部改変）

第3部　女性活躍推進法の実務

③　セクハラのこんな取扱いはどうなる？

Q1　男性に対するセクハラの扱いは

　均等法11条でいうセクハラは、男女双方が加害者にも被害者にもなります。

Q2　社外でセクハラが起きたときの企業責任は

　均等法11条でいう「職場」には、取引先の事務所、取引先と打ち合わせをするための飲食店、顧客の自宅等も含まれます。

　したがって、事業主はその雇用する従業員について、上述の場所においてもセクハラ行為を防止するための措置を講ずる法的義務を負っています。

Q3　派遣社員についてのセクハラ防止措置義務は

　派遣社員が人材派遣会社（派遣元）に雇用され、現在、派遣先会社で働いている場合は人材派遣会社・派遣先会社双方の会社にセクハラ防止措置義務があります。

Q4　いわゆる「ジェンダー・ハラスメント行為」は

　ジェンダー・ハラスメント行為というのは、男女の役割を固定的に考える意識にもとづく、例えば、次のような言動のことです。

・「女性に仕事は無理」、「女性は職場の花」など。

・女性のみにコピー取りなどを言いつける。

・「男だったら徹夜でも仕事をするのが当たり前」。

・「男のくせに根性がない」。

　これらの言動は、状況によってはセクハラに該当する恐れがありますので、十分注意してください。

294

第3章　現在の女性の職業生活に関する法規則（労働基準法の母性保護規定、育児・介護休業法、男女雇用機会均等法等）

4　セクハラ加害者に対する法的責任追及

ポイントは

　職場でセクハラ行為が起きた場合には、被害者から1）加害者（同じ会社の従業員、取引先の第三者等）、2）使用者（会社）の双方に対して法的責任が問われる恐れがあります。

1　加害者（被害者と同じ会社の従業員、取引先の第三者など）の法的責任は

　加害者（被害者と同じ会社の従業員、取引先の第三者など）は、刑事上、民事上、さらには就業規則（企業の服務規律・企業秩序に関する規定）にもとづき、法的責任を追及されます（会社の責任については**図表14**参照）。

2　刑事責任の追及というのは

　加害者の行ったセクハラ行為のほとんどは、刑法（強制わいせつ罪、名誉毀損罪、侮辱罪等）、軽犯罪法、公衆の迷惑防止条例、ストーカー規制法等に違反することですから、刑事責任が追及されます（**図表14**）。

3　民事の損害賠償責任追及というのは

　加害者の行ったセクハラ行為により被害者の権利、法律上保護される利益が大きく侵害されています。

　被害者は加害者に対して不法行為による損害賠償を請求できます（**図表15**）。

4　就業規則にもとづく懲戒処分は

　加害者の行ったセクハラ行為は、その者の勤務する会社の就業規則に定めている服務規律・企業秩序（職場で働く際のルール）に関する規定に違反します。このため、加害者に対して、会社から懲戒処分が

295

第3部　女性活躍推進法の実務

行われます（**図表16**）。

図表14　セクハラ加害者の刑事責任

項　目	説　明
❶　強烈なセクハラ行為の場合	①　強制わいせつ罪 　　13歳以上の男女に対し、暴行または強迫を用いてわいせつな行為をした者は、6カ月以上10年以下の懲役に処する（刑法176条）。 ②　名誉毀損罪 　　公然と事実を摘示し、人の名誉を毀損した（人の社会的評価を低下させる行為を公然と行った）者は、その事実の有無にかかわらず、3年以下の懲役、禁錮または50万円以下の罰金に処する（刑法230条）。
❷　❶ほど強烈ではない場合	①　軽犯罪法違反（のぞき行為等、損害賠償事件） 　　これが問題とされたのが、京都ビデオ隠し撮り事件です（300頁の**図表19**参照）。 ②　公衆の迷惑防止条例（肉体的接触だけでなく、性的言動を含む） ③　侮辱罪 　　事実を摘示しなくても、公然と人を侮辱（ぶじょく）した者は、拘留または科料に処する（刑法231条）。 ④　ストーカー行為規制法2条のつきまとい行為

図表15　民事の損害賠償責任

均等法11条にいうセクハラその他に該当する行為を行った場合
⇒不法行為（民法709条）等に該当。損害賠償請求。

> （不法行為による損害賠償）
> 第709条　故意または過失によって他人の権利または法律上保護される利益を侵害した者は、これによって生じた損害を賠償する責任を負う。

〔例1〕いきなり胸・腰にさわった場合

〔例2〕刑事上の責任は問われないが、均等法11条に該当する次のようなセクハラ行為を行った場合

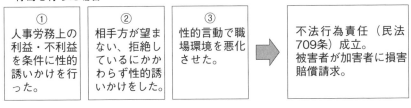

図表16　会社の就業規則にもとづき懲戒処分、配転等

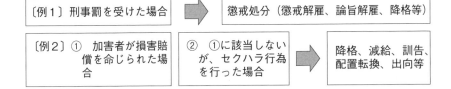

第3部　女性活躍推進法の実務

⑤　セクハラ被害者の会社に対する法的責任追及は

─ポ─イ─ン─ト─は─

　セクハラ行為が会社の業務遂行の中で行われた場合には、被害者から会社の法的責任が次のように問われるケースもあります。
　a　民事の損害賠償請求
　b　都道府県労働局（雇用均等室）による是正の行政指導、企業名の公表（これは均等法にもとづき行われるものです）

1　民事の損害賠償請求の根拠は

　セクハラの被害者から企業に対して損害賠償請求が行われる場合、その法的根拠は**図表17**の2つです。

図表17　民事の損害賠償請求の根拠

①　使用者責任（民法715条）
②　債務（職場環境整備義務）不履行責任（民法415条）

2　使用者責任の例をみると

　福岡セクハラ事件（平成4年4月16日福岡地裁判決　労働判例607号6頁）は、使用者責任をはじめて認めた判決です（**図表18**）。

　現在の裁判所の判決では、**図表18**の❸の②「業務の執行につき」を広くとらえています。

　不法行為の立証がなされれば、つまり均等法11条でいう「職場」、「労働者」に該当すれば、おおむね使用者の責任になります。

　また、京都ビデオ隠し撮り事件（平成9年4月17日京都地裁判決　労働判例716号49頁）は、会社の債務（職場環境整備義務）不履行を認めた判決です（**図表19**）。

298

第3章　現在の女性の職業生活に関する法規則（労働基準法の母性保護規定、育児・介護休業法、男女雇用機会均等法等）

3　損害賠償金の高額化

　従来のセクハラ事件では、賠償金は、多くても100万円程度でした。

　しかし、仙台での2つの大学の事件（平成11年判決）では賠償金の額が高額（教授に750万円の支払いを命ずるなど）になっています。

　さらに最近では、損害賠償金額が1,000万円前後となっています。

図表18　福岡セクハラ事件：使用者責任をはじめて認めた判例

❶　事案の概要
・上司であるA編集長が部下のB女性の性的風評を社内外に流した。
・B女性はA編集長本人に抗議した。
・B女性は専務に対しても改善を求めた。専務は次のように述べた。
「両者の話し合いで誤解を解くしかない」
「話し合いがつかなければ、やめてもらうしかない」。
・B女性は退職した。

❷　判決の概要
・B女性が受けた損害については、会社にも次の理由から責任がある。
・「会社には、いわゆる労働環境整備義務があるのに、その義務を尽くさなかった。労働者には適切な労働環境の中で働く権利がある」。

❸　使用者責任とは
次の①〜④が成立要件となっています（民法715条）。
①　使用関係がある被用者が、
②　業務の執行につき、
③　不法行為をなし、
④　使用者が選任監督上の注意を尽くしていないこと。

299

第3部　女性活躍推進法の実務

図表19　京都ビデオ隠し撮り事件：会社の債務不履行責任を認めた判例

❶　事案の概要
- A男性社員が女性更衣室でビデオカメラの隠し撮りを行った。
- 代表取締役がカメラの向きを逆さにしたものの撤去しなかったため、再び隠し撮りが行われた。
- その後、会社はA男性社員を懲戒解雇した。
- 専務が朝礼において、B女性社員がA男性社員と男女関係にあるかのような発言をした。
- B女性が、朝礼において「会社を好きになれない」と発言したところ、代表取締役が「好きになれない人はやめてもよい」と発言した。
- それ以降、社員の多くがB女性社員とのかかわりを避けるようになり、B女性は退職せざるをえなくなった。

❷　判決の概要
　会社には雇用契約に伴って、次の①〜④の義務がある。
　　①　労働者のプライバシーが侵害されないように労働環境を整える義務。
　　②　労働者が意に反して退職することがないように職場環境を整える義務。
　　③　労務遂行に関連してその人格的尊厳を侵し、労務提供に重大な支障をきたす理由が発生することを防ぐ職場環境整備義務がある。
　　④　そして、問題が生じた際にこれに適切に対処して、被用者にとって働きやすい職場環境を保つように配慮する義務を負っている。
　　⑤　③、④の具体的内容として、セクハラ防止、発生後の対応の具体的措置義務を負っている。

第3章　現在の女性の職業生活に関する法規則（労働基準法の母性保護規定、育児・介護休業法、男女雇用機会均等法等）

第6節　パワハラの防止措置

①　パワハラとは

ポ-イ-ン-ト-は

職場のパワハラとは、同じ職場で働く者に対して、職務上の地位などの優位性を背景にして、業務の適正な範囲を超えて、精神的、身体的苦痛を与え、または職場環境を悪化させる行為をいいます。

1　パワハラとは何か

1）近年、職場での地位・権限を背景にした上司・同僚等からの嫌がらせや暴行など、パワー・ハラスメント（パワハラ）が注目されています。

例えば、都道府県労働局に寄せられる「いじめ・嫌がらせ」に関する相談は、平成14年度には約6,600件であったものが、平成24年度には5万1,670件と、年々急速に増加しています。

2）パワハラという言葉がさす内容や定義については、現時点では、きちんとした法令等の定めがあるわけではなく、これを直接規制する法令もありません。

3）厚生労働省の「職場のいじめ・嫌がらせ問題に関する円卓会議ワーキング・グループ報告」（平成24年1月30日）では、次のように定義しています。

301

第3部　女性活躍推進法の実務

> 　職場のパワーハラスメントとは、同じ職場で働く者に対して、職務上の地位や人間関係などの職場内の優位性を背景に、業務の適正な範囲を超えて、精神的・身体的苦痛を与える又は職場環境を悪化させる行為をいう。

CHECK!

> □ささいなミスに対し、執拗な嫌がらせをくり返す
> **→パワハラに該当する**
> □「やる気がないならやめてしまえ」などと発言した
> **→叱咤激励するのが目的であれば、すべてがパワハラとまではいえないが、表現は不適切**

2　どのような行為がパワハラに含まれるか

　上記のワーキンググループ報告では、**図表20**のように行為類型しています。

　また、**図表23**も参考にしてください。

3　職場のいじめ・嫌がらせに関する判例

（企業等の不法行為責任等を認めた裁判例）

　職場のいじめ・嫌がらせによるメンタルヘルス不調に関して、事業者や上司に不法行為責任などによる損害賠償の責任が認められた判例には、**図表21**、**22**のようなものがあります。

第3章　現在の女性の職業生活に関する法規則（労働基準法の母性保護規定、育児・介護休業法、男女雇用機会均等法等）

図表20　ワーキンググループ報告による職場のパワハラの行為類型

(2)　職場のパワーハラスメントの行為類型

○　職場のパワーハラスメントの行為類型としては、以下のものが挙げられる。ただし、これらは職場のパワーハラスメントに当たりうる行為のすべてを網羅するものではなく、これ以外の行為は問題ないということではないことに留意する必要がある。

①　暴行・傷害（身体的な攻撃）

②　脅迫・名誉毀損・侮辱・ひどい暴言（精神的な攻撃）

③　隔離・仲間外し・無視（人間関係からの切り離し）

④　業務上明らかに不要なことや遂行不可能なことの強制、仕事の妨害（過大な要求）

⑤　業務上の合理性なく、能力や経験とかけ離れた程度の低い仕事を命じることや仕事を与えないこと（過小な要求）

⑥　私的なことに過度に立ち入ること（個の侵害）

○　次に、労使や職場の一人ひとりの理解を深め、その取組に資するよう、上記の行為類型のうち、職場のパワーハラスメントに当たるかどうかの判断が難しいものは何か、その判断に資する取組等について示しておこう。

　　まず、①については業務の遂行に関係するものであっても、「業務の適正な範囲」に含まれるとすることはできない。

　　次に、②と③については、業務の遂行に必要な行為であるとは通常想定できないことから、原則として「業務の適正な範囲」を超えるものと考えられる。

　　一方、④から⑥までについては、業務上の適正な指導との線引きが必ずしも容易でない場合があると考えられる。こうした行為について何が「業務の適正な範囲を超える」かについては、業種や企業文化の影響を受け、また、具体的な判断については、行為が行われた状況や行為が継続的であるかどうかによっても左右される部分もあると考えられるため、各企業・職場で認識をそろえ、その範囲を明確にする取組を行うことが望ましい。

303

第3部　女性活躍推進法の実務

図表21 【川崎水道局（いじめ自殺）事件　横浜地川崎支判平成14年6月27日
　　　　労働判例833号61頁】（高裁で控訴が棄却された後、確定した）

---

① 事実関係

　新たに配属された労働者に対して、職場の同僚が、本人の能力を揶揄（やゆ）したり、性的な話題などで日常的にからかったり、労働者の親が事業者に所有地を貸さなかったことに対して本人を非難するような発言をした。

　労働者本人がストレスから休みがちとなった。（後にいじめを行った同僚の昇進についての情報を得たことをきっかけとして自殺未遂を繰り返す。）

　事業者はいじめの有無について調査したが最終的な確認には至らなかった。また、労働者からの異動の希望が出されたが、当初は「休んでいるので難しい」と回答し、その後主治医の診断書を受けて異動させた。

　本人は新しい職場に出勤したが、その2日後に自殺した。

② 裁判所の判断

　被告側は、いじめ・嫌がらせは存在せず、被害者の関係妄想、被害妄想が生じた結果に過ぎないと主張したが、裁判所は詳細に証拠を分析し、この主張を退けた。また、いじめによって心理的苦痛を蓄積した者が、心因反応を含む何らかの精神疾患を生じることは社会通念上認められるなどとして、いじめと自殺の因果関係を肯定した。

　また、裁判所は、事業者は労働者の管理者的立場に立って、職務行為から生じる一切の危険から労働者を保護すべき責務を負うとした上で、労働者の安全の確保のためには、ほかの労働者からもたらされる生命、身体等に対する危険についても、加害行為を防止するとともに、生命、身体等への危険から労働者の安全を確保して被害発生を防止すべき注意義務（安全配慮義務）があるとして、事業者の責任（不法行為責任）を認めた。

304

第3章　現在の女性の職業生活に関する法規則（労働基準法の母性保護規定、育児・介護休業法、男女雇用機会均等法等）

図表22　【A保険会社上司（損害賠償）事件　東京高判平成17年4月20日　労働
　　　　判例914号82頁】（上告されたが最高裁は不受理とした）

① 事実関係
　職場の上司が部下に対し、「やる気がないなら、会社を辞めるべきだと思いま
す。当SC^{（注）}にとっても、会社にとっても損失そのものです」「あなたの給料で
業務職が何人雇えると思いますか。あなたの仕事なら業務職でも数倍の実績を
挙げますよ。これ以上、当SCに迷惑をかけないで下さい。」というメールを送
信し、同じ職場の職員十数名にも送信した。
② 裁判所の判断
　裁判所は、メール中に退職勧告とも取れる表現や、人の気持ちを逆撫でする
侮辱的な表現があり、これを本人だけでなく職場の同僚十数名にも送信したこ
とは、本人の名誉感情をいたずらに毀損するものであり、叱咤督促しようとし
た目的が正当であったとしても、表現が許容限度を超え著しく相当性を欠き不
法行為を構成するとした。
　また、裁判所は、上司のメールを送付した目的は部下の指導であり是認でき
るが、部下は名誉感情を損なわれたとし、上司に対し不法行為による損害賠償
責任を認めた。
　注：SC＝被災者の所属部署

305

第3部　女性活躍推進法の実務

図表23　パワハラになるかどうかの分かれ目

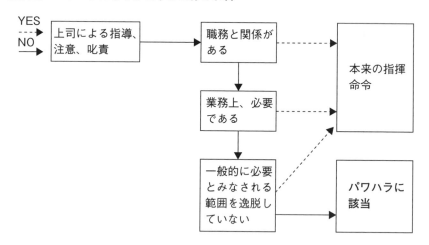

4　職場のパワハラの予防・解決方法は

　厚生労働省のワーキンググループ報告では、**図表24**のように述べています。

　また、**5**のPoint1～4も参考にしてください。

　なお、雇用保険法では、職場のパワハラによる離職者については、**図表25**のような取扱いにしています。

第3章 現在の女性の職業生活に関する法規則（労働基準法の母性保護規定、育児・介護休業法、男女雇用機会均等法等）

図表24　ワーキンググループ報告による職場のパワハラの予防・解決方法

⑵　**職場のパワーハラスメントを予防・解決するために**

○　労使の間で、職場のパワーハラスメントについての認識が必ずしも十分ではないこともあり、実際に問題が発生している状況への対応においては、行政の役割が重要になってくる。

行政は、労使団体とも協力しながら、この問題の重要性を企業や労働組合に気づかせ、予防・解決に向けた取組を支援するために、この問題の状況や課題、取組例などについての周知啓発を行うべきである。それとともに、職場の一人ひとりが自覚し、考え、対処するための環境が整うよう、社会的な気運を醸成することが重要である。

併せて、関係者による対策が一層充実するよう、この問題についての実態を把握し、明らかにすべきである。

○　それでは、労使の取組としてどのようなことが考えられるか。以下、すでに対策に取り組んでいる企業・労働組合の主な取組の例を紹介する。

これらの取組は、企業が単独で行っているものばかりでなく、労使が共同で行っているもの、労働組合が単独で行っているものもある。労使が共同で取り組む際には、労使の話合いの場を設置したり、既存の話合いの場を活用したりする選択肢がある。また、労働組合は、自らも相談窓口の設置や

周知啓発を行ったりするなどの取組を実施するとともに、企業に対して対策に取り組むよう働きかけを行うことが望ましい。

企業によって発生する職場のパワーハラスメントの実態は多様であり、その対策にも決まり切った正解はない。取り組むにあたっては、セクシュアルハラスメント対策などの既存の枠組みを活用するなど、それぞれの職場の事情に即した形でできるところから取組をはじめ、それぞれ充実させていく努力が重要である。

職場のパワーハラスメントを予防するために

■トップのメッセージ
・組織のトップが、職場のパワーハラスメントは職場からなくすべきであることを明確に示す
■ルールを決める
・就業規則に関係規定を設ける、労使協定を締結する
・予防・解決についての方針やガイドラインを作成する
■実態を把握する
・従業員アンケートを実施する
■教育する
・研修を実施する
■周知する
・組織の方針や取組について周知・啓発を実施する
■相談や解決の場を設置する
・企業内・外に相談窓口を設置す

307

第3部　女性活躍推進法の実務

> る、職場の対応責任者を決める
> ・外部専門家と連携する
> ■再発を防止する
> ・行為者に対する再発防止研修を行う

○　上記の取組例のうち、「トップのメッセージ」、「教育する」こと、「相談や解決の場を設置する」ことを実際に導入する際には、効率的かつ効果的なものとなるよう以下のような点にも留意するべきである。

トップのメッセージを示すにあたって、経営幹部が職場のパワーハラスメント対策の重要性を理解すると、取組が効果的に進むことが考えられるため、特に経営幹部に、対策の重要性を理解させることが必要である。

教育については、パワーハラスメントは、人権問題、コンプライアンス、コミュニケーションスキル、マネジメントスキルなどと関連が深いものであることから、パワーハラスメント研修をこれらの研修と同時に行うことで、より効率的・効果的なものとなると考えられる。

なお、この問題についての周知啓発や研修を行ったり、相談窓口の役割も担うなどのパワーハラスメント対策を推進する担当者を養成することも、予防と解決の双方にわたって有効な手段と考えられる。

また、相談や解決の場を設置するにあたっては、相談窓口や職場の対応責任者に相談した人や相談内容の事実確認に協力した人が不利益な取扱いを受けることがないようなものとするとともに、その旨を従業員に明確に周知することが必要である。また、実際に相談を受けた場合の対応にあたっては、パワーハラスメントを受けた相談者とこれを行ったとされる行為者の双方の人格やプライバシーの問題に配慮しながら、慎重に対応する必要がある。

さらに、パワーハラスメントは心の健康の悪化にもつながるものであることから、産業保健スタッフをはじめとする担当者に対してパワーハラスメント対策の取組内容を周知し、健康相談の窓口にパワーハラスメントが疑われる相談が持ち込まれた場合には、相談者の意向を尊重しつつ、パワーハラスメントの相談窓口を紹介するなど、連携を図ることが望ましい。

○　職場のパワーハラスメントは、当事者である労使が対策に取り組み、自ら解決することが望ましいものであるが、労働者にとっては、都道府県労働局が運営している個別労働紛争解決制度や都道府県（労政主管部局等や労働委員会）による相談やあっせんを利用することも重要な選択肢であり、一層の周知が図られるべきである。

第3章 現在の女性の職業生活に関する法規則（労働基準法の母性保護規定、育児・介護休業法、男女雇用機会均等法等）

5　企業としての対応策

Point 1

会社の方針を示す
- パワハラを認めない姿勢を就業規則に定め、社員に周知する
- カウンセラーやビデオ教材などによる社員教育も有効

Point 2

適切な指揮指導を行う
- 叱る基準は公平・公正に
- 相手のキャリアや人格、存在自体を否定するような叱責はさける
- 叱責のあとのアフターフォローを忘れない

Point 3

社内・社外に相談や苦情の窓口を設置
- 当事者がじっくり相談できる環境をつくる
- 第三者機関に委託するのがよい

Point 4

問題が生じたら、すばやい対応、記録を
- 被害社員やまわりの社員の話などから事実を確認する
- 加害社員に適切な処分を下す
- 配置換え等、人事面の配慮

本来の指揮命令とパワハラとの境界はあいまいだからこそ、問題になりやすい。

図表25　パワハラによる離職者は、雇用保険を早く、長く受け取れる

雇用保険（失業給付）
離職して失業状態にある人は基本手当を受け取れる。いつから、何日間給付されるかは、離職の理由、年齢等によって異なる。

パワハラによる辞職

→ 雇用保険法で定める特定受給資格者のうちの「上司、同僚等から故意の排斥又は著しい冷遇もしくは嫌がらせを受けたことにより離職した者」に該当。

↓

一般離職者（自己都合、定年等による離職者）よりも3カ月早く、しかも長い日数、いわゆる失業手当（雇用保険の基本手当）を受け取れる。

第3部　女性活躍推進法の実務

第7節　マタニティハラスメント
　　　　（マタハラ）の禁止

―妊娠・出産等を理由とする不利益取扱いの禁止とは―

┏━ ポ─イ─ン─ト─は ━━━━━━━━━━━━━━━━━━━━┓

　事業主は、女性労働者の婚姻、妊娠・出産・産前産後休業の取
得等を理由とする解雇その他不利益取扱いを行うことは禁止され
ています（均等法9条）。

┗━━━━━━━━━━━━━━━━━━━━━━━━━━━━━━┛

1　「女性労働者の婚姻・妊娠・出産等を理由とする不利益取扱いの禁止等の規定」とは

標記についての均等法9条の規定は、**図表26**のとおりです。

図表26　均等法9条の規定内容

┌─────────────────────────────────────┐
（婚姻、妊娠、出産等を理由とする不利益取扱いの禁止等）
第9条　事業主は、女性労働者が婚姻し、妊娠し、又は出産したことを退職理
　由として予定する定めをしてはならない。
2　事業主は、女性労働者が婚姻したことを理由として、解雇してはならない。
3　事業主は、その雇用する女性労働者が妊娠したこと、出産したこと、労基
　法第65第1項の規定による休業（産前産後休業）を請求し、又は同項若しく
　は同条第2項の規定による休業をしたことその他の妊娠又は出産に関する事
　由であつて厚生労働省令で定めるものを理由として、当該女性労働者に対し
　て解雇その他不利益な取扱いをしてはならない。
4　妊娠中の女性労働者及び出産後1年を経過しない女性労働者に対してなさ
　れた解雇は、無効とする。ただし、事業主が当該解雇が前項に規定する事由
　を理由とする解雇でないことを証明したときは、この限りでない。
└─────────────────────────────────────┘

（　）は筆者記入

310

第3章　現在の女性の職業生活に関する法規則（労働基準法の母性保護規定、育児・介護休業法、男女雇用機会均等法等）

2　「不利益な取扱いとして禁止される事由」の具体的内容は

　図表27のような事由を理由として不利益取扱いを行うことが禁止されています（均等則2条の2各号）。

図表27　均等則2条の2各号に掲げる事由

①妊娠したこと（均等則2条の2・1号）
②出産したこと（均等則2条の2・2号）
③妊娠中及び出産後の健康管理に関する措置（母性健康管理措置）を求め、またはその措置を受けたこと（均等則2条の2・3号）
④坑内業務の就業制限・危険有害業務の就業制限の規定により業務に就くことができないこと、坑内業務に従事しない旨の申出や就業制限の業務に従事しない旨の申出をし、またはこれらの業務に従事しなかったこと（均等則2条の2・4号）
⑤産前休業を請求し、または産前産後休業をしたこと（均等則2条の2・5号）
⑥軽易な業務への転換を請求し、または軽易な業務に転換したこと（均等則2条の2・6号）
⑦事業場において変形労働時間制がとられる場合において1週間または1日について法定労働時間を超える時間について労働しないことを請求したこと、時間外や休日について労働しないことを請求したこと、深夜業をしないことを請求したこと、またはこれらの労働をしなかったこと（均等則2条の2・7号）
⑧育児時間の請求をし、または育児時間を取得したこと（均等則2条の2・8号）
⑨妊娠または出産に起因する症状により労務の提供ができないことやできなかったこと、または労働能率が低下したこと（均等則2条の2・9号）
　なお、妊娠または出産に起因する症状とは、つわり、妊娠悪阻、切迫流産、出産後の回復不全等、妊娠または出産をしたことに起因して妊産婦に生じる症状をいいます。

3　「解雇その他の不利益な取扱い」というのは

　均等法9条により禁止される「解雇その他不利益な取扱い」とは、例えば、**図表28**に掲げるものが該当します（均等法10条。厚生労働大臣指針）。

311

第3部　女性活躍推進法の実務

4　「妊娠・出産等を理由とする不利益な取扱い」になるか否かの判断ポイントは

　妊娠・出産等を理由として**図表28**の①から⑥までに掲げる取扱いを行うことは、直ちに不利益な取扱いに該当すると判断されるものです。これらに該当するか否か、また、これら以外の取扱いが**図表28**の⑦から⑪までに掲げる不利益な取扱いに該当するか否かについては、**図表29〜33**の事項を勘案して判断してください。

5　「減給・賞与等において不利益な算定を行うこと」に該当するのは

　図表30に該当する場合には、**図表28**の⑧の「減給をし、または賞与等において不利益な算定を行う」ことに該当します。

6　「昇進・昇格の人事考課で不利益な評価を行うこと」に該当するのは

　図表31に該当する場合には、図**表28**の⑨の「昇進・昇格の人事考課において不利益な評価を行う」ことに該当します。

7　「配置の変更」が不利益な取扱いに該当するか否かについてみると

　「配置の変更」が不利益な取扱に該当するか否かについては、配置の変更の必要性、配置の変更前後の賃金その他の労働条件、通勤事情、当人の将来に及ぼす影響等諸般の事情について総合的に比較衡量のうえ、判断すべきものです。例えば、通常の人事異動のルールからは十分に説明できない職務や就業の場所の変更を行うことにより、その労働者に相当程度経済的または精神的な不利益を生じさせることは、**図表28**の⑩の、「不利益な配置の変更」に該当します。

　例えば、**図表32**に該当する場合には、人事ローテーション等、通常の人事異動のルールからは十分に説明できず、「不利益な配置の変更を行う」ことに該当します。

312

第3章　現在の女性の職業生活に関する法規則（労働基準法の母性保護規定、育児・介護休業法、男女雇用機会均等法等）

8　「派遣先が派遣労働者の役務提供を拒むこと」に該当するのは

　図表33に該当する場合には、**図表28**の⑪の「派遣労働者として就業する者について、派遣先がその派遣労働者の役務の提供を拒む」ことに該当します。

図表28　「解雇その他不利益な取扱い」に該当する行為

①解雇する。
②期間を定めて雇用される者について、契約の更新をしない。
③あらかじめ契約の更新回数の上限が明示されている場合に、その回数を引き下げる。
④退職勧奨または正社員をパート労働者等の非正規社員とするような労働契約内容の変更の強要を行う。
⑤降格させる。
⑥就業環境を害する。
⑦不利益な自宅待機を命ずる。
⑧減給し、または賞与等において不利益な算定を行う。
⑨昇進・昇格の人事考課において不利益な評価を行う。
⑩不利益な配置の変更を行う。
⑪派遣労働者として就業する者について、派遣先がその派遣労働者に係る労働者派遣の役務の提供を拒む。

図表29　「不利益な取扱い」になるか否かの判断ポイント

①退職勧奨や正社員をパート労働者等の非正規社員とするような労働契約内容の変更は、労働者の表面上の同意を得ていたとしても、これが労働者の真意にもとづくものではないと認められる場合には、**図表28**の④の「退職または正社員をパート労働者等の非正規社員とするような労働契約内容の変更の強要を行う」ことに該当する。
②業務に従事させない、専ら雑務に従事させる行為は、**図表28**の⑥の「就業環境を害する」ことに該当する。
③事業主が、産前産後の休業終了予定日を超えて休業すること、医師の指導にもとづく休業の措置の期間を超えて休業することを労働者に強要することは、**図表28**の⑦の「不利益な自宅待機」に該当する。

313

第3部　女性活躍推進法の実務

図表30　「減給・賞与等で不利益な算定を行うこと」に該当する行為例

①実際には労務の不提供や労働能率の低下が生じていないにもかかわらず、女性労働者が、妊娠、出産、または労基法にもとづく産前休業の請求をしたことのみをもって、賃金・賞与・退職金を減額する。
②賃金について、妊娠・出産等に係る不就労期間分を超えて不支給とする。
③賞与・退職金の支給額の算定にあたり、不就労期間や労働能率の低下を考慮の対象とする場合において、同じ期間休業した疾病等や同程度労働能率が低下した疾病等と比較して、妊娠・出産等による休業や妊娠・出産等による労働能率の低下について不利に扱う。
④賞与・退職金支給額の算定にあたり、不就労期間や労働能率の低下を考慮の対象とする場合において、現に妊娠・出産等により休業した期間や労働能率が低下した割合を超えて、休業した、または労働能率が低下したものとして取り扱う。

図表31　「昇進・昇格の人事考課で不利益な評価を行うこと」に該当する行為例

①実際には労務の不提供や労働能率の低下が生じていないにもかかわらず、女性労働者が、妊娠し、出産し、または労基法にもとづく産前休業の請求等をしたことのみをもって、人事考課において、妊娠をしていない者よりも不利に取り扱う。
②人事考課において、不就労期間や労働能率の低下を考慮の対象とする場合において、同じ期間休業した疾病等や同程度労働能率が低下した疾病等と比較して、妊娠・出産等による休業や妊娠・出産等による労働能率の低下について不利に取り扱う。

図表32　「不利益な配置の変更を行うこと」に該当する行為例

①妊娠した女性労働者が、その従事する職務において業務を遂行する能力があるにもかかわらず、賃金その他の労働条件、通勤事情が劣ることとなる配置の変更を行う。
②妊娠・出産等に伴いその従事する職務で業務を遂行することが困難であり配置を変更する必要がある場合に、他に当該労働者を従事させることができる適当な職務があるにもかかわらず、特別な理由もなく当該職務と比較して、賃金その他の労働条件、通勤事情等が劣ることとなる配置の変更を行う。
③産前産後休業からの復帰にあたって、原職または原職相当職に就けない。

第3章　現在の女性の職業生活に関する法規則（労働基準法の母性保護規定、育児・介護休業法、男女雇用機会均等法等）

図表33　「派遣先が派遣労働者の役務提供を拒むこと」に該当する行為例

①妊娠した派遣労働者が、派遣契約に定められた役務の提供ができると認められるにもかかわらず、派遣先が派遣元事業主に対し、派遣労働者の交替を求める。

②妊娠した派遣労働者が、派遣契約に定められた役務の提供ができると認められるにもかかわらず、派遣先が派遣元事業主に対し、その派遣労働者の派遣を拒む。

315

第4部

青少年雇用促進法等の実務

—①ハローワーク（公共職業安定所）は、労働法令違反企業からの新規学校卒業者の求人申込みを受理しない。

　②国は、キャリアコンサルタント制度を新設する。—

第1章
青少年雇用促進法等
（勤労青少年福祉法等の一部を改正する法律）

第1節　青少年雇用促進法等の概要

—国が青少年の適職選択、職業能力の開発向上措置等を総合的に行い雇用促進を図るために3法を改正—

　標題の「勤労青少年福祉法等」の「等」とは、職業安定法と職業能力開発促進法のことです。したがって、今回の法改正では、実質的に、勤労青少年福祉法の全面改正、職業安定法の一部改正、及び職業能力開発促進法（かつての職業訓練法）の一部改正の3つの法律の改正がまとめて行われています。

　これら改正三法のうち、改正後の、通称若者雇用促進法（正式名称「青少年の雇用の促進等に関する法律」（新法）の全体構成は、**図表1**のとおりです。この法改正は、実質的には、**図表2**勤労青少年福祉法（旧法）の全面的な改正です。

319

第4部　青少年雇用促進法等の実務

図表1　青少年の雇用の促進等に関する法律（新法）

目次
　　第1章　総則（第1条―第7条）
　　第2章　青少年雇用対策基本方針（第8条）
　　第3章　青少年の適職の選択に関する措置
　　　第1節　公共職業安定所による職業指導等（第9条―第11条）
　　　第2節　基準に適合する事業主の認定等（第12条―第16条）
　　第4章　青少年の職業能力の開発及び向上に関する措置（第17条―第19条）
　　第5章　雑則（第20条―第28条）
　　第6章　罰則（第29条―第33条）
　　附則

図表2　勤労青少年福祉法（旧法）

目次
　　第1章　総則（第1条―第5条）
　1　目的
　2　基本的理念
　3　関係者の責務
　4　勤労青少年の日
　　第2章　勤労青少年福祉対策基本方針等（第6条・第7条）
　1　勤労青少年福祉対策基本方針
　2　都道府県勤労青少年事業計画
　　第3章　福祉の措置（第8条―第14条）
　1　職業指導等
　2　職業訓練に関する啓もう宣伝等
　3　職業訓練又は教育を受ける勤労青少年に対する配慮
　4　青少年に対する配慮
　5　企業の勤労青少年福祉推進者
　6　余暇の有効活用
　　第4章　福祉施設（第15条―第17条）
勤労青少年ホーム
指導員
勤労青少年ホーム
　　第5章　雑則（第18条―第20条）
　　附則

第1章　青少年雇用促進法等（勤労青少年福祉法等の一部を改正する法律）

　青少年雇用促進法（新法）の目的規定は、次のとおりです。

　勤労青少年福祉法（旧法）の目的規定「福祉の増進」が、全面的に「雇用の促進」に、改正されています。

（目的）
第1条　この法律は、青少年について、適性並びに技能及び知識の程度にふさわしい職業（以下「適職」という。）の選択並びに職業能力の開発及び向上に関する措置等を総合的に講ずることにより、雇用の促進等を図ることを通じて青少年がその有する能力を有効に発揮することができるようにし、もって福祉の増進を図り、あわせて経済及び社会の発展に寄与することを目的とする。

　これら改正三法の概要は、**図表3**のとおりです。

図表3　勤労青少年福祉法等の一部を改正する法律（「青少年の雇用の促進等に関する法律」）

　適切な職業選択の支援に関する措置、職業能力の開発・向上に関する措置等を総合的に講ずることにより、青少年の雇用の促進等を図り、能力を有効に発揮できる環境を整備するため、関係法律について所要の整備等を行う。
1．円滑な就職実現等に向けた取組の促進（勤労青少年福祉法等の一部改正）
(1)　関係者の責務の明確化等
　　国、地方公共団体、事業主等の関係者の責務を明確化するとともに、関係者相互に連携を図ることとする。
(2)　適職選択のための取組促進
　①　職場情報については、新卒者の募集を行う企業に対し、企業規模を問わず、(i)幅広い情報提供を努力義務化、(ii)応募者等から求めがあった場合は、3類型ごとに1つ以上の情報提供を義務化。
　　➤　提供する情報：(ア)募集・採用に関する状況、(イ)労働時間等に関する状況、(ウ)職業能力の開発・向上に関する状況
　②　ハローワークは、一定の労働関係法令違反の求人者について、新卒者の求人申込みを受理しないことができることとする。
　　➤　ハローワークは求人申込みをすべて受理しなければならないこととする職業安定法の特例
　③　青少年に係る雇用管理の状況が優良な中小企業について、厚生労働大臣による新たな認定制度を設ける。

第4部　青少年雇用促進法等の実務

(3)　職業能力の開発・向上及び自立の促進

①　国は、地方公共団体等と連携し、青少年に対し、ジョブカード（職務経歴等記録書）の活用や職業訓練等の措置を講ずる。

②　国は、いわゆるニート等の青少年に対し、特性に応じた相談機会の提供、職業生活における自立支援のための施設（地域若者サポートステーション）の整備等の必要な措置を講ずる。

(4)　その他

①　勤労青少年福祉法の題名を「青少年の雇用の促進等に関する法律」に改める。

②　ハローワークが学校と連携して職業指導等を行う対象として、「中退者」を位置付ける。（職業安定法の改正）

2．職業能力の開発・向上の支援（職業能力開発促進法の一部改正）

(1)　ジョブカード（職務経歴等記録書）の普及・促進

国は、職務の経歴、職業能力等を明らかにする書面の様式を定め、その普及に努める。

(2)　キャリアコンサルタントの登録制の創設

キャリアコンサルタントを登録制とし、名称独占・守秘義務を規定する。

(3)　対人サービス分野等を対象にした技能検定制度の整備

技能検定の実技試験について、厚生労働省令で定めるところにより検定職種ごとに、実践的な能力評価の実施方法を規定する。

【施行期日】平成27年10月1日（ただし、1．(2)①及び②は平成28年3月1日、1．(3)②、2．(2)及び(3)は平成28年4月1日）

（資料出所）厚生労働省ホームページ

第1章　青少年雇用促進法等（勤労青少年福祉法等の一部を改正する法律）

第2節　青少年雇用促進法等の具体的内容の解説

標記の実質的な改正3法について、企業と青少年に直接関係する事柄を中心に説明します。

第1　青少年雇用促進法（勤労青少年福祉法の実質的な全面改正）の内容

1　公共職業安定所の職業指導等

公共職業安定所（ハローワーク）は、青少年の適職の選択を可能とするため、職業経験がないこと、学校を退学したこと、不安定な就業を繰り返していることその他青少年の状況に応じた職業指導及び職業紹介を行う等必要な措置を講ずるものとする（第9条）。

2　公共職業安定所の求人の不受理（平成28年3月1日施行）

公共職業安定所は、公的な機関ですから、企業等からの求人の申込みはすべて受理しなければなりません。

ただし、現行職安法でも、その申込みの内容が法令に違反するとき、その申込みの内容である賃金、労働時間その他の労働条件が通常の労働条件と比べて著しく不適当であると認めるとき、又は求人者が職安法第5条の3第2項の規定による一定の労働条件の明示をしないときは、その申込みを受理しないことができます（職安法第5条の5）。

今回（平成27年）の法改正により、従来の「求人不受理」の規定に加えて、さらに、公共職業安定所は、求人者が学校卒業見込者等求人の申込みをする場合において、その求人者が政令で定める労働法の規定に違反し、行政処分、企業名の公表その他の措置が講じられたとき（省令で定める場合に限る。）は、職安法第5条の5の規定にかかわら

323

ず、その申込みを受理しないことができることとなりました（第11条）。

「行政処分」とは、例えば、人材派遣会社（労働者派遣事業者）が、派遣法に違反して事業改善命令、事業停止命令等を受けて一定期間（例えば6カ月間）を経過していない場合等です。

「企業名の公表」とは、例えば、均等法、派遣法等に違反して、企業名が公表され、一定期間（例えば、6カ月間）を経過していない場合等です。

「その他の措置」とは、例えば、企業が労基法、安衛法等に違反して、是正勧告書の交付や行政指導を受けた場合（例えば、1年間に複数回にわたり受けた場合）等です。

求人不受理となる場合とその期間は、**図表4**のとおりです。また、求人不受理となる法規定一覧は、**図表5**のとおりです。

図表4　求人不受理となる場合と不受理期間

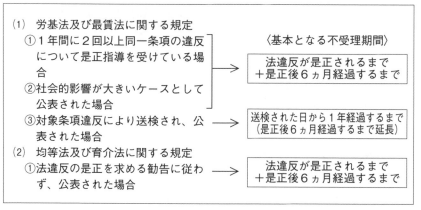

第1章　青少年雇用促進法等（勤労青少年福祉法等の一部を改正する法律）

図表5　求人不受理の対象となる法規定一覧

1．過重労働の制限などに対する規定
　【具体的な対象条項】
　・強制労働の禁止（労働基準法第5条）
　・賃金関係（最低賃金、割増賃金等）
　（労働基準法第24条、第37条第1項及び第4項、最低賃金法第4条第1項）
　・労働時間（労働基準法第32条）
　・休憩、休日、年次有給休暇
　（労基法34条、35条1項、39条1項、2項、5項及び7項）
　※これらの規定を派遣法44条（4項を除く。）の規定により適用する場合を含む。
2．性別や仕事と育児などの両立などに関する規定
　【具体的な対象条項】
　・妊娠・出産等を理由とする不利益取扱いの禁止等（均等法9条1項～3項）
　・性別を理由とする差別の禁止、セクハラ等
　（均等法5条、6条、7条、11条1項）
　・妊娠中、出産後の健康管理措置（男女雇用機会均等法第12条、第13条第1項）
　・育児休業、介護休業等の申出があった場合の義務、不利益取扱いの禁止等
　（育介法6条1項、10条（同法16条、16条の4、16条の7において準用する場合を含む。）、12条1項、16条の3　1項、16条の6　1項、16条の8　1項、16条の9、17条1項（同法18条1項において準用する場合を含む。）、18条の2、19条第1項（同法20条1項において準用する場合を含む。）、20条の2、23条、23条の2、26条、52条の4　2項（同法52条の5　2項において準用する場合を含む。）
　・男女同一賃金の原則（労基法4条）
　・妊産婦の坑内業務の制限等
　（労基法64条の2（1号に係る部分に限る）、64条の3　1項、65条、66条、67条2項）
　※これらの規定を派遣法44条（4項を除く。）の規定により適用する場合を含む。
3．その他、青少年に固有の事情を背景とする課題に関する規定
　【具体的な対象条項】
　・労働条件の明示（労基法15条1項及び3項）
　・年少者に関する労働基準
　（労基法56条1項、61条1項、62条1項及び2項、63条）
　※これらの規定を派遣法44条（4項を除く。）の規定により適用する場合を含む。

（資料出所）労働調査会、労働基準広報2016年3月1日号20頁

325

第4部　青少年雇用促進法等の実務

3　学校卒業見込者等に対する青少年雇用情報の提供

(1)　労働者の募集を行う者及び募集受託者は、学校卒業見込者等の募集を行うときは、学校卒業見込者等に対し、その会社の青少年の募集・採用の状況、職業能力の開発・向上、職場への定着の促進に関する取組の実施状況その他の青少年の適職の選択に資するものとして省令で定める事項（以下「青少年雇用情報」という。）を提供するように努めなければなりません。

さらに、学校卒業見込者等募集に応じ、又は応じようとする学校卒業見込者等の求めがあった場合には、青少年雇用情報を提供しなければなりません（第13条）。

(2)　求人者は、学校卒業見込者等についての求人の申込みに当たり、その申込みに係る公共職業安定所又は職業紹介事業者（民間の職業紹介会社）に対し、青少年雇用情報を提供するように努めなければなりません。

さらに、会社が求人申込みをした公共職業安定所、職業紹介事業者又はこれらの紹介を受け、若しくは受けようとする学校卒業見込者等からの求めに応じ、青少年雇用情報を提供しなければならないものとします。（第14条）。

4　基準に適合する事業主の認定等

(1)　厚生労働大臣は、事業主（常時雇用する労働者の数が300人以下のものに限る。）からの申請に基づき、その事業主について、青少年の募集・採用の方法の改善、職業能力の開発・向上及び職場への定着の促進に関する取組に関し、その実施状況が優良なものであることその他の省令で定める基準に適合するものである旨の認定を行うことができます（第15条）。

(2)　(1)の認定を受けた事業主（以下「認定事業主」という。）は、商品、役務の提供の用に供する物、商品・役務の広告又は取引に用いる書類等に厚生労働大臣の定める表示（いわゆる「認定マーク」）

第1章　青少年雇用促進法等（勤労青少年福祉法等の一部を改正する法律）

を付することができます。他方、何人も認定を受けた場合を除くほか、商品等にその表示又はこれと紛らわしい表示を付してはなりません（第16条）。

(3)　厚生労働大臣は、認定事業主が(1)の基準に適合しなくなったと認めるとき、この法律・この法律に基づく命令に違反したとき又は不正の手段により(1)の認定を受けたときは、その認定を取り消すことができるものとします（第17条）。

(4)　承認中小事業主団体の構成員である認定事業主が、その承認中小事業主団体をして青少年の募集・採用を担当する者の募集を行わせようとする場合において、その承認中小事業主団体が募集に従事しようとするときは、職業安定法第36条第1項及び第3項の規定（厚生労働大臣の許可・届出）は、その構成員である認定事業主については、適用しないものとします（第18条）。

5　国の職業訓練等の措置

国は、地方公共団体その他の関係者と連携し、青少年に対して、職業訓練の推進、職業能力検定の活用の促進、キャリアコンサルタントによる相談の機会の付与、職務経歴等記録書（ジョブシート）の普及の促進その他必要な措置を総合的、かつ、効果的に講ずるように努めなければなりません（第21条）。

6　無業青少年に対する職業生活における自立促進のための措置

(1)　国は、就業、修学及び職業訓練の受講のいずれもしていない青少年であって、職業生活を円滑に営む上での困難を有するもの（以下「無業青少年」という。）に対し、その特性に応じた適職の選択その他の職業生活に関する相談の機会の提供、職業生活における自立を支援するための施設の整備その他の必要な措置を講ずるように努めなければなりません（第23条）。

(2)　地方公共団体は、(1)の国の措置と相まって、地域の実情に応じ、無業青少年の職業生活における自立を促進するために必要な措置を

327

第4部　青少年雇用促進法等の実務

講ずるように努めなければなりません（第24条）。

(3)　公共職業安定所は、無業青少年に適職を紹介するため必要がある
　　ときは、求人者に対して、職業経験その他の求人の条件について指
　　導するほか、無業青少年を雇用し、又は雇用しようとする者に対し
　　て、配置その他の無業青少年の雇用に関する事項について、必要な
　　助言その他の援助を行うことができるものとします（第25条）。

7　学生・生徒に対する法令の知識の付与

　国は、学校と協力して、その学生又は生徒に対し、職業生活におい
て必要な労働法令に関する知識を付与するように努めなければなりま
せん（第26条）。

8　国の事業主等に対する援助

　国は、青少年の福祉の増進を図るため、事業主、職業紹介事業者等
その他の関係者に対して、必要な助言、指導その他の援助を行うよう
に努めなければなりません（第27条）。

9　その他

　勤労青少年の日、都道府県勤労青少年福祉事業計画、勤労青少年福
祉推進者、余暇の有効活用、勤労青少年ホーム及び勤労青少年ホーム
指導員に関する規定を廃止します（旧法第5条、第7条及び第13条か
ら16条まで）。

第2　職業安定法の一部改正の内容

　公共職業安定所が学校と協力して行う職業指導、職業紹介及び学校
が届出により行う無料職業紹介の対象者に、「学校を退学した者」を
追加します。

　また、公共職業安定所が学校その他の関係者と協力して職業の選択
についての学生・生徒の関心と理解を深めるために講ずる措置とし
て、「キャリアコンサルタントによる相談の機会の付与」を追加しま
す（第26条第1項及び第3項並びに第33条の2第1項）。

第1章　青少年雇用促進法等（勤労青少年福祉法等の一部を改正する法律）

第3　職業能力開発促進法の一部改正の内容

1　基本理念

　労働者は、職業生活設計を行い、その職業生活設計に即して自発的な職業能力の開発・向上に努めるものとします（第3条の3）。

2　国の職務経歴等記録書（ジョブカード）の普及

　国は、労働者の職務の経歴、職業能力その他の労働者の職業能力の開発・向上に関する事項を明かにする職務経歴等記録書の様式を定め、その普及に努めなければなりません。

　また、国は、その様式を定めるに当たっては、青少年の職業生活設計に即した自発的な職業能力の開発・向上が促進されるように、その特性にも配慮するものとします（第15条の4）。

3　キャリアコンサルタント

(1)　「キャリアコンサルティング」とは、労働者の職業の選択、職業生活設計又は職業能力の開発・向上に関する相談に応じ、助言・指導を行うことをいうものとします（第2条第5項）。

(2)　事業主が必要に応じ講ずる措置として、「労働者が自ら職業能力の開発・向上に関する目標を定めることを容易にするために、業務の遂行に必要な技能等の事項に関し、キャリアコンサルティングの機会の確保その他の援助を行うこと」を追加します（第10条の3第1号）。

(3)　キャリアコンサルタントは、キャリアコンサルタントの名称を用いて、キャリアコンサルティングを行うことを業とするものとします（第30条の3）。

(4)　キャリアコンサルタント試験は厚生労働大臣が行うものとし、同大臣の登録を受けた法人に、キャリアコンサルタント試験の実施に関する業務を行わせることができるものとします。

　　また、登録の要件その他所要の規定を設けることとします（第30

第4部 青少年雇用促進法等の実務

条の4から第30条の18まで）。

(5) キャリアコンサルタント試験に合格した者は、キャリアコンサルタント名簿に、氏名、事務所の所在地その他省令で定める事項の登録を受けて、キャリアコンサルタントとなることができるものとします。その登録は、5年ごとにその更新を受けなければ、その期間の経過によって、効力を失うものとします。

　また、厚生労働大臣は、同大臣の指定する者に、キャリアコンサルタントの登録の実施に関する事務を行わせることができるものとするとともに、指定の要件その他所要の規定を設けます（第30条の19から第30条の26まで）。

(6) キャリアコンサルタントは、キャリアコンサルタントの信用を傷つけ、又はキャリアコンサルタント全体の不名誉となるような行為をしてはなりません。

　また、キャリアコンサルタントは、その業務に関して知り得た秘密を漏らし、又は盗用してはなりません（第30条の27）。

(7) キャリアコンサルタントでない者は、キャリアコンサルタント又はこれと紛らわしい名称を用いてはなりません（第30条の28）。

(8) 公共職業能力開発施設の長は、公共職業訓練を受ける求職者が自ら職業能力の開発・向上に関する目標を定めることを容易にするために、必要に応じ、キャリアコンサルタントによる相談の機会の確保その他の援助を行うように努めなければなりません（第23条第4項）

第4　施行期日

　この法律は、平成27年10月1日から施行されています。ただし、前述第1の2、3は平成28年3月1日から、また、第3の3は平成28年4月1日から施行されています（附則第1条）。

330

第 2 章
現在の職業紹介、募集・採用、労働契約に関する法規定（職業安定法、労働基準法、労働契約法等）

1 職業紹介

1 職業紹介事業・労働者供給事業のルール

ポイントは

① 従来、職業紹介は、公益性の見地から、原則として、国が公共職業安定所（ハローワーク）を通じて行うこととされていました。

② このため、国の機関以外の者が行う職業紹介事業と労働者供給事業については、職安法に基づき、多くの規制が設けられています。ただし、近年は、急速に規制緩和が行われています。

(1) 職業紹介事業

職業紹介とは、求人（経営者）および求職（労働者）の申込みを受け、求人者と求職者の間における雇用関係の成立をあっせんすることをいいます（職安法5条1項）。

イ 職業安定機関

職安法に基づく国の職業安定機関には、**図表1**のように多種多様な

331

第4部　青少年雇用促進法等の実務

ものがあります。

図表1　職業安定行政機関図

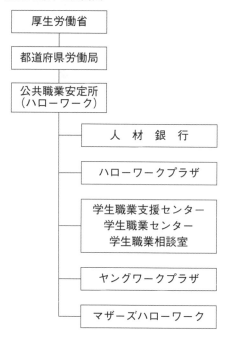

□　有料職業紹介事業者

　有料職業紹介事業（民間企業の人材あっせん事業）は、港湾運送業務、建設業務を除くすべての職業について、厚生労働大臣の許可を得て、行うことができます。

　有料職業紹介事業者は、従来、芸能家またはモデルの職業に紹介した求職者以外の求職者からは、原則として、手数料を徴収することはできませんでしたが、平成14年2月16日より、手数料の徴収が解禁されました。また、再就職先の年収が1,200万円を上回ることを条件に経営管理者、研究者・技術者の職種からも手数料の徴収ができるようになりました。さらに、求人企業から徴収する手数料の上限も撤廃さ

第2章　現在の職業紹介、募集・採用、労働契約に関する法規定（職業安定法、労働基準法、労働契約法等）

れました。また、法令改正により、求人者に対しては、上限制手数料
（6カ月間の賃金額の100分の10.5）または、届出制手数料（1年間の
賃金額の100分の50）のいずれかを選択して徴収することができるよ
うになりました。

八　無料職業紹介事業者

① 学校等

次の施設の長は、厚生労働大臣に届け出て、無料の職業紹介事業
を行うことができます。

(イ) 学校教育法上の学校（実際には、就職業務の体制を整えてい
る高校、高等専門学校、短大、大学、専修学校）

(ロ) 公共職業能力開発施設、職業能力開発大学校

② 公益法人、公共的な法人、団体、労働組合等

これらの者は、厚生労働大臣の許可を得て、無料の職業紹介事業
を行うことができます。

③ 地方公共団体─届出により実施可（平成16年3月施行）

(2)　労働者供給事業、労働者派遣事業

誰であっても、労働者供給事業を行い、またはその労働者供給を行
う者から供給される労働者を使用してはなりません。

ただし、労働組合等は、厚生労働大臣の許可を得て、無料の労働者
供給事業を行うことができます（職安法44条、45条）。

労働者供給事業とは、自己の支配下にある労働者を、他人の指揮命
令を受けて、その他人のために従事させることを、業とすることです。
労働者派遣事業も一種の労働者供給事業です。しかし、労働者派遣法、
港湾労働法、または建設雇用改善法にもとづき、厚生労働大臣に届け
出て、または許可を得て行う場合は、特別に認められています。

333

第4部　青少年雇用促進法等の実務

2　職業紹介・従業員募集のルール

ポイントは

　公共職業安定所（ハローワーク）、職業紹介事業者、従業員を募集・採用する会社、労働者供給事業者（労働組合等）が職業紹介及び従業員募集を行う場合には、職安法で一定のルールが設けられています。

(1)　労働条件の明示義務

　公共職業安定所、職業紹介事業者、従業員採用会社、および労働者供給事業者（労働組合等）は、職業紹介・従業員募集等にあたり、求職者、応募者等に対し、従事する業務内容、賃金、労働時間、雇用期間、社会・労働保険の適用の有無等の労働条件を書面の交付により明示する必要があります。

　求人者（労働者を採用したい会社等）等は、求人の申込みにあたり、公共職業安定所（ハローワーク）、職業紹介事業者等に対し、前記の労働条件を書面の交付により明示する必要があります（職安法5条の3）。

(2)　求人・求職の受理義務

　公共職業安定所、および職業紹介事業者は、求人の申込みをすべて受理しなければなりません。ただし、その申込みの内容が法令に違反するとき、その労働条件が通常の労働条件と比べて著しく不適当であるときは、受理しないことができます。

　また、求職（雇用労働者として働きたいこと）の申込みは、法令違反のときを除き、すべて受理しなければなりません（職安法5条の5）。

334

第2章　現在の職業紹介、募集・採用、労働契約に関する法規定（職業安定法、労働基準法、労働契約法等）

(3)　委託募集

従業員採用会社が、自社の従業員以外の者を募集業務に従事させようとするときは、事前に、厚生労働大臣の許可が必要です。

また、募集業務に従事する者に報酬を与えようとするときは、報酬金額について同大臣の認可が必要です（職安法36条）。

(4)　報酬受領の禁止

従業員採用会社と募集業務に従事する者は、募集に応じた者から、いかなる名義でも、報酬を受けてはなりません（職安法39条）。

(5)　報酬供与の禁止

従業員採用会社は、自社の従業員で募集業務に従事する者への賃金、募集依頼者に対する厚生労働大臣認可の報酬以外に、いっさいの報酬を与えてはなりません（職安法40条）。

自社の従業員に、謝礼として報酬金、図書券、テレフォンカード等を支給することは職安法違反です。

②　従業員の募集・採用

1　適法な従業員・就業者募集・確保の方法

―ポ‐イ‐ン‐ト‐は―――――――――

図表2のとおり、さまざまな募集方法があります。

335

第４部　青少年雇用促進法等の実務

図表2　適法な従業員・就業者募集・確保の方法一覧

募集・確保方法	必要経費	対象者	特色・留意点等
1．自社退職者の活用 (1)　再雇用 (2)　在宅就業者としての業務委託	無料	限定なし	・雇用労働者ではないため、労働法が適用されない。
2．従業員・OBからの紹介	実費程度	限定なし	・採用条件を書面で明示することがトラブル防止に必要。
3．関係者からの紹介 (1)　大学・研究所の教授等の紹介 (2)　取引先・関連企業の紹介 (3)　関係経済・業界団体等の紹介 (4)　地域団体・同好会の紹介		限定なし	・新規学卒者、研究者、技術者の場合効果大。
4．職業安定機関等の利用 (1)　職安（ハローワーク） (2)　専門機関 　(イ)　人材銀行 　(ロ)　パートバンク・パートサテライト 　(ハ)　学生職業センター 　(ニ)　高齢者雇用就業支援センター (3)　その他 　(イ)　(財)産業雇用安定センター 　（出向・転籍のあっせん）	無料 無料 無料	限定なし 中高年管理職、技術者、専門職 男女パートタイマー 大学生、短大生等 高齢者 個々人でなく、企業が利用	・信頼できる。 ・求人、求職の需給状況、賃金その他の労働条件の世間相場がわかる。 ・全国の他地域へ求人を転送してもらえる。 ・採用に伴い各種給付金をもらえる。 ・紹介された者を雇用した場合、アフターケアを受けられる。 ・離職の形をとらず、A社からB社にそのまま出向、転籍されることの仲介。

第2章　現在の職業紹介、募集・採用、労働契約に関する法規定（職業安定法、労働基準法、労働契約法等）

（ロ）　シルバー人材セン ター	無料	高齢者	・仕事の受注と高齢者の 紹介。
５．自社で直接できる方 法 (1)　スカウト (2)　立て看板、ポスター 掲示 (3)　投げ込み広告 (4)　学校への依頼、チラ シ配布	実費程度必 要	 限定なし 〃 〃 アルバイ ター	・出入りのセールスマン、 銀行マンに頼む方法もあ る。 ・充足しても未充足でも、 立て看板等は、10日ない し２週間でいったん引っ こめる。 ・チラシは、郵便受けに入 れるので、まちがいなく 手にとってもらえる。
６．有料の宣伝手段の利 用 (1)　新聞、情報誌、イン ターネット 　（イ）　新聞の求人広告 　（ロ）　求人情報誌、求人 サイト (2)　新聞折り込み	 有料 有料 有料	 限定なし 正社員、ア ルバイター、 男性、女性 向けなど 限定なし	・数百万部と発行部数が多 い。 ・日刊のため依頼してすぐ 掲載される。 ｝・アルバイター、パート タイマーの求人に強い。 ・若者の中途採用の求人 に強い。 ・新聞よりも料金が安い ので、詳しいPRが掲載 できる。 ・地域を限定して広告する 場合の手段。
７．民間あっせん会社の 利用 （有料職業紹介事業者）	有料	全般	
８．人材派遣会社の利用 （労働者派遣事業者）	派遣料金	港湾運送、 建設、警備 業務等を除 き、ほぼ全 般	・派遣会社に雇用・登録し ている社員の派遣。 ・利用会社は募集・採用業 務不要。
９．在宅就業者の募集	方法により 異なる	自宅で就労 できる者	・労基法、最賃法等の適用 対象外。

337

第4部　青少年雇用促進法等の実務

2　他社への出向・転籍を前提として従業員を募集・採用することの規制

ポイントは

　他社への出向・転籍を前提とする、自社名の従業員の募集・採用については、職安法、派遣法で種々規制されています。

⑴　転籍には労働者の個別的同意（承諾）が必要

　自社従業員の他企業への転籍は、自社との従来の雇用関係を解消し、新たに他の企業と労働契約を締結するわけですから、事実上「退職」「解雇」と同じです。

　ですから、労働協約や就業規則で、転籍に関する事項が明確に規定されている場合であっても、特段の事情の認められない限り、労働者（転籍者）との個別的同意（当人の承諾）が必要とされています。

　判例でも、転籍に応じないというだけで自社の従業員を解雇することは認められないと判示しています（千代田化工建設事件・東京高判平成5年3月31日　労働判例629号19頁）。

⑵　親会社が子会社に代わって募集・採用することの是非は

　労働者の募集は、公共職業安定所や許可を受けた民営職業紹介事業所を通じて行う以外は、原則として、雇用主自身が行わなければ職業安定法違反となります。第三者（親会社）が、求人者（子会社）に代わって、子会社の従業員募集を行う場合には、厚生労働大臣から委託募集の許可を得ることが必要です（職安法36条）。

　また、知名度のある親会社が形式だけの採用を行って、その後、子会社に出向・転籍させるという形態は、労働者供給事業の禁止（職安法44条）に抵触する可能性があります。同条では、何人も労働組合等

338

第2章　現在の職業紹介、募集・採用、労働契約に関する法規定（職業安定法、労働基準法、労働契約法等）

が厚生労働大臣の許可を受けて行う場合を除き、労働者供給事業を行い、またはその労働者供給事業を行う者から供給される労働者を自らの指揮命令の下に労働させてはならないと定めています。

　また、複数の会社が、グループで求人募集する場合には、すべての募集会社の名称と募集内容を職業紹介機関、求職者等に明示し、求職者が直接募集会社に応募し、採用されることが必要です。

　さらに、入社後、グループ会社間の人事交流などによって、他社への出向・転籍がある場合には、応募者に対して、そのことを事前に説明しておく必要があります。就業規則にも、出向・転籍の根拠規定は当然必要です。

(3)　委託募集というのは

　「委託募集」というのは、労働者を採用しようとする事業主が、その被用者（従業員等）以外の第三者に委託して、募集業務を行わせることをいいます（職安法36条）。その際、厚生労働大臣の許可が必要です（無報酬で委託する場合は届出制）。

　例えば、企業グループが採用の効率化を考えて、「共同で募集広告を出し、応募の受付窓口をある特定の一企業で行い、採用後に各企業に振り分ける」といったケースなどは、許可が必要です。これを無視して行えば、無許可の委託募集（あるいは職業紹介）となってしまいます。また、求職者の希望・謝礼金の有無にかかわらず、個別の企業に斡旋することなどはできません。

(4)　許可申請の手続きは

　委託募集の許可を受けるには、厚生労働省職業安定局長の定める様式である「委託募集許可申請書」を、所轄の公共職業安定所長を経由し、厚生労働大臣（職業安定局長）に提出します。

(5)　委託募集にあたっての報奨金額の限度は

　委託募集にあたっての「報奨金額」は、賃金総額の100分の50を超えてはなりません。

339

第4部　青少年雇用促進法等の実務

　また、事業主が委託募集に従事する者に「報奨金」を与える場合には、厚生労働大臣の許可が必要です。

　その金額は、「応募して就職した者1人につき、その者の就職後最初の1カ月（労働契約期間が1カ月未満の場合は、その期間）に支払われる賃金（賃金、給料、手当、賞与その他名称のいかんを問わず、労働の対象として事業主が労働者に支払うすべてのものをいいます）の総額の100分の50を超えてはならない」とされています。

(6)　委託募集の手続き・相談先は

　このように、委託募集を行う際には、各種の手続きや制限がありますので、詳細については、事前に、必ず所轄の公共職業安定所へ相談してください。

(7)　労働条件の明示義務の問題は

　職安法では、労働条件等の明示が明確かつ正確に行われるようにすることを定めています（職安法5条の3、42条）。求人情報誌、折込み、インターネット上などでの募集についても、この条文の趣旨に反してはならないことになっています。

　この労働条件等の明示には、雇用主、勤務場所を正確に明示することが必要になります。

　しかし、親会社の名前による子会社の従業員の募集や企業グループの合同募集の場合は、求人会社と雇入れ会社、実際に勤務する会社がはっきり示されなかったり、誤解しやすい表現となりがちです。明確かつ正確に明示してください。

第2章　現在の職業紹介、募集・採用、労働契約に関する法規定（職業安定法、労働基準法、労働契約法等）

3　採用選考の手順・基準

ポイントは

　採用選考の際は、担当職務を行う能力だけをみて選考してください。

　男女差別は禁止（均等法）、年齢制限をするには合理的な理由がなければいけません（雇用対策法）。

⑴　どんな従業員がほしいか具体的に決める

　従業員は会社にとって大きな財産であり、「人財」ともいうべき存在です。

　必要な人財を得るために、まずは、何ができる人を求めるのか、具体的に決めておきましょう。その点があいまいだと、足の速い1番バッターが必要なのに、足の遅いホームランバッターを採ることになりかねないからです。

⑵　大事なのは職業能力

　従業員の採用にあたっては、職業能力のみに着目して選考を進めます。年齢、性別、学歴、障害の有無、人種などという条件は、職業能力とはなんら関係ありません。

　男女差別、合理的理由のない年齢制限は**図表3**のように禁止されています。

341

第4部　青少年雇用促進法等の実務

図表3　募集・採用選考の際の差別は禁止

Point 1

男女差別は禁止
（男女雇用機会均等法5条による）

・男性のみ、女性のみの募集の禁止
（「営業マン募集」「ウエイター」
「女性パート社員」等。例外もあ
る）

・男性または女性を排除するような
募集は禁止（「男性歓迎」「女性向
き」等）

・募集人数の差別は禁止（「男性20
名、女性40名募集」等）

・男女異なる採用条件での募集禁止
（「男性30歳未満、女性25歳未満」
等）

・内容説明や情報提供の差別禁止
（資料を男性のみに送付）

・採用選考での差別禁止（男女で合
格基準に差を設ける等）

・間接差別の禁止（業務内容と無関
係な身長、体重、体力を条件にす
る等）

Point 2

特別な場合を除き、年齢制限は禁止
（雇用対策法10条、同施行規則1
条の3による）

次の場合等を除き、年齢制限不可

・技能等を継承する若手が必要

・定年年齢等との関係

・芸術・芸能分野において表現の真
実性が求められる（俳優等）

・行政の施策を踏まえて高年齢者限
定で募集

・従事業務に法令の規定による年齢
制限あり（年少者の深夜業・危険
有害業務の就業制限等）

(3)　**採用までの手順、留意点**

　従業員の募集から採用決定までの手順と留意点は、**図表4**のとおり
です。

第2章　現在の職業紹介、募集・採用、労働契約に関する法規定（職業安定法、労働基準法、労働契約法等）

図表４　従業員の募集から採用決定までの手順

```
1  採用準備

①どんな社員がほしいか具体化（「入金・出
  金の伝票処理ができる」「社員の社会・労
  働保険関係の事務処理ができる」など）
②採用人数、応募資格の決定
③選考基準の決定（①を具体化するための
  条件）
④労働条件（賃金、労働時間等）の決定
```

応募者が集まる労働条件は？
高賃金、休日が多い、休暇をとりやすいこと、福利厚生の充実、配置についての希望が通るなど。ただし、入社後、労働条件を引き下げるのは簡単ではない。持続可能な範囲で労働条件を設定

```
2  募集活動

①求人案内の作成
②採用選考に使う試験問題、面接の際の評
  価項目、質問項目、面接評定の用紙など
  を用意する（上記１の③の内容を盛り込む）
③募集を行う
```

お金をかけなくてもできる
パートタイマー等の募集であれば、お金のかからない方法も効果は高い。①自社の従業員等からの紹介→②ポスター掲示、チラシ→③ハローワークの活用→④新聞の折込チラシ→⑤新聞広告、就職情報誌（求人サイト）の順に進めるのが得策

```
3  採用選考

①書類選考
②筆記試験、適性試験の実施
③面接
④健康診断、職歴調査等
```

労働条件は正確に伝える
仕事の具体的な内容や労働条件をきちんと説明、納得させておく。入社後、事前の話と実態が違うとわかると、すぐにやめてしまう者も多い

実際に働いてもらう方法もある
１～４週間程度、インターン・シップ（職場実習）、日雇契約、紹介予定派遣で応募者に働いてもらったあと、正社員等で契約。ミスマッチを防ぎ、採用後の早期退職の防止になる

```
4  採用決定・通知
```

入社までフォローアップ
可能なかぎり入社日を早く設定。雇用契約書（兼労働条件通知書）を渡して説明するなど、入社手続きを先行させてもよい

第4部　青少年雇用促進法等の実務

4　採用選考時の禁止事項

ポ-イ-ン-ト-は

　採用選考時に、応募者の基本的人権を守り、就業の機会均等を
確保するため、以下のように採用関係者に対して禁止されている
事柄があります。
　事業主が応募者に対して採用選考を行う際に、その基準となる
べきものは、あくまでも本人の能力、適性です。本人の出身や家
庭環境など本人の能力、適性と関係のない事柄をその基準とすべ
きではありません。
　また、採用選考の際には、応募者の基本的人権を守り、就職の
機会均等を阻害することのないようにしなければなりません。
　以上の趣旨から、次の点に十二分に留意してください。

(1)　募集・応募段階の禁止事項は

イ　応募書類について

　イ）応募書類については、各企業で作成したものに、例えば、本籍
　　地番、親の職業等の就職差別につながるおそれのある事項が入ら
　　ないよう、応募者の就職機会の均等を図るため、新規高卒者につ
　　いては、厚生労働省、文部科学省および全国高等学校長協会の協
　　議により定められた様式が統一応募用紙として、昭和48年度から
　　全国的に使用されています。さらに、新規大卒者の応募用紙につ
　　いては、昭和58年度から「応募者用紙の参考例様式」が定めら
　　れ、趣旨徹底に努められています。また、一般求職者の採用に使
　　用される履歴書についても、日本工業規格（JIS）として定めら
　　れています。事業主は、応募者に応募書類の提出を求める場合に
　　は、上記のものを用いるよう徹底させてください。

第2章　現在の職業紹介、募集・採用、労働契約に関する法規定（職業安定法、労働基準法、労働契約法等）

ロ）応募書類に「家庭の職業」、「家庭環境」、「家族の収入」、「住居状況」、「宗教」、「支持政党」等の記入を求めないでください。

ハ）応募書類に「自宅付近の略図」の記入を求めないでください。

ニ）「戸籍謄（抄）本」、「住民票」等の提出を求めないでください。

(2)　選考・採用段階の禁止事項は

イ　作文のテーマについて

採用選考試験における学科試験の内容をみると、採用職務の作業遂行と何の関係があるのか疑問に思われる例があります。入学試験と会社の採用試験との相違をよく考え、職務との関係を重視して実施すべきです。

また、作文についても、編集のような業務を行う場合には文章力が必要だと思いますが、一般的には安易に作文を課すことにより、その人の思想・信条とか、家庭状況を調べる手段として用いられている場合があります。こういった選考は、就職差別につながるもととなりますので、作文を課す場合には、その題材について十分に配慮する必要があります。

作文のテーマに、例えば、「私の生いたち」、「私の家庭」等本人の家庭環境にかかわるもの、または「思想、信条」を推測するものを課さないことです。

ロ　面接時の設問内容について

面接時の設問内容は、思想や価値観、家庭環境などを聞きだしたり調査したりするものではなく、本人の適性と能力を見いだすものでなければなりません。例えば、「あなたの本籍地（出身地）はどこですか」、「あなたの家族の職業を言ってください」、「あなたの住んでいる地域は、どんな環境ですか」などと質問することは、本人の適性、能力とは何ら関係がないばかりか、就職差別につながる内容を含むものであり、被面接者をして答えづらいことを、精神的苦痛のなかで答えざるをえない立場に追いつめてしまいます。

345

第4部　青少年雇用促進法等の実務

　そして、そのために受けた心理的打撃が面接態度に現れ、その言動等から受ける印象によって質問に答えやすい者との比較で評価することは、真の意味で公正な選考とはいえません。

　設問については、面接の目的や基準に照らして、以上述べたことを考慮に入れて、基本的人権の尊重ということに十分配慮しつつ、あらかじめ統一的に定めておくことが極めて大切です。

八　身元調査について

　従来より、企業が従業員の採用にあたって、応募者の本籍、生活状況、家族の職業などを第三者等に依頼して調査することにより、無責任な予断と偏見が入り、応募者の適性と能力が歪められて報告され、就職の機会が閉ざされるという差別事象が多く見受けられます。

　企業が従業員の採用選考にあたって、身元調査を行うことは、適正な採用選考を求める目的に反するばかりか、就職差別につながるおそれがあるとして統一応募書類（昭和48年度）、JIS規格履歴書（昭和49年度）の作成にあたって排除した事項をも調べることになります。企業においては身元調査を行うことなく、応募者の業務遂行能力・適性によってのみ採否を決める採用選考システムの確立に努めるべきです。

二　入社承諾書について

　採用が決定（内定）したときに「入社承諾書」を求める場合、会社側だけに都合のよいような取消し、あるいは留保条件を一方的に付ける例がよく見られます。採用決定から入社までには、特に新規学卒者の場合等は、かなりの期間があるので会社または本人に不測の事態が起きる可能性はありますが、そのときには、会社と本人と学校との三者で協議して決めればよいことです。あらかじめ、しかも、採用になって喜んでいるときに、一方的にこのような条件を付けることは控えなければなりません。

　なお、採用内定の法的性格、取消事由等については、「③3　採用内定と取消し」（361頁）を参照してください。

第2章　現在の職業紹介、募集・採用、労働契約に関する法規定（職業安定法、労働基準法、労働契約法等）

ホ　入社の際の戸籍謄（抄）本等の取扱いについて

　採用が決定（内定）すると、採用したのだからよいだろうということで、早速「戸籍謄（抄）本」の提出を求める企業がありますが、「戸籍謄（抄）本」の提出は求めないことです。ちなみに、厚生労働省作成資料には次のように記載されています。

　「なお、採用後における関係書類の記載については、労働基準法や労働安全衛生法に基づくものについても、『住民票記載事項の証明書』を備えれば足りることとされていますし、冠婚葬祭等に際して慶弔金等の支給について確認するための関係書類として、住民票の写し等が必要となった場合は、その使用目的を十分説明のうえ提示を求め、確認後はすみやかに返却するなどの処置をとってください。」

　　（注）　上記は、厚生労働省作成資料「事業主の皆様へ、採用選考
　　　　　自主点検資料──同和問題の理解のために─」にもとづいて
　　　　　記述したものです。「　　」の部分は同資料から引用したも
　　　　　のです。

5　採用内定時から初出社時までの手続き

⎡ポ-イ-ン-ト-は⎤

　新たに従業員（労働者）を採用する場合は、法令等に基づいて手続きを行っていきます。

　必要な手続きは次のとおりです。採用内定時から初出社時までの手続きにもれはないか、チェックしていきましょう。

347

第4部　青少年雇用促進法等の実務

(1)　書類をそろえて採用手続きを進める

採用内定時

‥‥1　会社（使用者）から内定者に採用内定通知書を、内定者は会社に入社誓約書を送付

‥‥2　入社時までに会社は必要な書類を用意

> **CHECK―用意する書類**
> □労働条件通知書（雇用契約書、雇入通知書）、就業規則のコピー
> 　⇒採用時には文書で主な労働条件を示すのが使用者の義務（労基法15条）
> □労働者名簿
> 　⇒各事業場ごとに、従業員の氏名、生年月日、履歴などを名簿に記入・保存するのが義務（労基法107条）
> □賃金台帳
> 　⇒各従業員について賃金計算の基礎となる事項、基本給、手当の種類と金額などを記入するのが義務（労基
>
> 　法108条）
> □健康診断個人票
> 　⇒各従業員について健康診断の結果を記録・作成するのが義務（安衛法66条の3）
> □人事記録カード
> 　⇒各従業具について、家族構成、略歴、資格・特技、入社後の配置部署、等級、職位等を会社がその時々に記入し、最新の情報を保管。賃金等の決定、人事異動、昇降給、昇降格等の人事管理に用いる。作成する法律上の義務はないが、適切な人事管理のために必要

入社時

‥‥3　従業員に必要な書類を提出させる

> **CHECK―提出してもらう書類**
> □誓約書
> 　⇒就業規則その他のルール、上司の指示命令を守り、誠実に業務に励むことを誓ってもらう
> □住民票記載事項証明書
> 　⇒労働者名簿等に正確な内容を記載するため。差別につながりかねない戸籍謄・抄本の提出は禁止
> □履歴書、健康診断書
> 　⇒すでに受け取っていれば不要
>
> □身元保証書
> 　⇒従業員が会社に損害を与えたら第三者が賠償すると約束する文書
> □年金手帳、雇用保険被保険者証
> 　⇒職歴のある者の場合
> □給与所得者の扶養控除等（異動）申告書
> 　⇒従業員の給与から配偶者控除、障害者控除等をするために必要
> □自動車運転免許証等のコピー※

※業務に運転等が必要な場合

第2章　現在の職業紹介、募集・採用、労働契約に関する法規定（職業安定法、労働基準法、労働契約法等）

初出社日

……4　初出社日に手続きを行う

CHECK—手続きの内容
□採用辞令の交付
□身分証明書の交付
　⇒採用された者に手渡す
□通勤費支給申請書の記入・提

出
⇒従業員に通勤手当を支給する場合は、これに記入、提出させる

採用後

……5　社会・労働保険関係の事務手続きを行う

CHECK—手続きの内容
□健康保険・厚生年金保険被保険者資格取得届の提出
　⇒採用日から5日以内に、年金事務所に提出。以下を添付
　①従業員に被扶養者がいる場合は、被扶養者届
　②従業員が厚生年金保険の被保険者であった場合は、年金手帳または被保険者証
□雇用保険被保険者資格取得届
　⇒採用した翌月10日までに、公共職業安定所（ハロー

ワーク）に提出。その従業員が雇用保険の被保険者であった場合は、雇用保険被保険者証を添付
□社会保険被保険者台帳への記載
⇒前記の各社会・労働保険について、資格取得手続き終了後、各被保険者（従業員）の保険番号、資格取得年月日を記載し、毎月の保険料を記入していく

6　使用者の労働条件明示義務

―**ポ-イ-ン-ト-は**――――

　労働条件の明示方法としては、使用者が労働者に労働条件通知書（兼労働契約書）と就業規則の写しを渡し、労働者から受領したことの署名、押印をとっておくことが必要です。

(1)　労基法の労働条件明示ルールは

　使用者は、労働契約を結ぶときには、労働者に対して、賃金、労働

349

第4部　青少年雇用促進法等の実務

時間その他の労働条件（**図表5**の事項）を明示することが義務づけられています。同表の①〜⑥の事項については、これらが明らかになる書面を明示しなければなりません（労基法15条、労基則5条）。

　これらのうち、⑦〜⑭の事項は、定め（ルール、制度等）がある場合には、明示しなければなりません。

　使用者がこれらの規定に違反した場合には、30万円以下の罰金を科せられます（労基法120条1号）。

(2)　**労働者の労働契約内容の理解を深めるというのは**

　使用者は、労働者に対して、次の①と②の契約内容について、説明、情報の提供等により、理解の促進に努めてくださいということです（労契法4条1項）。

　　①　使用者が労働者に提示する労働条件

　　②　使用者が労働者と結んだ、または変更した労働契約の内容

(3)　**労働契約内容の書面を交付するというのは**

　労働契約内容を口頭で説明することだけでは、誤解を生じる場合があります。また、労使間でトラブルが生じた場合に判断のしようがありません。

　そこで、使用者は、労働条件通知書等書面の交付を行ってくださいということです（労契法4条2項）。

図表5　従業員採用時の使用者の労働条件明示義務事項

労働条件明示義務の対象事項	具体的内容
①　労働契約の期間	有期労働契約の場合
②　有期労働契約を更新する場合の基準	
③　就業の場所、従事する業務	
④　始業・終業の時刻、休憩時間、休日、休暇、交替制勤務の場合の交替方法等	所定時間外労働（残業）がある場合は、そのことも含む

第2章　現在の職業紹介、募集・採用、労働契約に関する法規定（職業安定法、労働基準法、労働契約法等）

⑤　賃金	賃金の決定・計算・支払いの方法、賃金計算の締切り、支払いの時期、昇降給など。退職金、賞与など臨時の賃金は除く
⑥　退職に関すること	解雇、任意退職、定年制、契約期間の満了による退職等労働者が従業員としての身分を失うすべての場合に関すること
⑦　退職金	退職金支給の対象労働者の範囲、金額の決定・計算・支払いの方法、支払いの時期
⑧　臨時の賃金、賞与、その他の手当、最低賃金	
⑨　食費、作業用品、作業服代金等の労働者の負担の有無。必要な場合は金額等	
⑩　労働安全・衛生	
⑰　教育研修、職業訓練	
⑫　業務上の災害補償、業務外の傷病扶助	
⑬　表彰・懲戒処分の種類・程度	
⑭　休職	

　労働契約そのものは口約束でも成立します。労働者が就職を希望し、企業が採用を決定して労働者に伝えた時点で成立するものです。けれども、口約束では、労使間で後日トラブルが生じた場合、口約束の内容を証明することは非常に困難です。

　労働者が雇用主から**図表6、7**の労働契約書（兼労働条件通知書）と就業規則（その労働者に適用されるもの）の写しを受け取るのが簡単で確実な方法です。

351

第4部　青少年雇用促進法等の実務

図表6　労働契約書（兼労働条件通知書）の文例
（1年間の期間雇用、日給制、月1回払いの場合）

労働契約書（兼労働条件通知書）

○○年○月○日

　○○年○○月○○日○○○○（株）○○支店長○○○○（以下「甲」という）と○○○○（以下「乙」という）は、下記により労働契約を締結する。この契約書の記載事項は、期間雇用社員就業規則に優先する。この契約書に記載のない事項については、同就業規則に定めるところによる。

雇用契約期間	○○年○○月○○日～○○年○○月○○日（1年間）
就業場所	○○○○（株）○○○○支店　TEL×××－△△△△
所在地	○○県○○市○○○　　　　FAX×××－□□□□
業務内容	倉庫内における雑貨商品の入出荷業務　　作業責任者○○○○
所定労働時間	午前8時00分～午後5時00分（実働8時間）
休憩時間	正午～午後1時
時間外労働	甲の時間外労働協定による1日5時間、月間45時間、年間360時間の範囲内とする
所定休日	毎週土曜日・日曜日（日曜日を法定外日とする）
賃金	基本給　　　日額　　　8000円　　　昇降給　　　無 通勤手当　　日額上限　600円　　　賞与　　　　無 退職金　　　無
割増賃金等	1　時間外労働　　25％　　　2　深夜労働　　25％ 3　休日労働　　　35％　　　4　休業手当　　60％
賃金支払い時の控除	1　所得税、住民税、社会・労働保険料 2　労使協定に基づく賃金控除有（寮費・昼食代）
賃金支払い方法	月1回払い（月末締め　翌月10日支払い）
年次有給休暇	6カ月継続勤務後、当初の1年間に10日間
加入社会・労働保険	健康保険、介護保険、厚生年金保険、雇用保険、労災保険

352

第2章　現在の職業紹介、募集・採用、労働契約に関する法規定（職業安定法、労働基準法、労働契約法等）

契約期間中の退職・解雇	1．契約期間中であっても、乙が事情により勤務することができないときは、14日前に甲に申し出ることにより退職することができる。 2．契約期間中であっても、乙の健康状態、能力、勤務態度その他に支障があり、職務を円滑に遂行することができないと甲が判断した場合には、甲は当人を解雇することができる。勤続期間が2週間を超えた社員を解雇する場合には、30日以上前に予告するか、または30日分の解雇予告手当（平均賃金）を支払う。
労働契約の更新	1．甲は、甲の業績、経営状況、業務量の増減、乙の能力、勤務態度、健康状態を総合点に勘案し、乙との契約更新の有無を決定する。 2．通算雇用期間が1年を超える社員について契約更新をしない場合には、契約満了の30日前までに本人に通知する。 3．契約期間満了後、契約更新する場合であっても、通算契約期間は5年を上限とし、5年を超える契約の更新は行わない。（注）

　　　　　　　　　　　　　　甲○○（株）○○支店長　　署名　㊞
　　　　　　　　　　　　　　　乙従業員　　　　　　　　署名　㊞

（注）　この条項は、無期労働契約転換申込権（改正労働契約法18条1項）の生じない
　　　期間内で雇用するために記載したものです。不必要な場合は削除してください。

353

第4部　青少年雇用促進法等の実務

図表7　労働条件通知書（雇入通知書）（一般労働者用：常用・有期雇用型）の例

<table>
<tr><td colspan="2" align="center">労働条件通知書（雇入通知書）

　　　　　　　　　　　　　　　　　　　　年　　　月　　　日</td></tr>
<tr><td colspan="2">＿＿＿＿＿＿＿＿＿殿
　　　　　　事業場名称、所在地
　　　　　　使用者職氏名</td></tr>
<tr><td>契約期間</td><td>期間の定めなし、期間の定めあり（　　年　月　日～　年　月　日）</td></tr>
<tr><td>就業の場所</td><td></td></tr>
<tr><td>従事すべき業務の内容</td><td></td></tr>
<tr><td>始業、終業の時刻、休憩時間、就業時転換、所定時間外労働の有無に関する事項</td><td>1．始業・終業の時刻等
[(1)～(5)のうち該当するもの一つに○を付けること。]
　(1)　始業（　　時　　分）終業（　　時　　分）
【以下のような制度が労働者に適用される場合】
　(2)　変形労働時間制等：（　　）単位の変形労働時間制・交替制として、次の勤務時間の組み合わせによる。
　　　　始業（　　時　　分）終業（　　時　　分）（適用日）
　　　　始業（　　時　　分）終業（　　時　　分）（適用日）
　　　　始業（　　時　　分）終業（　　時　　分）（適用日）
　(3)　フレックスタイム制：始業および終業の時刻は労働者の決定に委ねる。
　　　　（ただし、フレキシブルタイム（始業）　時　分から　時　分、（終業）　時　分から、　時　分、コアタイム　時　分から　時　分）
　(4)　事業場外みなし労働時間制：　始業（　　時　　分）終業（　　時　　分）
　(5)　裁量労働制：始業（　　時　　分）終業（　　時　　分）を基本とし労働者の決定に委ねる。
　○詳細は、就業規則第　条～第　条、第　条～第　条、第　条～第　条
2．休憩時間（　　分）
3．所定時間外労働
　　　　[有（1週　　時間、1か月　　時間、1年　　時間）、無]
4．休日労働［有（1か月　　日、1年　　日）、無]</td></tr>
</table>

第2章　現在の職業紹介、募集・採用、労働契約に関する法規定（職業安定法、労働基準法、労働契約法等）

休日または勤務日	・　定例日：毎週　曜日、国民の祝日、その他（　　　） ・　非定例日：○○週月あたり○○日、その他（　　　） ・　１年単位の変形労働時間制の場合一年間　　　日 （勤務日） 　毎週（　　　）、その他（　　　） ○詳細は、就業規則第　条～第　条、第　条～第　条
休暇	１．年次有給休暇：６か月継続勤務した場合→　　　日 　　　　　　　　　　　継続勤務６か月以内の年次有給休暇 　　　　　　　　　　　（有、無） 　　　　　　　　　　　→　　か月経過で　日 ２．その他の休暇　有給（　　　） 　　　　　　　　　無給（　　　） 　　○詳細は、就業規則第　条～第　条第　条～第　条
賃金	１．基本賃金　イ　月給（　　　　　　円）、 　　　　　　　ロ　日給（　　　　　　円） 　　　　　　　ハ　時間給（　　　　　　円） 　　　　　　　ニ　出来高給（基本単価　　　円、保障給　　　円） 　　　　　　　ホ　その他（　　　　　円） 　　　　　　　ヘ　就業規則に規定されている賃金等級等（　　　） ２．諸手当の額または計算方法 　イ（　　　　手当　　　　円／計算方法：　　　） 　ロ（　　　　手当　　　　円／計算方法：　　　） 　ハ（　　　　手当　　　　円／計算方法：　　　） 　ニ（　　　　手当　　　　円／計算方法：　　　） ３．所定時間外、休日または深夜労働に対して支払われる割増賃金率 　イ　所定時間外　法定超（　　　）％、所定超（　　　）％、 　ロ　休日　法定休日（　　　）％、法定外休日（　　　）％、 　ハ　深夜（　　　）％ ４．賃金締切日（　　　）毎月　日、（　　　）毎月　日 ５．賃金支払日（　　　）毎月　日、（　　　）毎月　日 ６．労使協定にもとづく賃金支払時の控除（無、有（　　　）） ７．昇給（時期等） ８．賞与（有（時期、金額等　　　　　）、無） ９．退職金（有（時期、金額等　　　　　）、無）

355

第４部　青少年雇用促進法等の実務

退職・契約更新に関する事項	1．定年制（有（　　歳）、無） 2．自己都合退職の手続（退職する　日以上前に届け出ること） 3．解雇の事由および手続 ［　　　　　　　　　　　　　　　　　　　　　　　　　　　］ 4　契約更新の判断基準 ［　　　　　　　　　　　　　　　　　　　　　　　　　　　］ ○詳細は、就業規則第　条〜第　条、第　条〜第　条
その他	社会保険の加入状況（厚生年金、健康保険、厚生年金基金） その他（　　　　　　　　　　　　　　　　　　　　　　　） ・雇用保険の適用（有、無） ・その他 ［　　　　　　　　　　　　　　　　　　　　　　　　　　　］ ・具体的に適用される就業規則名（　　　　　　　　　　　　）

③　労働契約

1　労働契約の成立・変更

ポイントは

①　1）労働契約は、使用者と労働者との合意によって成立し、また、2）両者の合意によって契約内容である労働条件を変更することができます（労契法6条、8条）。

②　労働契約が成立する時点は、使用者と労働者の双方が合意したときです。

⑴　労働契約というのは

　労働契約は、①労働者が使用者に対して、雇用されて、使用者の指揮命令下で労働することを約束し、②使用者が、労働者の労働の対価（代金）として賃金を支払うことを約束する契約のことです（**図表8**）。

図表8 労働契約とは

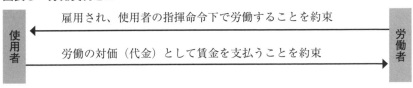

(2) 労働契約の成立要件・時点は

労働契約は、①労働者が使用者に雇用されて、使用者の指揮命令下で労働し、②使用者がこれに対して賃金を支払うことについて、③労働者及び使用者が合意することによって成立するとされています（労契法6条）。

労働契約が成立する時点は、使用者と労働者の双方が合意したときです。

つまり、契約当事者（労使）の意思表示が合致することをいいます。

口約束でも、使用者と労働者が合意すれば、労働契約が成立します。

(3) 契約書がなくても労働契約は成立する

労働契約は、口約束でも成立します。例えば、主婦パート希望者が求人募集している会社に電話し、「私をパートとして雇ってくれませんか？」と頼み、応対に出た同社の募集担当者が「あなたを採用します。明日午前10時に出社してください」と応えれば、その時点で労働契約は成立します。

もしも、その主婦が明朝会社に出勤する途中で自動車にひかれて、死傷した場合には、労災保険の通勤途上での災害に該当しますので、労基署に労災給付の申請をし、給付を受けることができます。

それは、労働契約の成立時点から会社と主婦パートは、使用者と従業員という関係になり、使用者は労災保険法上の事業主としての義務を負い、労働者は法律により保護されるからです。

第4部　青少年雇用促進法等の実務

⑷　労働条件を具体的に決めないときは

　労働契約を結ぶ場合（採用決定をする場合）には、賃金と労働時間をおおよそ決め、その他は細かく決めない場合も多くあります。

　その場合、その他の細かな労働条件、処遇の内容はどうなるのでしょうか？

　この場合には、就業規則の内容がそのまま契約内容となります。就業規則が作成され、労基署に届出されていれば、その就業規則に従って労働契約を結んだことになります。

　採用された労働者がその会社に就業規則のあることを知らなかったり、また内容をよく読んでいなくても同様です。

⑸　労働契約の成立による労使の権利義務は

　労働契約の成立により、使用者は、労働者に対して、契約どおり労働することを命令する法律上の権利を持ちます。同時に、契約どおりに賃金を支払う義務が生じます。

　労働者は、契約どおり使用者に雇用され、その指揮命令下で労働する義務が生じます。また、使用者に対して契約どおり賃金を支払うよう請求できる権利を持ちます。労使の間のこれらの関係を「雇用関係」「使用従属関係」といいます。

⑹　労働契約の内容変更の方法は

　労働者及び使用者は、その合意により、労働契約の内容である労働条件（賃金、労働時間、職務その他）を変更することができるとされています（契約法8条）。

　したがって、使用者が、現在の労働条件を、従業員の同意を得ることなく、一方的に変更することは認められません。

⑺　使用者が従業員とのトラブルを防ぐポイントは

　使用者が従業員の労働条件を変更する場合、特にそれらをこれまでよりも切り下げる場合には、個々の従業員の同意を取りつけておくことが必要です。

第2章　現在の職業紹介、募集・採用、労働契約に関する法規定（職業安定法、労働基準法、労働契約法等）

　しかも、書面に従業員の署名、押印をとっておくことです。

(8)　労働契約内容の変更が必要なのはどんなとき

　例えば、**図表9**のような場合です。

図表9　労働契約の内容変更が必要な場合の例

①　正社員を期間雇用者（契約社員）、パートタイマーに変更する。
②　正社員の基本給を切り下げたり、手当を廃止する。
③　正社員の賞与・退職金を廃止し、または減額する。
④　正社員を他社に転籍させる。
⑤　期間雇用者の雇用期間を1年間から10カ月に短縮する。
⑥　パートタイマーの時間給を1,000円から900円に切り下げる。
⑦　パートタイマーの出勤日数を週4日から週2日にする。

2　労働契約と請負契約・委任契約の違い

─ポ─イ─ン─ト─は─

①　労働契約（雇用契約）にもとづき働く労働者（例えば、サラリーマン、工場労働者）は、所定の場所で、所定労働時間、使用者の指揮命令を受けて働かなければなりません。これを使用従属性といいます。

②　これに対して、請負契約・委任契約等にもとづく就業者（例えば、在宅就業者、自営業の大工、小説作家）の特色は、自己の自由裁量で働き、契約の中心目的は仕事（完成品等）の結果・内容になります。

③　民法上の雇用契約は、労基法でいう労働契約とほぼ同じものです。

(1)　民法でいう雇用・請負・委任の違いは

　民法（一般法）上、他人の労力の利用を目的とする契約（労務供給

第4部　青少年雇用促進法等の実務

契約）には、**図表10**の３種類があります。

　これらのうち、①の雇用契約というのが、労基法、労契法でいう労働契約とほぼ同じものです。

　雇用契約にもとづき会社（使用者）に労務を提供する者は労働者であり、労基法、労契法その他の労働法が適用されます。

　請負契約、委任契約等で労務を提供する者（委託・請負等就業者）については、原則的に労働法は適用されません。ただし、これらのうち契約の内容や就業実態に使用従属性がある者については、労働法が適用されます。これらのうち、使用従属性がない者については、労働法は適用されず、民法のみが適用されます（**図表10**参照）。

図表10　民法の労務供給契約の種類

契約の種類	説明
①　雇用契約 （623条）	労務自体の利用を目的としています。したがって、これを指図して、一定の目的に向けて効果を発揮させる権能は使用者に属します。 例：会社（使用者）が労務者（労働者）と結ぶ労働契約
②　請負契約 （632条）	他人の労務によって完成された一定の仕事（有形・無形）を目的としています。したがって、請負人がみずからその労務を按配しその危険において仕事の完成に努めます。 例：注文者が請負人と結ぶ建築請負契約、業務処理請負契約
③　委任契約 （643条）、 準委任契 約（656条）	一定の法律行為や事務の処理という統一した労務を目的としています。したがって、必ずしも完成した法律行為や事務の結果のみを目的としませんが、法律行為や事務の処理は、受任者、受託者がその独自の識見才能によってこれを行います。 例：独立している弁護士、医師、公認会計士等の顧客との契約

第2章　現在の職業紹介、募集・採用、労働契約に関する法規定（職業安定法、労働基準法、労働契約法等）

3　採用内定と取消し

ポイントは

　最高裁判例では、会社の採用内定通知の発信により労働契約は成立しているとしています。したがって、これを取り消すことは解雇です。内定を取り消すためには、内定者を不適格とする合理的な理由が必要です。

(1)　新規学卒者の「採用内定」とは

　「採用」とは、労働者を雇い入れることです。

　企業は、優秀な学生を早く確保したいので、採用したい学生に対して採用内定通知を出します。内定通知を受け取った学生は、他社への就職活動をストップします。

　ところが、例えば、9月初めに採用内定した場合、内定してから、学校を卒業して翌年4月に実際に入社するまで6カ月以上間があきます。このため、もしも入社直前になって、何らかの理由で採用内定を取り消されると、その学生は新たな就職先企業を確保することもできなくなります。

　そこで、①採用内定とは、労働契約成立と認められるものなのか否か、そして、②労働契約が成立しているのであれば、企業（使用者）は、どのような理由がある場合にその内定（労働契約）を取り消す（解約する）ことが認められるかが問題となるわけです。

(2)　採用内定の法理とは

　採用内定の法的性格について、判例は、採用内定（決定）通知の発信が、使用者による労働契約の承諾であって、これにより労働者と使用者の間に「解約権を留保した試用労働契約」あるいは「見習社員契約」が成立するとみています（大日本印刷事件、昭和54年7月20日、最高裁判決　労働判例323号19頁）。

　つまり、採用内定者はまだ勤務していないが、企業と採用内定者と

361

第4部　青少年雇用促進法等の実務

の間には、すでに雇用関係が成立しているので、これを取り消すことは解雇をすることになる。したがって、内定者を不適格とする合理的な事由（じゆう―理由、原因となる事実）がないと「解雇権の濫用」となり、その内定取消しは無効となるということです。「権利の濫用」というのは、その権利が与えられている趣旨、目的をはずれて権利を用いることです。このように判決が出された場合、会社（使用者）は、内定取消しを行った新規学卒者に対して、損害賠償の支払いなどを命じられます。

⑶　会社側の都合で内定取消しができる場合は

　会社側の都合（経営不振など）で採用内定を取り消すことは、①その会社で現在働いている一般従業員を整理解雇しなければならないという業務上の必要性が十分にあって、②企業がその整理解雇を避けるための努力をした後であれば、認められます。

　この場合、現在勤務している一般従業員を整理解雇するよりも先に、まだ就労していない採用内定者の内定を取り消すことができると考えられます。

⑷　会社側が、学生側の事由を理由に内定取消しできる場合は

　前記の裁判例によれば、採用内定通知書などの記載事由だけで判断されるものではなく、そのケースの場合に、客観的に合理的で社会通念上相当として認められる解約事由があるかどうかで適法に内定取消しができるか否かが決まるとしています。

　そして、各裁判例における具体的判断は、おおむね使用者の行った内定取消しに厳しい態度をとっています。

　例えば、採用内定通知書または誓約書の中に「提出書類に虚偽記入があったときは採用内定を取り消す」と記載されていたケースについても、その文言どおりに取消しはできず、虚偽記入の内容・程度が重大なもので、それによって従業員としての不適格性あるいは不信義性が判明したことを要するとしています。

362

第2章　現在の職業紹介、募集・採用、労働契約に関する法規定（職業安定法、労働基準法、労働契約法等）

　しかし、取消事由が、例えば、高校での学費不払運動に際しての暴力行為、反戦青年委員会の街頭行動で逮捕されたケースのように、企業秩序維持の観点から企業が重大視する直接行動である場合には、取消しを認める傾向にあります。

　このほか、一般的に採用内定の取消事由として考えられるのは、採用内定者が①学校を予定どおり３月に卒業できなかった場合、②心身の病気その他の理由により勤務できないことが明らかな場合、③雇入れにさしつかえる犯罪行為があった場合などがあげられます（**図表11参照**）。

図表11　企業が採用内定を取り消せるケース、取り消せないケース

企業の採用内定の取消しが可能と思う理由に○、できないと思うものに×をしよう。
Q１　不況で業績が悪化。会社は現在勤務中の従業員を減らしたい状況にある……□
Q２　採用内定者が学校を卒業できなかった……□
Q３　採用内定者が心身の病気その他の理由により、勤務できないことが明らかになった……□
Q４　採用内定者が雇入れにさしつかえる犯罪行為をした……□
Q５　採用内定者の履歴書の懲罰欄には何も書かれていなかったが、デモ運動に際しての暴力行為で逮捕されたことがあったと、内定通知後にわかった……□
Q６　採用内定者の履歴書の懲罰欄には何も書かれていなかったが、自動車の駐車違反で罰金刑を受けていたことがわかった……□
Q７　コンピュータ関連会社への採用内定者の履歴書に大学の「電子工学科卒業」と書いてあったが、じつは「化学学科卒業」とわかった……□
Q８　不動産関係の会社への採用内定者の履歴書の特技欄に「剣道（二段）」と書いてあったが、実際には「二級」だった……□

A１	○	会社が、現在、在職中の従業員の整理解雇を行う必要性・合理性が十分にあり、法律上妥当と認められる場合には、現在、雇用し、就労している従業員の整理解雇に先立ち、採用内定学生の内定取消しをすることは認められる

363

第4部　青少年雇用促進法等の実務

A 2 A 3 A 4	○ ○ ○	採用内定時、使用者が知ることができなかった重大な事実であり、一般的に十分合理性のある採用内定の取消し理由と判断できる
A 5 A 6	○ ×	反戦青年委員会の街頭行動で逮捕されたケースなど、企業秩序維持の観点から企業が重大視する暴力行為等である場合には採用内定取消しが認められる傾向にあるが、駐車違反程度の不記載で取消しは認められない
A 7 A 8	○ ×	採用内定の取消しが認められるためには、①虚偽記入の内容・程度が重大なものであり、②それにより従業員として採用するには不適格、不信義であると判明したことが必要。Q7のように、使用者が事実を知っていれば採用しなかったような場合は、取消しもやむを得ないが、Q8のような業務とはほとんど関係のない事柄であれば、合理性のある取消し理由にはならない

会社の事情で取消しできるのはQ1のケース。学生の事情を理由に会社側が取消しできるのはQ2～Q5、Q7のケース

⑸　学生側からの内定取消しは

　これについては、労働者（採用内定者を含む）には雇用契約解約の自由（民法627条）があるので、内定辞退の申出後2週間（完全月給制の場合は、翌月末日）に退職の効果が発生します。会社側の承諾を得る必要はありません。

著者略歴

布施　直春（ふせ　なおはる）

2016年11月3日瑞宝小綬章受章

1944年生まれ。1965年、国家公務員上級職（行政甲）試験に独学で合格。1966年労働本省（現在の厚生労働省）に採用。その後、勤務のかたわら新潟大学商業短期大学部、明治大学法学部（いずれも夜間部）を卒業。元長野・沖縄労働基準局長。〔前〕港湾労災防止協会常務理事、新潟大学経済学部修士課程非常勤講師。葛西社会福祉専門学校非常勤講師（障害者福祉論、公的扶助論、社会保障論ほか）清水建設（株）本社常勤顧問。関東学園大学非常勤講師（労働法、公務員法）〔現在〕羽田タートルサービス（株）本社審議役、一般財団法人清心内海塾（青少年、障害者等支援事業）理事（事業企画担当）、社会福祉法人相思会（知的障害児施設）理事、労務コンサルタント、著述業ほか。

労働法、社会保障法、障害者、外国人、人事労務管理に関する著書135冊。主な著書に『改訂版企業の労基署対応の実務』『企業の精神疾患社員への対応実務』『無期転換申込権への対応実務と労務管理』『雇用多様化時代の労務管理』（以上経営書院）、『障害者雇用の新しい進め方』『Q&A退職・解雇・雇止めの実務―知っておきたいトラブル回避法―』『Q&A改正派遣法と適法で効果的な業務委託・請負の進め方―従業員雇用・派遣社員をやめて委託・請負にしよう！』『モメナイ就業規則・労使協定はこう作れ！―改正高年法・労働契約法完全対応―』『その割増賃金必要ですか？―誰でもわかる労働時間管理のツボ』（以上労働調査会）、『雇用延長制度のしくみと導入の実務』（日本実業出版社）、『改訂新版わかる！使える！労働基準法』（類書を含み累計20万部超）（PHPビジネス新書）、『Q&A発達障害・うつ・ハラスメントの労務対応』『労働法実務全書』（900頁の労働法令実務事典）『外国人就労者の入国手続・労務管理』、（中央経済社）、などがある。

労基法等、最新労働法の改正と実務対応

2018年8月21日　第1版　第1刷発行　　定価はカバーに表
示してあります。

著　者　布施　直春

発行者　平　　盛之

発行所　㈱産労総合研究所
　　　　出版部　経営書院

〒112-0011
東京都文京区千石4—17—10　産労文京ビル
電話03(5319)3620　振替00180-0-11361

落丁・乱丁本はお取り替えいたします。　　　　印刷・製本　中和印刷株式会社
本書の一部または全部を著作権法で定める範囲を超えて，無断で複写，複製，転載する
こと，および磁気媒体等に入力することを禁じます。

ISBN978-4-86326-264-5